U0573067

BLUE BOOK

智 库 成 果 出 版 与 传 播 平 台

长三角经济蓝皮书

BLUE BOOK OF YANGTZE RIVER DELTA ECONOMY

长三角地区经济发展报告（2021~2022）

ANNUAL REPORT ON THE ECONOMIC DEVELOPMENT OF
YANGTZE RIVER DELTA (2021-2022)

主 编／王 振 刘 亮

社会科学文献出版社
SOCIAL SCIENCES ACADEMIC PRESS (CHINA)

图书在版编目（CIP）数据

长三角地区经济发展报告. 2021-2022 / 王振，刘亮
主编. --北京：社会科学文献出版社，2023.2
（长三角经济蓝皮书）
ISBN 978-7-5228-1268-7

Ⅰ.①长⋯　Ⅱ.①王⋯ ②刘⋯　Ⅲ.①长江三角洲-
区域经济发展-研究报告-2021-2022　Ⅳ.①F127.5

中国版本图书馆 CIP 数据核字（2022）第 242109 号

长三角经济蓝皮书

长三角地区经济发展报告（2021~2022）

主　　编 / 王　振　刘　亮

出 版 人 / 王利民
组稿编辑 / 邓泳红
责任编辑 / 吴　敏
责任印制 / 王京美

出　　版 / 社会科学文献出版社·皮书出版分社（010）59367127
　　　　　　地址：北京市北三环中路甲 29 号院华龙大厦　邮编：100029
　　　　　　网址：www.ssap.com.cn
发　　行 / 社会科学文献出版社（010）59367028
印　　装 / 天津千鹤文化传播有限公司

规　　格 / 开 本：787mm×1092mm　1/16
　　　　　　印 张：19　字 数：285 千字
版　　次 / 2023 年 2 月第 1 版　2023 年 2 月第 1 次印刷
书　　号 / ISBN 978-7-5228-1268-7
定　　价 / 128.00 元

读者服务电话：4008918866

主要编撰者简介

王　振　上海社会科学院副院长，兼任上海社会科学院信息研究所所长，长三角与长江经济带研究中心常务副主任，区域经济学博士生导师。"长江经济带蓝皮书"主编、"长三角经济蓝皮书"主编、"数字经济蓝皮书"主编。1998 年毕业于日本京都大学，获博士学位，获得全国留学回国成就奖、上海市领军人才等荣誉，享受国务院政府特殊津贴。第十五届上海市人大代表、主席团成员。近年研究出版多部著作，主要有《长三角协同发展战略研究》《长江经济带创新驱动发展的协同战略研究》《上海2050年发展愿景》《新产业革命与上海的转型发展》《全面创新改革：上海建设全球科技创新中心的体制机制问题》等。

刘　亮　上海社会科学院应用经济研究所研究员、金融学博士生导师，复旦大学中国经济研究中心（智库）兼职研究员。先后在复旦大学获得文学学士、经济学硕士和博士学位，复旦大学国际金融学专业博士后。曾主持国家社科基金项目2项、省部级课题5项以及各类委办局及横向课题20余项。先后获上海市哲学社会科学成果奖、上海市"十三五"规划重要成果一等奖和上海社会科学院张仲礼学术奖等。在《经济研究》《统计研究》《学术月刊》《国际贸易问题》《复旦学报》等国内重要核心期刊上发表各类学术论文20多篇近30万字。

摘　要

2022 年是长三角一体化发展上升为国家战略的第四年。作为我国经济发展最活跃、开放程度最高、创新能力最强的区域之一，长三角地区虽然在 2022 年面临较为严峻的防控疫情考验，但仍然化危为机，在共同应对危机的同时，将长三角一体化发展水平推向新高度。

在中央层面上，围绕《长三角一体化发展规划"十四五"实施方案》各项方案相继出台，财政部、国家发展改革委等部门先后出台了财税、多层次轨道交通、公共资源交易等一系列相关方案或指导性意见，从整体上为长三角地区打破行政壁垒指明了战略性方向。在地方层面上，随着长三角一体化发展全面推开，长三角地区三省一市的合作也从单一政策、单个方面转向系统化、整体性推进。围绕城市群和都市圈建设，三省一市的区域合作内容日趋丰富，从项目合作向制度合作的更高层次迈进，从基础设施对接向人才智力和技术等合作的更高层次提升。党的二十大强调，推进长三角一体化发展是我国未来加快构建新发展格局、推动高质量发展的重要内容，长三角一体化发展水平将持续提升。

本蓝皮书对每年长三角地区经济发展状况进行全面系统的梳理与分析，并围绕重点领域和重点产业展开深入细致的研究，以期为长三角一体化发展提供对策建议。本年度报告分为总报告、指数篇和产业篇三个部分，其中总报告重点对 2021 年长三角地区经济发展情况进行全面的梳理与分析，并对 2022 年经济发展形势做出判断，同时对 2021~2022 年长三角一体化政策进行分析和评估，并对未来发展趋势做出预测。指数篇包括长三角地区科技创

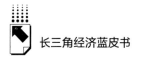

新驱动力指数、产业转型升级指数和绿色发展指数等内容，并对宏观经济发展中的投资和外贸发展形势进行了分析。产业篇探讨了数字经济、工业、金融、交通运输和人工智能等产业发展相关问题。

关键词： 长三角地区　经济发展　政策评估　发展指数　产业发展

目 录 ⟍⟋

Ⅰ 总报告

Ⅱ 指数篇

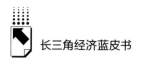

Ⅲ 产业篇

皮书数据库阅读**使用指南**

总 报 告

General Report

B.1

2021~2022年长三角地区经济
发展分析与展望

陈文章 王 振 杨 凡*

摘 要： 受新冠肺炎疫情和国际复杂形势影响，中国经济在 2020 年初遭受
重大冲击，长三角地区经济也面临巨大挑战，但随着疫情防控形
势向好，2020 年下半年，经济指标由负转正，经济发展呈现向好
之势。进入 2021 年，中国经济持续复苏，全年经济增长 8.1%，
而长三角地区作为我国经济发展最活跃、开放程度最高、创新能
力最强的区域之一，在推动中国经济高质量发展中发挥着至关重
要的作用。总体来看，在长三角一体化、"双循环"国家战略的引
领下，2021 年长三角地区经济平稳增长，并保持全国领先；地区
经济总量稳步上升，对全国经济的贡献度保持基本稳定；地区综

---

* 陈文章，上海社会科学院应用经济研究所，主要研究方向为劳动力结构与区域发展；王振，
研究员，博士生导师，上海社会科学院副院长，长三角与长江经济带研究中心常务副主任；
杨凡，博士，上海社会科学院信息研究所长江经济带研究室助理研究员，主要研究方向为科
技创新与区域发展。

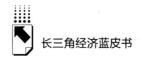

合发展水平居全国前列。长三角地区经济结构不断优化，协同能
力逐步增强，发展质量持续提升，充分体现了我国经济韧性强、
长期向好的基本面。

关键词： 长江三角洲地区　经济发展　产业发展　增长动力

2021年中央经济工作会议指出，2021年是党和国家历史上具有里程碑意
义的一年，我国实现了"十四五"规划的良好开局，经济发展保持全球领先
地位，国家战略科技力量加快壮大，产业链韧性得到提升，改革开放向纵深
推进，民生保障有力有效，生态文明建设持续推进。在充分肯定成绩的同时，
也必须看到我国经济发展面临需求收缩、供给冲击、预期转弱三重压力。

一　2021年长三角地区经济发展概况

（一）地区经济运行稳定恢复，体现经济增长韧性

近年来，长三角地区经济增长与全国基本保持同速，2020年受疫情冲
击经济增速下降，2021年经济稳定恢复，增速创近六年新高，并高于全国
平均水平（见图1）。

从中国三大城市群的比较来看，长期以来，长三角地区的经济增速一直
保持在高位，体现了其作为全国经济增长引擎的实力。随着疫情防控形势向
好，生产生活基本回归正常，长三角地区经济稳步恢复。天津经济增速下滑
对京津冀地区的影响较大。粤港澳地区则主要受制于香港和澳门的经济疲
软，疫情期间澳门的博彩业、旅游业等行业的中小企业全面受挫，虽然
2021年有所恢复，但也反映了由产业结构引发的经济韧性不足问题。相反，
长三角地区相对于以上两大城市群，在产业结构和经济内需等方面具有的一
定优势，有利于其经济可持续增长（见表1）。

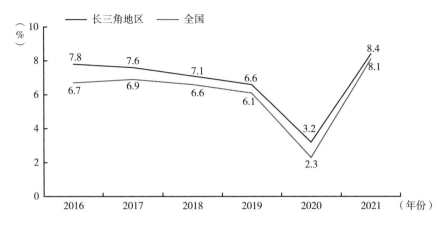

图1　2016~2021年长三角地区与全国经济增速

资料来源：全国及各地区统计局网站，后文若无特殊说明则数据来源相同。

表1　2017~2021年三大城市群经济增长情况

单位：%

年份	长三角地区	上海	江苏	浙江	安徽	京津冀地区	北京	天津	河北	粤港澳地区	广东	香港	澳门
2017	7.6	6.9	7.2	7.2	8.5	5.7	6.7	3.6	6.7	—	7.5	3.8	12.3
2018	7.1	6.6	6.7	6.7	8.0	5.6	6.6	3.6	6.6	—	6.8	2.9	10.2
2019	6.6	6.0	6.1	6.1	7.5	5.9	6.1	4.8	6.8	—	6.2	-1.3	-0.3
2020	3.2	1.7	3.7	3.6	3.9	2.2	1.2	1.5	3.9	—	2.3	-6.1	-56.3
2021	8.4	8.1	8.6	8.5	8.3	7.2	8.5	6.6	6.5	—	8.0	6.4	18.0

从长三角城市群内部来看，近年来安徽省经济增速保持在高位，增长势头迅猛，对长三角地区经济增长贡献最大。2014~2017年，江苏、浙江、上海的经济增速存在明显的高低梯度，2017年以后，三地的经济增速开始向6%收敛。2021年，长三角地区生产生活逐渐恢复，苏浙皖沪的经济增速都在8%以上，其中江苏的势头最为迅猛（见图2）。

2021年，长三角地区经济增速总体呈现逐季下降趋势，即年末经济增速低于年初。从各省市来看，上海第一产业除第一季度微幅正增长外，其余三个季度都呈负增长。苏浙皖三省三次产业都保持正增长（见图3）。

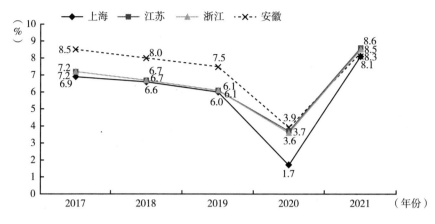

图2　2017~2021年长三角三省一市经济增速比较

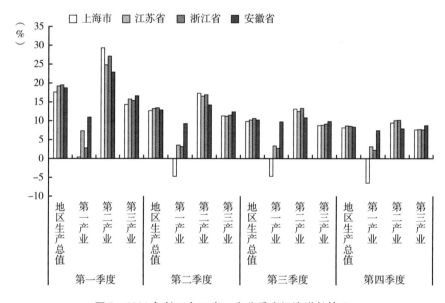

图3　2021年长三角三省一市分季度经济增长情况

（二）地区经济总量持续增加，区内差距依旧存在

2014~2021年，长三角地区经济总量呈现稳步上升趋势。2021年，长三角地区生产总值27.6万亿元，较上年增加3.1万亿元。2014~2021年，

长三角地区对全国经济总量的贡献度基本保持稳定，呈现波动上升趋势。2021年，长三角地区生产总值占全国比重约为24.1%，与上一年相比基本保持不变（见图4）。

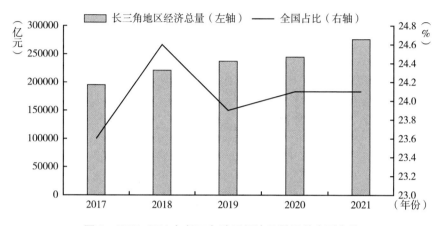

图4　2017~2021年长三角地区经济总量及其全国占比

分地区来看，长三角地区各省市经济总量呈逐年稳步增长趋势。江苏省生产总值一直处于领先地位，其他省市在体量上与其有一定差距。2021年，江苏GDP达到116364.2亿元，增速达8.6%，总量和增速在三省一市中均处于前列；上海GDP达到43214.85亿元；浙江GDP达到73515.76亿元；安徽GDP达到42959.2亿元。安徽省近年来经济体量已经逼近上海，且大部分时间安徽省的经济增长率高于苏浙沪，三省一市之间的经济总量差距不断缩小（见图5）。

从产业结构来看，三省一市间产业结构存在差异。上海明显以服务业经济为主，而苏浙皖第二产业占比不低，对经济的支撑作用不容忽视。从时间跨度来看，三省一市的产业结构较为稳定，没有太大的变化（见图6）。

从人均GDP来看，三省一市之间的差距并没有明显的收敛趋势，与2017年相比，2021年上海与苏浙皖的差距略微扩大。安徽人均GDP最低，且与2017年相比，与苏浙差距略有扩大。浙江和江苏两省之间的差距不大，但从2020年开始，浙江与江苏之间的差距稍微扩大（见图7）。

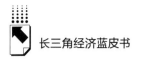

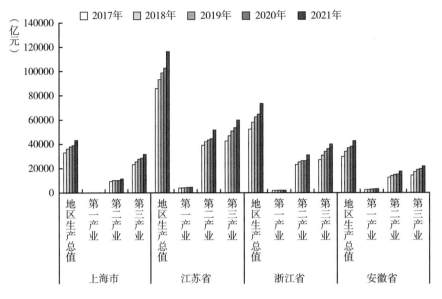

图 5　2017～2021 年长三角地区三省一市经济总量情况

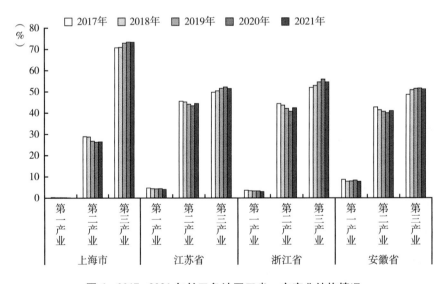

图 6　2017～2021 年长三角地区三省一市产业结构情况

图7 2017~2021年长三角地区三省一市人均GDP情况

（三）高质量发展取得新成效，经济活力不断增强

2021年，长三角地区三省一市经济结构不断优化，战略性新兴产业快速发展，增速明显高于一般工业和服务业。2021年上海市战略性新兴产业增加值8794.52亿元，比上年增长15.2%，其中，工业战略性新兴产业增加值3651.43亿元，增长19.2%；服务业战略性新兴产业增加值5143.09亿元，增长12.5%。2021年江苏省全年工业战略性新兴产业、高新技术产业产值占规上工业的比重分别达39.8%、47.5%，比上年提高3个、1个百分点。2021年浙江省战略性新兴产业增加值增长17.0%，拉动规模以上工业增加值增长5.5个百分点。2021年安徽省战略性新兴产业中，新一代信息技术产业、新能源汽车产业产值分别增长31.2%和31%。

从产业效益来看，2021年长三角地区三省一市规上工业增加值和利润总额全部保持正增长，江苏省和浙江省的规模以上工业企业利润增速都达到了20%以上；三省一市的新能源汽车行业都呈现爆发式增长，上海市新能源汽车行业总产值增长速度达90%，江苏省、浙江省和安徽省新能源汽车产量增长速度分别达198%、157.2%、127%。

在民生方面，从收入增长和消费价格增幅来看，长三角地区三省一市的居民人均可支配收入增速均高于居民消费价格增长率，表明人民生活水平不断提高；同时，三省一市的农村居民人均可支配收入增速均高于城镇居民人均可支配收入增速，城乡收入差距不断缩小，经济发展推动人民逐步走向共同富裕；从就业角度，新增就业人口数量与往年基本持平，体现了长三角地区持续旺盛的经济发展活力。从空气质量来看，长三角地区三省一市全年环境空气质量优良率都比上年有所提升，兼顾生态环保与经济增长，经济高质量发展取得了新成效。

表2　2021年长三角地区经济发展质量与活力情况

单位：%，万人

指标	上海	江苏	浙江	安徽
规模以上工业增加值增速	12.9	12.8	8.9	11.0
规模以上工业企业实现利润增速	6.3	25.7	21.0	13.6
居民人均可支配收入增速	8.0	9.5	9.8	10.0
城镇居民人均可支配收入增速	7.8	8.7	9.2	9.0
农村居民人均可支配收入增速	10.3	10.7	10.4	10.5
新增就业	63.51	140.2	122.4	70.9
居民消费价格增长率	1.2	1.6	1.5	0.9
全年环境空气质量优良率	91.8	82.4	94.4	84.6

二　2021年长三角地区经济发展动能概况

2021年，长三角地区拉动经济增长的"三驾马车"——投资、进出口、消费稳定恢复。2020年经济发展动能受到新冠肺炎疫情的冲击，2021年经济恢复高速增长，投资结构不断优化，出口产品附加值进一步提升，消费结构持续优化，线上消费持续增长。

（一）投资增速稳定恢复，投资结构不断优化

2017~2019年，长三角地区固定资产投资增长率和全国平均水平呈现

"剪刀差",两者均呈下行走势,增速逐年放缓,长三角固定资产投资增长率降幅小于全国平均水平(见图8)。受疫情影响,2020年长三角固定资产投资增长率和全国平均水平都大幅下降,长三角固定资产投资降幅小于全国平均水平。2021年,随着疫情防控形势向好,长三角固定资产投资增长率和全国平均水平高于近几年平均值。

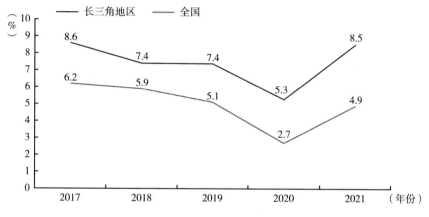

图8 2017~2021年长三角地区与全国固定资产投资增速比较

2021年,长三角地区三省一市固定资产投资增速恢复。江苏固定资产投资增速2020年相对缓慢,2021年恢复到了疫情前的水平。2021年浙江省与安徽省的固定资产投资增速相对较高,浙江省实现了增速翻一番。上海市的固定资产投资增速较2020年有小幅下降,但仍保持在8.1%的高位,高于全国平均水平(见图9)。

从固定资产投资类型来看,长三角地区三省一市差异较大。2021年,浙江省的民间投资和国有投资增幅最大,安徽省的外资投资增幅最大,上海和江苏的投资增速相对较慢。从基础设施和房地产投资来看,浙江省的房地产投资增幅最大,安徽省的基础设施投资增幅最大(见图10)。

从固定资产投资的行业类别来看,上海教育行业的投资增幅最大,达到59.9%,卫生和社会工作领域的投资增速较快,达到51.2%,仅次于教育行业,金融行业的投资降幅最大,达到63.5%。第一产业投资增速达30.9%,

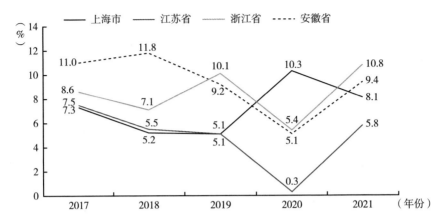

图9 2017～2021年长三角地区三省一市固定资产投资增速比较

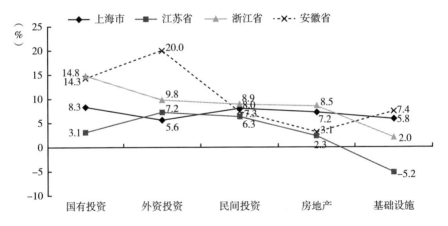

图10 2021年长三角地区三省一市固定资产投资类型增幅比较

从经济类型来看，上海私营经济固定资产投资增长速度较快，达19.3%。

总体上，江苏省固定资产投资增速在三省一市中最低，但产业结构不断优化，2021年第一产业投资下降（-12.3%），第二产业投资增幅达12.1%，工业投资中采矿业投资增幅最为明显，达69.7%，第三产业投资增长1.5%。2021年高技术产业投资比上年增长21.6%，拉动全部投资增长3.5个百分点。在主要行业方面，医疗仪器设备及仪器仪表制造、电子及通信设备制造、医药制造、信息服务等行业投资增长较快，分别为25.6%、21.5%、14.6%和15.7%。

浙江省制造业投资、项目投资增长较快，分别为19.8%、12.4%，均高于总体固定资产投资增速。工业技术改造投资增长13.9%，高新技术产业投资增长20.5%。

2021年安徽省多数行业投资增速较快，其中，卫生和社会工作领域投资增速最快，达62.4%，信息服务业、科学研究和技术服务业也保持较快增速，分别达到46.5%和31.6%。所有行业中，仅公共管理、社会保障和社会组织的投资略有下降（-8.8%）。分产业来看，第一产业投资增长39.1%，第二产业投资增长13.5%，第三产业投资增长6.9%，产业结构不断优化。

（二）进出口恢复，出口产品附加值进一步提升

2017~2019年，长三角地区进出口走势与全国平均水平基本一致，但增长率一直高于全国平均水平。受疫情影响，2020年全国平均进出口增长率下降，但长三角地区进出口增长率不降反升，2021年长三角地区进出口增长率略微低于全国平均水平（见图11）。

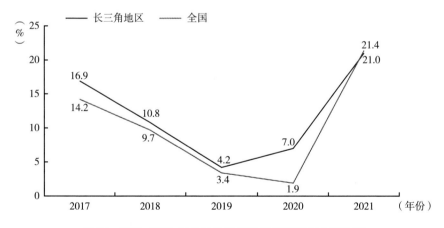

图11　2017~2021年长三角地区进出口增速与全国比较

从进出口规模来看，2021年长三角地区进出口额持续增长。其中，进出口总额达到约14.1万亿元，约占全国进出口总额的36.1%，较上年比重略有下降，下降了0.7个百分点。

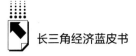

从进口和出口情况来看，2021年长三角进口增长率高于全国平均水平0.3个百分点，出口增长率低于全国平均水平0.2个百分点，2021年全国进出口总额增长迅猛，从疫情带来的负面冲击中恢复，长三角地区进出口总额增速基本与全国平均水平保持一致。

图12　2017~2021年长三角地区进口、出口增速与全国比较

从长三角地区三省一市的进出口来看，2017~2021年，浙江和安徽的进口一直保持正增长，在出口方面，江苏和浙江等一直保持正增长态势。2020年，安徽的进口和出口增长率均最高，分别达到14.6%和12.8%，其他省市保持稳定增长（见表3）。

表3　长三角地区三省一市进出口增长情况

单位：%

年份	上海		江苏		浙江		安徽	
	进口	出口	进口	出口	进口	出口	进口	出口
2017	15.4	8.4	22.6	16.9	35.6	10.1	45.0	7.2
2018	6.4	4.2	11.3	8.4	19.0	9.0	14.3	18.3
2019	-0.1	0.4	-5.7	2.1	5.8	9.0	6.3	11.6
2020	3.8	0	5.5	0.9	11.2	9.1	14.6	12.8
2021	18.6	16.3	14.8	18.6	30.3	19.7	23.4	29.5

从出口商品结构来看，2021年上海市和江苏省一般贸易出口和机电产品出口增长明显，高新技术产品出口和加工贸易出口稳定增长；浙江省和安徽省的各类产品出口增长都较为迅速，其中安徽省的机电产品、高新技术产品、一般贸易出口增长率都超过了35%（见图13）。

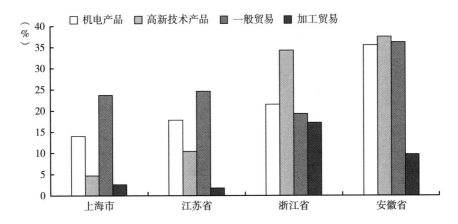

图13 2021年长三角地区三省一市出口结构比较

从进出口国家或地区来看，2021年，上海从中国香港进口货物总额增长最快，达到81.1%；向韩国出口货物总额增长最快，达到37.7%；与欧盟、东盟、中国香港、韩国、俄罗斯的进出口货物总额增速都在10%以上。从总额来看，上海从欧盟进口商品总额最大，达5463.64亿元；向美国出口商品总额最大，达3087.89亿元。

江苏省从非洲和印度进口货物总额增速最快，分别达50.3%和46.4%；出口方面，与印度、非洲、俄罗斯的合作增多，出口货物总额增速均达到了38%以上。总额方面，从韩国进口商品总额最大，达3345.3亿元；向美国、欧盟、东盟出口商品总额最大，分别达6058.1亿元、5531.8亿元、4419.2亿元。

浙江省2021年从非洲和美国进口货物总额增长最快，分别达45.6%和42.9%；向拉丁美洲和印度出口货物总额增长最快，分别达38.3%和34.2%。总额方面，浙江省从东盟和拉丁美洲进口商品总额最大，分别达

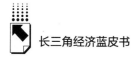

2007 亿元、1113 亿元；向欧盟和美国出口商品总额最大，达 5769 亿元和 5513 亿元。

安徽省的出口地指标主要以大洲为统计口径，2021 年安徽省对拉丁美洲商品出口总额增长最快，达 67.6%。对其他大洲的出口中，安徽省对亚洲各国的商品出口总额最大，达 1609.8 亿元。

（三）消费走出增速低谷，实现大幅增长

2020 年，受到疫情影响，全国和长三角地区的消费遭到较大冲击，全国社会消费品零售总额出现 3.9% 的降幅，长三角地区则下降 13 个百分点。2021 年随着疫情防控形势向好，经济迅速恢复，社会消费品零售总额也显著恢复，长三角地区增长率达 13.8%，略高于全国平均水平（见图 14）。

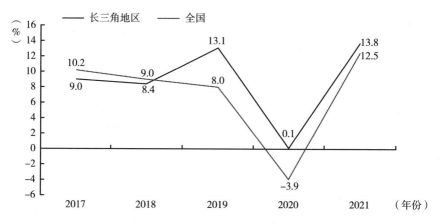

图 14 2017~2021 年长三角地区社会消费品零售总额增速与全国比较

受疫情冲击，2020 年长三角地区三省一市消费增速均有较大降幅，2021 年全面恢复。从规模来看，近年来长三角地区内需持续增长，2021 年社会消费品零售总额达 111463.59 亿元，占全国社会消费品零售总额的比重为 25.29%，比上年比重增长 0.29 个百分点，长三角地区消费对全国消费的贡献份额有所提升，体现了长三角地区的居民消费力。

从增速来看，近五年来安徽的消费增速稳定度最高，2021年恢复情况最好，增速达17.1%；上海和江苏也稳定恢复，增速分别达13.5%和15.1%；浙江受疫情影响最大，2021年增速处于较低位置（见图15）。

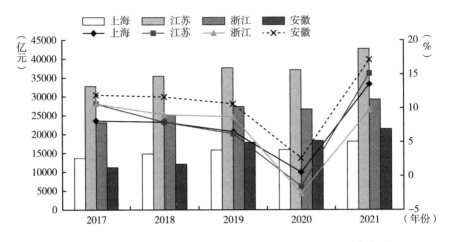

图15　2017～2021年长三角地区三省一市社会消费品零售总额与增速

从消费结构看，消费结构持续优化，线上消费持续增长。2021年，上海实现无店铺零售额3738.79亿元，增长18.0%；网上商店零售额3365.78亿元，增长20.8%，占社会消费品零售总额的比重为22.3%；浙江省线上消费持续增长，限额以上批发和零售业单位通过公共网络实现的零售额比上年增长25.9%，高于限上批发和零售业单位零售额增速12.0个百分点，拉动限上批发和零售业单位零售额增长5.9个百分点，占限上零售额的25.2%，比上年提高2.9个百分点；安徽省2021年网上零售额达3049.8亿元，增长15.9%，其中，实物商品网上零售额2571.3亿元，增长11.8%。

三　2021年长三角地区城市经济发展概况

2021年，长三角地区经济总量达27.6万亿元，在长江经济带11省市

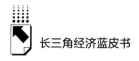

中，长三角地区三省一市 GDP 占比达 52%，长江经济带经济总量达 530228 亿元，占全国的 46.36%，长三角地区经济总量逼近全国经济总量的 1/4。

从城市经济体量来看，上海仍然占据龙头位置，几乎是排第二名的苏州的两倍，GDP 超过万亿元的城市有上海市，江苏省南京市、无锡市、苏州市、南通市，浙江省杭州市、宁波市和安徽省合肥市。除安徽省黄山市外，长三角城市地区生产总值超过千亿元。

从地区生产总值增速来看，41 个城市中，32 个城市都高于或等于全国平均水平 8.1%，低于全国平均水平的有江苏省南京市、盐城市、扬州市、浙江省温州市和安徽省淮北市、蚌埠市、淮南市、铜陵市、安庆市。增速最快的为安徽省芜湖市（11.6%），最慢的为安徽省蚌埠市（-2.1%）。

从消费角度来看，2021 年长三角地区社会消费品零售总额为 111463.59 亿元，占全国的比重达 25.28%。从增速来看，安徽省社会消费品零售总额增长显著，安徽省大部分城市社会消费品零售总额增速均高于全国平均水平。其中，零售额增速前 10 的城市为滁州、芜湖、六安、徐州、阜阳、盐城、宣城、常州、亳州、泰州。

从投资角度来看，长三角城市 41 个城市中有 34 个城市的固定资产投资增速都高于全国平均水平 4.9%，江苏省无锡市、常州市、盐城市、扬州市和安徽省合肥市、亳州市、蚌埠市 7 个城市固定资产增速低于全国平均水平。固定资产投资增速前 10 的城市为六安、马鞍山、滁州、宣城、衢州、池州、金华、宿州、芜湖、丽水。

人民生活方面，2021 年长三角 41 个城市的城镇居民人均可支配收入的增长率均高于全国平均水平 7.1%，增速最快的十个城市为衢州、合肥、湖州、温州、淮南、丽水、安庆、泰州、绍兴、宣城、金华、宿迁。在长三角 41 个城市中，城镇居民人均可支配收入最高的城市为上海（82429 元），最低的城市为宿迁（35056 元）。

表4　2021年长三角地区41个城市经济增长情况

地区	GDP		规上工业增加值	固定资产投资	社会消费品零售总额		城镇居民人均可支配收入		进出口总额
	总额（亿元）	增速（%）	增速（%）	增速（%）	总额（亿元）	增速（%）	总额（元）	增速（%）	总额（亿元）
上海	43214.85	8.1	11.0	8.1	18079.25	13.5	82429	7.8	40610.4
南京	16355.32	7.5	10.0	6.2	7899.41	9.7	73593	8.9	6366.8
无锡	14003.24	8.8	12.9	4.5	3306.09	10.4	70483	8.9	6829.4
徐州	8117.44	8.7	13.0	8.1	4038.02	22.9	40842	8.8	1254.2
常州	8807.58	9.1	13.6	4.1	2911.40	20.2	65822	8.7	3017.8
苏州	22718.34	8.7	12.8	8.3	9031.32	17.3	76888	8.3	25332.0
南通	11026.94	8.9	13.4	5.0	3935.50	16.8	57289	9.2	3405.8
连云港	3727.92	8.8	13.4	8.4	1203.31	9.0	39862	8.5	936.7
淮安	4550.13	10.0	14.6	5.2	1828.25	9.1	43954	9.0	386.8
盐城	6617.39	7.7	11.9	3.7	2684.30	21.1	43787	8.4	1125.0
扬州	6696.43	7.4	13.0	1.2	1480.92	7.4	50947	7.9	969.1
镇江	4763.42	9.4	15.1	8.7	1346.83	17.9	59204	8.5	834.4
泰州	6025.26	10.1	13.4	8.3	1576.94	18.3	53818	9.6	1222.8
宿迁	3719.01	9.1	16.7	6.5	1460.36	16.1	35056	9.5	449.8
杭州	18109.42	8.5	10.6	9.0	6744.00	11.4	74700	8.8	7369.0
宁波	14594.92	8.2	11.9	11.0	4649.10	9.7	73869	8.6	11926.1
温州	7585.02	7.7	10.1	11.4	3807.70	8.9	69678	9.8	2411.2
嘉兴	6355.28	8.5	14.0	6.2	2275.04	8.7	69839	8.9	3783.8
湖州	3644.87	9.5	13.3	14.2	1556.90	9.2	67983	10.1	1490.9
绍兴	6795.26	8.7	15.8	12.3	2475.36	6.6	73101	9.6	2993.0
金华	5355.44	9.8	21.3	16.0	2881.92	10.3	67374	9.5	5880.1
衢州	1875.61	8.7	13.8	16.2	839.17	11.6	54577	10.7	491.4
舟山	1703.62	8.4	18.8	5.1	552.36	7.9	69103	8.5	2354.9
台州	5786.19	8.3	12.4	7.1	2605.63	8.7	68053	8.7	2399.4
丽水	1710.03	8.3	15.0	15.1	823.23	13.2	53259	9.7	329.3

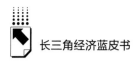

续表

地区	GDP		规上工业增加值	固定资产投资	社会消费品零售总额		城镇居民人均可支配收入		进出口总额
	总额（亿元）	增速（%）	增速（%）	增速（%）	总额（亿元）	增速（%）	总额（元）	增速（%）	总额（亿元）
合肥	11412.80	9.2	19.6	3.5	5111.68	13.2	53208	10.2	3324.8
淮北	1223.02	3.4	-4.4	9.7	521.28	13.1	39688	9.0	115.7
亳州	1972.68	8.6	7.5	1.0	1190.08	20.0	37319	9.3	41.8
宿州	2167.67	8.5	9.5	15.8	1239.54	14.5	37278	8.5	107.6
蚌埠	1988.97	-2.1	-25.1	-20.4	1287.47	7.1	42656	9.1	176.1
阜阳	3071.53	9.0	8.1	13.6	2229.62	21.4	37379	8.2	138.3
淮南	1457.05	5.7	3.1	12.6	866.23	11.9	41375	9.8	65.3
滁州	3362.11	9.9	10.7	16.4	1495.52	26.5	39025	8.3	388.8
六安	1923.47	11.0	15.5	19.7	1155.67	23.6	36793	9.4	98.3
马鞍山	2439.33	9.1	12.5	19.2	937.85	17.9	56440	9.0	476.5
芜湖	4302.63	11.6	14.1	15.7	1972.95	24.5	48668	9.2	745.3
宣城	1833.92	10.1	15.0	16.4	757.14	20.8	46115	9.5	182.8
铜陵	1165.58	7.2	9.1	12.4	410.52	17.2	44454	8.0	697.3
池州	1004.18	10.2	15.7	16.1	477.39	17.5	38756	8.7	92.4
安庆	2656.88	6.6	1.8	13.7	1284.15	13.8	39416	9.7	161.9
黄山	957.37	9.1	12.1	9.1	534.07	15.5	41882	8.2	107.4

注：根据各市统计局公布数据整理所得。

四 2022年长三角地区更高质量经济一体化展望

2021年，长三角地区三省一市经济总量占全国经济总量的比重约为1/4，在全国经济增长中发挥着支撑引领作用。在新冠肺炎疫情、国内外环境复杂及新的挑战不断出现的情况下，应坚持稳中求进工作总基调，促使经济增长保持韧性，落实高质量发展要求，长三角一体化进入了新阶段。

（一）建设长三角产业合作载体，打造世界级产业集群

随着长三角地区经济一体化的深入，共同打造世界级产业集群是长三角地区肩负的一项国家战略使命，也是引领长三角地区增强内生动力、打造强劲增长极的重大战略行动。

《长江三角洲区域一体化发展规划纲要》（以下简称《纲要》）提出，要在电子信息、生物医药、航空航天、高端装备、新材料、节能环保、汽车、绿色化工、纺织服装、智能家电等十大领域形成若干个世界级产业群。

而要建设长三角产业合作载体，打造世界级产业集群，就要求充分发挥区域分工的效能，各地各扬所长，聚力最具优势的产业领域和企业群体，提高创新资源配置的专业集聚度，培养造就一批行业龙头企业、行业配套企业和专业化集群，并通过积极有效的区域分工体系，提升长三角地区的整体合力和全球影响力；要充分发挥区域合作的作用，建立健全基于区域有效分工的强大产业链合作体系，搭建一批实体化、一体化合作平台，联合实施核心关键技术攻关工程，建立健全利益共享、成本共担的区域协调机制，促进资源共享、优势互补。

（二）协同推进公共服务福利共享，提升基础设施互联互通水平

近几年，长三角一体化国家战略成效显著，进入高质量一体化发展阶段，以保护生态、发展绿色经济为目标，实现基础设施互联互通，强化公共服务便利共享，整体谋划、系统重塑。统筹卫生养老服务，优化区域就业环境，培养区域创业氛围，合理配置教育和医疗资源，优化贸易营商环境，发挥公共服务对产业集聚的支撑作用，也为更大范围的公共服务共建共享积累经验。

要按照市场决定资源配置、发挥政府调节作用的原则，在破除行政壁垒、促进要素自由流动、构建现代化经济体系以及建立健全利益共享成本共担机制等方面进行更大力度的改革创新，为促进分工、有效合作提供完善的公共服务以及互联互通的基础设施。

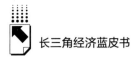
为此，强化区域政策配套就要加强规划顶层设计，促进区域分工有序有效，确保区域政策与公共服务有利于促进经济发展；创新利益协调机制，调动中心城市引领分工的积极性，以更加有效的合作模式和合作机制进一步促进区域分工，极大强化分工效应；建立灵活合作机制，搭建一体化支撑平台，协同推进公共服务共享，全面提升一体化公共卫生体系支撑能力、区域社会治理统筹协调能力、科技协同创新能力。

B.2
长三角一体化发展综合评价（2022）

刘 亮　王卓璇　庄艳芳　徐 媛*

摘　要： 为准确描述长三角一体化发展现状，本报告结合《长江三角洲区域一体化发展规划纲要》提出的目标要求，对其进行综合评估。分析 2021 年以来出台政策的特点，解读纲要的总体要求并细分发展目标，以科学设计定性、定量评价发展水平的相关指标。梳理长三角在形成区域协调发展新格局、加强协同创新产业体系建设、提升基础设施互联互通水平、强化生态环境共保联治、加快公共服务便利共享、推进更高水平协同开放方面的主要举措，基于统计数据量化各级指标并分别赋予合理权重，以描述长三角一体化发展特点。本文得出如下结论：长三角一体化发展在综合指数与各项分指标上都呈现出明显的上升趋势，但分指标发展态势不一，其中科创产业融合发展体系建设和生态环境共保联治等方面的发展最为迅速。

关键词： 长江三角洲　一体化　评价指标体系

2019 年 7 月，国家发改委会同相关部门和长三角"三省一市"正式通过《长江三角洲区域一体化发展规划纲要》；2021 年，推动长三角一体化发

---

* 刘亮，上海社会科学院应用经济研究所研究员，经济学博士，主要研究领域为财政金融、创业创新、经济增长等；王卓璇，上海社会科学院应用经济研究所，主要研究领域为应用经济学；庄艳芳，上海社会科学院应用经济研究所，主要研究领域为应用经济学；徐媛，上海社会科学院应用经济研究所，主要研究领域为应用经济学。

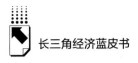
展领导小组办公室印发《长三角一体化发展规划"十四五"实施方案》，长三角一体化发展作为国家战略进入了全面和快速推进阶段，长三角一体化成绩斐然。

一 2021年以来长三角一体化发展背景分析：政策述评

2021年以来，长三角地区推动一体化发展进入深入推进阶段，三省一市围绕长三角一体化发展出台了一系列相关政策，主要有以下举措。

（一）长三角一体化发展在中央统一领导和协调下稳步推进

2021年6月，推动长三角一体化发展领导小组办公室印发《长三角一体化发展规划"十四五"实施方案》，从率先构建新发展格局、推进重点区域联动发展、加快构建协同创新产业体系、推进更高水平协同开放、加强基础设施互联互通、共同建设绿色美丽长三角、共享更高品质公共服务、创新一体化发展体制机制、高水平建设安全长三角和保障措施等方面明确了包括促进长三角一体化发展的22项重大政策、104个重大事项、16类重大项目"三张清单"，其中包含到2025年基本实现一体化的奋斗目标。这是长三角一体化发展上升为国家战略后，进一步从国家层面以推动创新要素在更大范围畅通流动为抓手，加快推进科创和产业的深度融合，促进长三角区域从"世界工厂"升级为"全球产业高地"。2021年9月，财政部发布《关于全面推动长江经济带发展财税支持政策的方案》，指出加大各级财政资金支持力度，完善市场化、多元化投入机制，支持推动长江经济带高质量发展。2021年12月，国家发展改革委发布《沪苏浙城市结对合作帮扶皖北城市实施方案》，聚焦增强长三角欠发达区域高质量发展动能，推动皖北等欠发达地区跟上长三角一体化高质量发展步伐，组织沪苏浙有关市（区）结对合作帮扶皖北地区各市，努力构建产业、技术、人才、资本、市场等相结合的结对合作帮扶工作格局，进一步激发皖北地区内生发展动力，不断缩小长三角区域内经济社会发展差距，实现长三角更高质量一体化发展。

2021 年 2 月，国家发展改革委发布《关于同意南京都市圈发展规划的复函》，从国家层面认可南京在长三角一体化发展中的作用。2021 年 2 月，国务院批复《虹桥国际开放枢纽建设总体方案》，明确提出虹桥国际开放枢纽要进一步发挥服务长三角和联通国际的作用，成为推动长三角一体化发展、提升我国对外开放水平、增强国际竞争合作新优势的重要载体。2021 年 4 月，国家发展改革委印发《2021 年新型城镇化和城乡融合发展重点任务》，提出进一步健全长三角城市群一体化发展机制。2021 年 6 月，国家发展改革委发布《长江三角洲地区多层次轨道交通规划》，提出共建轨道上的长三角，推动构建功能定位精准、规划布局合理、网络层次清晰、衔接一体高效的现代轨道交通系统，支撑区域一体化发展。2022 年 2 月，根据《国家发展改革委等部门关于同意长三角地区启动建设全国一体化算力网络国家枢纽节点的复函》，国家发改委等部门同意长三角地区启动建设全国一体化算力网络国家枢纽节点，规划设立长三角生态绿色一体化发展示范区数据中心集群和芜湖数据中心集群。围绕两个数据中心集群，抓紧优化算力布局，积极承接长三角中心城市实时性算力需求，引导温冷业务向西部地区迁移，构建长三角地区算力资源"一体协同、辐射全域"的发展格局。

（二）长三角一体化发展全面铺开，从单一政策单个方面向系统化整体性建设推进

在国家统一部署下，长三角三省一市在推进一体化发展中逐渐从单个项目逐步落实向区域内项目系统化、整体性全面推进转变，三省一市区域合作内容日趋综合。2021 年经国家发改委批复同意的《南京都市圈发展规划》聚焦"同城化"和"高质量"，对于推动苏皖经济合作、人文交流和同城化发展，提升长三角一体化水平有重要意义，规划建设宁马、宁滁等合作产业园，推动产业分工协作发展；到 2025 年，南京与芜马滁宣 1 小时通达，打造"畅达都市圈"；建立跨区域教育集团，推动教育、医疗、文化等优质服务资源一卡通共享。2021 年 4 月，海纳小镇正式落地上海市普陀区。未来，海纳小镇和杭州云栖小镇、无锡雪浪小镇"三镇"将发挥各自优势，共享行业资源，建立统一配置调度平台，扶持一批符合各自特点的新兴产业，特别是区块链、大数据、生物医药、人工智能、集成电路、科技金融等数字经济属性强的产业。2021年5月发布的《长三角生态绿色一体化发展示范区重大建设项目三年行动计划（2021—2023年）》不仅涉及长三角生态绿色一体化发展，还包括生态环保、设施互通、产业创新、民生服务等四个方面、五大板块和18项主要行动。2021年5月，在长三角一体化发展高层论坛上长三角三省一市有关领导签署了《长三角自贸试验区一体化发展备忘录》《长三角自贸试验区联动发展合作备忘录》，三省一市自贸试验区将围绕项目协同、营商环境优化、创新理论研究与交流等开展深度合作。2021年12月，《长三角生态绿色一体化发展示范区江南水乡古镇生态文化旅游圈建设三年（2021—2023）行动计划》正式印发，未来三年，沪苏浙两省一市将谋划绿色生态共保、文旅产品共建等十大工程，重点建设江南水乡客厅、淀山湖江南水乡文化旅游度假区等73个重大项目，在生态环境保护、文旅产业体系构建、农文体旅融合发展、数字化赋能、现代治理体系及文旅富民、乡村振兴等方面形成一系列一体化合作机制与合作成果，预计投资500亿元以上。

（三）从项目合作向制度合作的更高层次迈进

长三角区域合作日趋制度化。2021年5月，湖北、安徽、江西、湖南、重庆五省（市）禁捕办分管负责同志签署了《长江流域重点水域"十年禁渔"联合执法合作协议》，明确了建立联席会商制度、执法联络员制度、联合巡查机制、协作共治机制、应急协同机制、信息共享机制等内容。2021年6月，沪苏浙皖纪检监察机关共同签署《关于建立长三角纪检监察工作协作机制的协议》，建立长三角纪检监察工作协作机制，对于深入推进长三角一体化发展、共同深化三省一市全面从严治党具有重要意义。2021年长三角地区体育一体化发展推进会通过了《长三角体育一体化协作协议（2021—2025）》，确定了长三角体育全领域一体化协作机制，成立了长三角体育一体化联席会议，并为长三角体育一体化办公室揭牌。2021年6月，由司法部组织推动，上海市、江苏省、浙江省、安徽省共同参与发起的长三角区域行政规范性文件合法性审核机制一体化建设合作协议签约仪式在芜湖举行，长三角区域一体化法治建设迈出了重要的一步。长三角区域行政规范性文件合法性审核机制一体化建设，有助于健全政策制定协同机制，推进政策互认和政策协同，优化营商环境，完善涉及重点领域制度规则和重大政策的规范性文件审核标准的沟通协调机制，提高政策制定统一性、规则一致性和执行协同性，加快形成科学高效、保障有力、协同运行的一体化审核机制，为更高质量一体化发展提供有力的法治保障。

（四）从基础设施对接转向更高层次的人才和技术等合作

长三角区域合作逐渐由基础设施对接转向更高层次的技术和人才合作。2021年1月，长三角生态绿色一体化发展示范区干部交流任职工作暨人才同城共建座谈会在上海市青浦区金泽镇举行，从区、镇（高新区）、园区三级层面全方位对接人才战略，深入推进人才资质互认。此外，长三角地区的文化互动方面，长三角文化和旅游融合深度进一步拓展，第二届长三角江南文化论坛、《长三角企业文化共建共享协议书》签约仪式、第三届长三角国际文化产业博览会等相继顺利召开。2021年3月，长三角三省一市党委组织部在上海签署《推进长三角一体化干部交流工作合作备忘录》。建立轮值牵头、沟通协作、共同关爱"三项机制"，旨在打通交流渠道、共享培训资源。制定沪苏浙皖互派干部人才挂职交流工作方案，推动长三角地区干部挂职、跟班学习和实践锻炼制度常态化。同月，成立的种业发展联盟整合长三角地区部分涉农高等院校、科研院所、种业商会、种业企业和相关管理部门资源，联手攻坚种业技术。4月，上海图书馆、南京图书馆、浙江图书馆、安徽省图书馆联合发布《长三角智慧阅读倡议书》，推进长三角智慧阅读、提高长三角全民阅读能级和水平、促进长三角公共图书馆高质量一体化发展。为推动党史学习教育扎实有效开展，共享长三角红色资源，助力长三角一体化发展，5月，上海市杨浦区长白新村街道、江苏省淮安市淮安区、浙江省嘉兴市南湖区、安徽省六安市金安区共同发起成立了长三角"三市一区"党史云宣讲联盟。5月，长三角一体化示范区执委会组织召开《关于做好2021年长三角生态绿色一体化发展示范区中高职衔接教育（五年制高等职业教育）跨省招生工作的通知》（以下简称《招生工作通知》）新闻通气会。示范区执委会与上海市、江苏省、浙江省两省一市教育部门共同发布《招生工作通知》，开启2021年度长三角一体化示范区中高职衔接教育跨省招生工作。11月，上海市总工会、江苏省总工会、浙江省总工会、安徽省总工会共同成立了"长三角工匠联盟"，并发布《长三角工匠联盟共同行动计划（2021—2025年）》。根据计划，三省一市总工会将共同确定一批一体化重大标志性工程重点工程立功竞赛项目，以立功竞赛为载体，建立健全工匠培育使用机制。此外，还将建立工匠工作定期交流机制，鼓励工匠跨省开展名师带高徒、技能培训、工匠宣讲、志愿服务等活动，进一步传承工匠技艺，提升全域职工技能水平。计划到2025年，选树一批具有区域影响力的典型工匠，打造一批重点工程立功竞赛示范性工程与一批有影响力的区域劳动和技能竞赛品牌。

二 长三角一体化发展中的各项政策举措评价

（一）2021年以来长三角在"形成区域协调发展新格局"方面的主要举措

2021年以来，长三角在区域新格局方面的主要举措如下。

一是在区域联动机制建设方面进一步加强。特别是2021年以来，长三角加快联动机制建设。2021年3月，长三角生物医药行业质量提升推进会在泰州医药高新区召开。会议旨在贯彻落实《中共中央 国务院关于开展质量提升行动的指导意见》《长江三角洲区域一体化发展规划纲要》中的重要举措，同时基于生物医药行业建立长三角合作机制、交流质量提升行动的相关措施和搭建有效平台，助推长三角地区生物医药行业高质量发展。2021年5月，2021年长江中游三省常务副省长联席会议即"2021共同推进长江中游城市群高质量发展研讨会"在武汉召开，会议讨论并审议了《加快长江中游三省协同发展行动计划》等 8 个文件，原则上同意由三省发改委牵头推动在区域发展、基础设施、文化旅游、产业创新、生态环保、民生及公共服务、人才交流、社会治理和完善省际协商工作机制等 9 个方面的合作事项。2021 年 5 月，湖北、安徽、江西、湖南、重庆五省（市）禁捕办分管负责同志签署了《长江流域重点水域"十年禁渔"联合执法合作协议》，明确了建立联席会商制度、执法联络员制度、联合巡查机制、协作共治机制、应急协同机制、信息共享机制等内容。2021 年 5 月，2021 年度长三角新全媒联合体座谈会在江苏无锡举行。会上，各成员单位就进一步增强主流媒体使命感、密切媒体间合作、拓展报道的深度与广度、更好体现长三角一体化的媒体担当等主题作了充分交流。2021 年 6 月，沪苏浙皖纪检监察机关共同签署《关于建立长三角纪检监察工作协作机制的协议》，推动建立长三角纪检监察工作协作机制，对于深入推进长三角一体化发展、共同深化三省一市全面从严治党具有重要意义。

二是都市圈一体化发展进一步加快。2021 年 1 月，长三角会商旅文体示范区联动平台正式揭牌，积极引入长三角会商旅文体相关协会等社会组织以及会商旅文体企业，使会商旅文体的联动、流量、体验全方位辐射大虹桥乃至整个长三角城市群。2021 年 4 月，《南京都市圈发展规划》正式出台，提出推进重大基础设施建设，畅通对外联系通道，提升内部通勤能力，共同打造"畅达都市圈"。2022 年 1 月，长三角三省一市交通运输主管部门共同发布了《关于携手推动长三角地区交通运输现代化建设的共同宣言》，提出着力构建以轨道交通为骨干、公路交通为基础、水上交通为特色、新型交通为补充的现代化综合交通运输体系，实现长三角核心城市间 1 小时通达，上海大都市圈以及南京、杭州、合肥、苏锡常、宁波都市圈 1 小时通勤。

三是共同促进城乡融合发展取得新进展。长三角地区围绕绿色生态发展和新农村建设，在促进城乡融合发展方面进行了一系列探索，如浙江着眼于打造乡村美丽经济，以旅游为切入点向全国推出 12 条美丽乡村夜游线路，

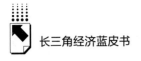

激活夜经济、秀出新"夜"态。同期，安徽也颁布多项政策帮扶省内的贫困劳动力以及因灾新增的劳动力实现稳定就业。2021年3月，上海与湖州市供销系统签署乡村振兴战略合作协议，发挥各自供应链优势，整合区域农产品上下游渠道，优化供应链主要环节，降低业务成本，拓展农产品供应链合作。2021年5月，浙江省安吉县联合"白叶一号"受捐地四川省青川县，湖南省古丈县，贵州省沿河县、普安县、雷山县三省五县，共同成立"白叶一号"乡村振兴党建联盟，主要通过支部结对共建、产业发展联盟、农产品合作社、专项发展基金等形式集聚区域产能、推动优势互补，促进资源共享、人才共育、产业共兴，探索形成党建引领乡村振兴、共同富裕的新路径、新机制。2021年7月，在沪举行的长三角蔬菜产业大会上，江苏、浙江、安徽、上海三省一市联合签订蔬菜协会产业联盟框架协议，正式成立长三角蔬菜协会产业联盟。作为产业联盟发起方，上海将积极引进长三角区域的优质蔬菜企业，围绕乡村振兴，大力开展招商引资，依托上海市场，共同促进蔬菜产业一体化和高质量发展。

四是跨界区域共建共享取得新突破。2021年4月上海图书馆、南京图书馆、浙江图书馆、安徽省图书馆联合发布《长三角智慧阅读倡议书》，推进长三角智慧阅读、提高长三角全民阅读能级和水平、促进长三角公共图书馆高质量一体化发展。为推动党史学习教育扎实有效开展，共享长三角红色资源，助力长三角一体化发展，5月，上海市杨浦区长白新村街道、江苏省淮安市淮安区、浙江省嘉兴市南湖区、安徽省六安市金安区共同发起成立了长三角"三市一区"党史云宣讲联盟，共享长三角红色资源，助力长三角一体化发展。7月，长三角城市群党建联建会议暨"迎百年华诞 促一体发展"共建共育共享党建资源发布仪式在上海、江苏、浙江、安徽"三省一市"会场以视频连线方式同步举行。会上，"三省一市"党委组织部围绕同心筑梦、同向发力、同频共振，推动组织共建、队伍共育、资源共享，实现党建进步、发展进步、治理进步，共同发起"三同、三共、三进步"长三角城市群党建共同行动倡议书，并发布48项长三角"三省一市"党建共建共育共享资源清单。8月，嘉善县与上海市青浦区、苏州市吴江区的大数据管理部门共同签署了一体化示范区公共数据"无差别"共享合作协议。该协议在坚持跨域融合、协同创新，多元融汇、主动赋能，整体规划、分步推进，数据安全、可靠可控的总体原则下，将探索建立示范区跨行政区域公共数据资源"无差别"共享机制，基本破除数据流通区域壁垒，提升跨区域数据信息互联共享程度，支撑形成数据驱动一体化制度创新、治理能力现代化、区域高质量发展的工作样板。12月，上海市文物局、江苏省文物局、浙江省文物局和安徽省文物局正式签署《长三角文物市场一体化规范发展战略合作框架协议》，共同致力于建立全国首个区域性文物市场一体化合作体系，全面推动长三角文物市场向更规范、更深层次、更宽领域发展。根据合作协议，三省一市将通过政府推动、资源整合、项目互动、政策引导、机制探索等方式，创建长三角地区资源集聚、要素集约、业态集群、效益集成的社会文物保护利用新高地，共同打造文物市场一体化规范发展合作平台。

（二）2021年以来长三角在"加强协同创新产业体系建设"方面的主要举措

2021年以来，长三角在建立健全区域协同创新体系方面的主要举措如下。

一是构建了区域内创新共同体。2020年12月由国家科技部牵头召开的贯彻落实《长三角G60科创走廊建设方案》推进大会暨推进G60科创走廊建设专责小组扩大会议立足新发展阶段、贯彻新发展理念、着眼新发展格局，共同谋划长三角G60科创走廊发展。在此基础上，2021年4月，由科技部等部门联合发布《长三角G60科创走廊建设方案》，持续有序推进G60科创走廊建设。2021年5月，长三角科技创新共同体建设办公室正式揭牌，主要工作事务有组建长三角智库、制订联合攻关方案及细则、建设长三角科创共同体"云"平台等。长三角区域内企业与大学形成伙伴关系，发挥彼此优势，促进教、产深度融合，力争建设具有国际影响力的世界级城市群，推进长三角共同体深度融合。2021年3月来自沪苏浙皖的8家智库机构联

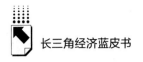

合成立了长三角高端智库联盟,为长三角一体化高质量发展献智献力。2021年5月,长三角集成电路、生物医药、人工智能、新能源汽车四个产业链联盟正式揭牌,分别以上海集成电路行业协会、中国药科大学、吉利控股集团、科大讯飞为首任联盟理事长单位,搭建政府企业间交流沟通平台,联合开展重大课题研究,打造有全球竞争力和影响力的长三角产业链共同体。11月,2021年世界制造业大会长三角一体化发展论坛在合肥开幕。本次论坛以"共建世界级产业集群 增强高质量发展动能"为主题,行业领域专家、长三角企业家代表作了演讲和交流,现场发布安徽省扎实推进长三角一体化发展创新案例。

二是产业分工协作进一步加强。长三角地区通过市场化的产学研合作,在产业链结合方面进一步加强。2021年2月,安徽省出台《皖北承接产业转移集聚区建设实施方案》,通过有序推动皖北地区加快产业承接步伐,逐步形成分工合理、特色鲜明、优势互补的空间承载新格局,将集聚区打造成为长三角高质量承接产业转移的优选地。5月在无锡召开2021年度长三角地区合作与发展联席会议,会上举行了长三角一体化发展合作事项签约仪式。三省一市经济和信息化部门签署了《联合开展产业链补链固链强链行动合作协议》,共同实施产业链补链固链强链行动,探索新发展格局下的长三角一体化发展路径。在产业园共建上,《南京都市圈发展规划》提出,重点推进中新苏滁高新技术产业开发区等共建园区建设,规划建设宁马、宁滁、宁溧等合作产业园,加快建设一批重大经贸平台。2021年11月,第四届中国国际进口博览会召开,《长三角G60科创走廊"十四五"先进制造业产业协同发展规划》《长三角G60科创走廊打造具有国际影响力的科创走廊和我国重要创新策源地指标体系》等文件相继发布。《长三角G60科创走廊"十四五"先进制造业产业协同发展规划》瞄准国际先进产业体系,聚焦集成电路、生物医药、民用航空、数字经济、未来科技五大先导产业,勾勒了产业链贯通、价值链互补、供应链对接、数据链共享、创新链整合"五链协同"路径,为推动长三角G60科创走廊先进制造业全面协同发展绘制了施工图。《长三角G60科创走廊打造具有国际影响力的科创走廊和我国重要创新策源地指标体系》则聚焦创新研发投入、创新产业发展、创新资源集聚、创新生态构建、创新协作共享等重点领域，为加强动态监测、科学评价G60科创走廊建设情况建立了一套科学实用、系统规范的一体化发展评估指标体系。

三是产业与创新深度融合进一步推进。长三角生产性服务业合作进一步加强，2021年1月，长三角人工智能产业链联盟在合肥举行成立大会暨第一次理事会议，长三角地区在人工智能领域的合作进一步增强。2021年4月，海纳小镇正式落地上海市普陀区。未来，海纳小镇和杭州云栖小镇、无锡雪浪小镇"三镇"将发挥各自优势，共享行业资源，建立统一配置调度平台，扶持一批符合各自特点的新兴产业，特别是区块链、大数据、生物医药、人工智能、集成电路、科技金融等数字经济属性强的产业。2021年5月，长三角三省一市省（市）长共同揭牌成立了长三角重点领域产业联盟，着重发展新能源汽车产业、生物医药产业、人工智能产业及集成电路产业。2021年1月，沪苏浙皖科技主管部门等联合发布《关于开展长三角科技创新券通用通兑试点的通知》，上海市青浦区、江苏省苏州市吴江区、浙江省嘉善县、安徽省马鞍山市积极开展试点。长三角科技创新券通用通兑试点平台于2021年4月1日测试上线，如今资源池里已有458家服务机构的8955项服务项目、24022台套大型科学仪器等科技资源。仅1个月内，已有109家企业注册通用通兑平台，27家单位申请科技创新券，发券金额1060万元。2021年4月，长三角技术市场论坛召开，来自上海、浙江、江苏、安徽等长三角地区的专家学者、企业代表济济一堂，围绕"坚持'政产学研用金'推进技术市场建设"主题，为长三角一体化高质量发展献计献策。作为世界人工智能大会主题论坛之一，"长三角产业智能论坛"于7月举办。论坛邀请政府领导、专家学者及企业家代表共话人工智能产业发展，助力长三角打造世界级人工智能先行示范区。论坛还颁布长三角人工智能十大示范场景、长三角人工智能十大杰出人物评选结果，以期发掘更多人工智能创新应用示范场景，打造长三角"AI样板"，加速人工智能与实体经济的深度融合。

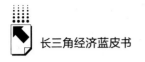

（三）2021年以来长三角在"提升基础设施互联互通水平"中的主要举措

2021年以来，长三角在提升基础设施互联互通水平方面的主要举措如下。

一是协同建设一体化综合交通体系取得新突破。近年来，长三角高铁、高速公路、轨道交通、机场群、港口群、新一代信息基础设施一体化建设加快。2021年5月，举办长三角地区三省一市交通运输部门主要负责人座谈会，会上就长三角一体化发展交通专题合作组2021年工作要点达成共识，并签署长三角智慧高速公路建设等多个合作协议，发布《长三角生态绿色一体化发展示范区综合交通专项规划》。规划作为一体化示范区空间规划"1+6"体系中的6个专项之一，与国土空间总体规划及其他专项规划实现全面对接、同步更新，且规划成果已被纳入国土空间规划。2021年6月，为加快推动长三角区域民航协同发展，打造长三角世界级机场群，推动长三角一体化发展领导小组办公室印发《长江三角洲地区民航协同发展战略规划》。到2025年，基本形成跨界融合、层次清晰、区域一体的民航高质量发展体系，长三角世界级机场群体系基本建成，航空服务网络通达通畅，区域民航高质量发展，合肥等区域航空枢纽的发展能级显著提升。到2035年，全面形成共建共享共赢的民航协同发展格局，力争长三角世界级机场群运营规模、运营效率、服务质量和竞争力达到国际一流。2021年7月，国家发改委正式印发《长江三角洲地区多层次轨道交通规划》，提出轨道上的长三角到2025年基本建成，这一轨道交通系统总里程预计超过2.2万公里，由干线铁路、城际铁路、市域（郊）铁路、城市轨道交通等构成。"十四五"规划建设项目中，有63项涉及长三角轨道交通建设，其中24项干线铁路，9项城际铁路，30项市域（郊）铁路，推动内部城市的联系更加紧密，让都市圈和城市群真正成为紧密的整体，形成一个"超级城市"。2021年8月，浙江省、上海市、江苏省市场监督管理局联合发布的长三角区域统一标准《市域（郊）铁路客运服务规范》是长三角首个轨道交通相关的统一标准，有利于提升市域（郊）铁路运营服务质量，助力"轨道上的长三角"建设，助推长三角一体化发展。2022 年 1 月，长三角三省一市交通运输主管部门共同发布了《关于携手推动长三角地区交通运输现代化建设的共同宣言》，提出着力构建以轨道交通为骨干、公路交通为基础、水上交通为特色、新型交通为补充的现代化综合交通运输体系，实现长三角核心城市间 1 小时通达，上海大都市圈及南京、杭州、合肥、苏锡常、宁波都市圈 1 小时通勤。

二是加强数字长三角建设，提升长三角数字化水平和能级。2021 年 3 月，为了合力推进长三角工业互联网一体化建设，"长三角工业互联网标识一体化建设专班"由沪苏浙皖四地通信管理局联合发起。当前制造业在寻求转型的机会，而实现数字化、网络化、智能化转型最重要的就是实现与工业互联网的紧密结合。作为工业互联网重要的网络基础设施，标识解析体系也得到了更多的关注，建设进程也在有序推进中。2021 年 3 月，2021 年长三角数字化转型大会在苏州召开，围绕"数字化转型"举办了以数字化转型、工业互联网创新发展、两化融合管理体系升级版为主题的分论坛。2021 年 4 月，长三角高分遥感数据应用服务中心在青浦成立，由上海携手浙江、江苏、安徽三省高分遥感数据应用服务中心及交通运输部东航航海保障中心构建长三角区域和行业遥感数据应用联合体。2021 年 5 月，湖州、嘉兴、芜湖、宣城、无锡、常州、南通、淮安、宿迁等 9 个长三角城市签署 CA 互认合作书，共同推进数字证书的互联互通，使公共资源交易更加便利、营商环境持续优化。2021 年 9 月，为促进长三角工业数字一体化发展，中国电信与浙江省、江苏省、安徽省和上海市三省一市重点工业企业代表在论坛上签署了《长三角工业数字一体化联合行动倡议书》，为高质量推进长三角工业互联网一体化发展提供强有力的支撑。2021 年 9 月，在安徽合肥举办的世界制造业大会江淮线上经济论坛——数字政府建设论坛上，长三角地区一市三省政府办公厅正式发布了《长三角地区电子证照互认应用合作共识》，将实现身份证、驾驶证、营业执照、出生医学证明等在线下场景的应用。2022 年 1 月，浙江省科技信息研究院和上海市科学学研究所、江苏省科技情报研究所、安徽省科技情报研究所共同发布了《长三角区域协同创新指数2021》，以提升长三角区域协同创新策源力、支撑长三角高质量一体化发展为评价对象，构建了包括资源共享、创新合作、成果共用、产业联动和环境支撑5项一级指标以及20项二级指标在内的指标体系。该研究以2011年为基期，测评了2011~2020年长三角区域协同创新指数得分。长三角三省一市政府与中国电信、中国移动、中国联通、中国铁塔等电信运营商签订《深化5G创新应用，服务长三角数字化转型战略合作框架协议》，将在"十四五"期间共同加速5G基础设施建设，深化5G创新应用，服务长三角数字化转型。到2025年底，长三角区域将基本实现5G网络全覆盖、千兆宽带全普及、国际通信能力再提升。几大电信运营商将在长三角区域加大资金投入，建设以5G为引领的新一代信息基础设施体系，实现网络、内容、存储、计算、应用协同发展，将长三角城市群打造成全球最强的5G创新应用城市群。

（四）2021年以来长三角在"强化生态环境共保联治"中的主要举措

近年来，长三角地区加快了在生态环保方面的合作步伐，2021年以来，长三角在强化生态环境共保联治方面的主要举措如下。

一是加强生态环境保护力度。习近平总书记早在2018年中央经济工作会议上就反复强调在推进长江经济带发展过程中要以生态优先、绿色发展为引领，因此，生态环保互利共赢在长三角地区达成共识。2021年1月，农业农村部发布《关于设立长江口禁捕管理区的通告》，正式拉开长江"十年禁渔"帷幕。长三角水域非法捕捞专项整治行动方面，从"啃硬骨头、打歼灭战"到常态化跨省市、跨地区、跨部门联合执法联动执法，长江禁渔形成"闭环"。4月，长三角三省一市人大常委会联合召开发布会，共同发布由长三角三省一市协同制定的《关于促进和保障长江流域禁捕工作的若干问题的决定》。5月，湖北、安徽、江西、湖南、重庆五省（市）禁捕办分管负责同志签署了《长江流域重点水域"十年禁渔"联合执法合作协议》，明确了建立联席会商制度、执法联络员制度、联合巡查机制、协作共治机制、应急协同机制、信息共享机制等内容。2021 年 7 月，《长江三角洲区域一体化发展水安全保障规划》正式印发，提出到 2025 年，长三角区域水安全保障能力进一步增强，较高水平实现太湖流域水治理体系和治理能力的现代化；到 2035 年，长三角区域现代化水安全保障网络全面建成，长三角特色水文化全面弘扬，水安全保障能力基本达到国际先进水平。

二是环境协同防治工作进一步推进。2021 年 5 月，长三角三省一市以"云开工"方式，共同启动太湖及水环境综合治理领域 9 个重大项目建设，标志着沪苏浙皖积极携手协作，以项目为引领和支撑，不断夯实长三角绿色发展基础，推进更高质量一体化。2021 年 4 月，《长三角生态绿色一体化发展示范区首批 3 项技术规范》新闻发布会在上海召开，上海市、江苏省、浙江省两省一市市场监督管理局联合批准发布《长三角生态绿色一体化发展示范区挥发性有机物走航监测技术规范》《长三角生态绿色一体化发展示范区固定污染源废气现场监测技术规范》《长三角生态绿色一体化发展示范区环境空气质量预报技术规范》3 项示范区技术规范，标志着长三角生态绿色一体化发展示范区生态环境标准统一工作取得了重大阶段性成果。

三是生态环境协同监管工作进一步密切，联防联治成为长三角地区生态合作的重要模式。2021 年 4 月，针对示范区生态环境标准的 3 项一体化示范区技术规范由沪苏浙两省一市市场监督管理局联合批准发布，该技术规范由三项组成，并形成一体化循环式的系统组合——《长三角生态绿色一体化发展示范区挥发性有机物走航监测技术规范》《长三角生态绿色一体化发展示范区固定污染源废气现场监测技术规范》《长三角生态绿色一体化发展示范区环境空气质量预报技术规范》，标志着统一示范区生态环境标准工作取得了重大进展。2021 年 5 月发布《关于"协调统一'一河三湖'环境要素功能目标、污染防治机制及评估考核制度"的总体方案》，推动完善示范区跨界水体联保工作体系。2021 年 5 月 11 日，沪苏浙皖司法厅（局）以"建立长三角区域长江大保护司法行政协作机制"为主题，发布了《长三角区域司法行政机关共同守护长江保障绿色发展——沪苏浙皖司法厅（局）贯彻实施〈长江保护法〉用法治力量守护长江母亲河共同宣言》，并签署了

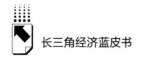

《关于建立长三角区域长江大保护司法行政协作方案》。

四是共同打造生态友好型一体化发展样板。长三角生态绿色一体化发展示范区是长三角绿色生态发展制度创新的新突破，围绕示范区建设，各地推进落实各项相关政策，如 2021 年 5 月《长三角生态绿色一体化发展示范区重大建设项目三年行动计划（2021—2023 年）》发布。行动计划重点聚焦先行启动区，水乡客厅、青浦西岑科创中心、吴江高铁科创新城、嘉善祥符荡创新中心四片区开展集中示范，明确各片区到 2023 年的建设形象框架、建设重点领域。2021 年 7 月，江苏和浙江在苏州联合发布环太湖"四好农村路"一体化全国示范路蓝图。该蓝图中的环太湖示范路由苏州、无锡、常州、湖州四市跨区域合作共同打造，建设生态经济良好发展的现实样板，为其他乡村发展建设提供新思路、新方案。2021 年 8 月，上海市市场监管局、江苏省市场监管局、浙江省市场监管局、一体化示范区执委会联合发布《关于支持共建长三角生态绿色一体化发展示范区的若干意见》，提出加快制度集成创新、加强事中事后监管、夯实质量基础设施、提升企业服务能级四个方面的十七条举措以支持示范区建设。2021 年 9 月，长三角生态绿色一体化发展示范区开发者大会在苏州市吴江区举行。这是开发者联盟扩容后的首次集体亮相，41 家成员共同发起《示范区绿色低碳发展倡议》，签约包括长三角清洁能源产业示范项目等在内的 9 个重点合作项目，长三角可持续发展研究院等 3 个重点项目揭牌。2021 年 12 月，《长三角生态绿色一体化发展示范区江南水乡古镇生态文化旅游圈建设三年（2021—2023）行动计划》正式印发，未来三年，沪苏浙两省一市将谋划绿色生态共保、文旅产品共建等十大工程，重点建设江南水乡客厅、淀山湖江南水乡文化旅游度假区等 73 个重大项目，在生态环境保护、文旅产业体系构建、农文体旅融合发展、数字化赋能、现代治理体系以及文旅富民、乡村振兴等方面形成一系列一体化合作机制与合作成果，预计投资 500 亿元以上。2021 年 12 月，长三角生态绿色一体化发展示范区发布《示范区碳达峰碳中和工作指导意见》，提出要力争在沪苏浙两省一市碳达峰、碳中和工作总体目标与框架下，率先实现高质量碳达峰、高水平碳中和的目标。2022 年 1 月，长三角一体化示范区执委会会同两区一县人民政府印发《长三角生态绿色一体化发展示范区共建共享公共服务项目清单（第二批）》，并于 2022 年 1 月 1 日起正式施行。

（五）2021年以来长三角在加快公共服务便利共享中的主要举措

2021 年以来，长三角在加快公共服务便利共享方面的主要举措如下。

一是在公共市场服务标准化便利化方面的对接明显加强。2021 年 1 月，长三角一体化示范区对外发布第一批共建共享公共服务项目清单，针对上海青浦、苏州吴江、浙江嘉善三地公共服务标准的不同，积极探索新机制，以推进示范区内公共服务共建共享。2021 年 3 月，长三角三省一市已实现跨省户口迁移全覆盖，拥有上海、浙江、江苏、安徽户籍的居民在长三角区域内办理跨省户口迁移之时，无须在迁出地、迁入地之间往返奔波，在迁入地即可申请办理，真正实现"一地受理、网上迁移"。2021 年 3 月，召开的2021 年长三角文化和旅游联盟联席会议提出，将实现社保卡在长三角区域文旅领域的互认互通互用，率先实现"同城待遇"。2021 年 5 月，长三角生态绿色一体化发展示范区"跨省通办"综合受理服务窗口启动仪式在示范区执委会举行，现场启动了示范区"跨省通办"综合受理服务窗口。2021年 5 月建立青吴嘉矛盾纠纷联合人民调解委员会、联合调解专家库，长三角一体化示范区持续推进矛盾纠纷一体化解，构建联网、联勤、联动、联办的协同治理机制。2021 年 12 月，上海市人力资源和社会保障局与江苏省、浙江省人力资源和社会保障厅联合发布的《2021 年长三角一体化示范区制造业企业市场工资价位》是长三角地区首次联合发布跨行政区域的市场工资价位，为一体化示范区企业及求职者提供了市场价位信息参考，有利于引导企业合理确定各类岗位人员的薪酬水平，进一步促进人力资源要素的合理流动。长三角地区将加强交通运输同城化待遇方面的合作，率先探索交通出行"同城待遇"的内涵、标准和推进路径等内容。在继续扩大省际毗邻公交线路覆盖面的同时，发布并实施区域标准《长三角省际毗邻公交运营服务规范》，争取实现公交"一卡通"，提升省际毗邻公交服务质量。2021 年 5 月，长三角一市三省82家品牌企业共同成立"长三角地区异地异店线下7日无理由退换货服务承诺企业联盟",合力打造有效保障消费权益的长三角满意消费环境,其中安徽省合肥百大、三只松鼠、天方茶叶等13家企业在列。2022年1月,长三角一体化示范区执委会会同两区一县人民政府印发《长三角生态绿色一体化发展示范区共建共享公共服务项目清单(第二批)》,并于2022年1月1日起正式施行。2022年1月,沪苏浙皖四地多部门联合推出《长江三角洲区域文化市场轻微违法行为免罚清单》《长江三角洲区域气象领域轻微违法行为免罚清单》两份免罚清单,明确21项轻微违法免罚事项。清单最大限度地统一了长三角区域文化市场和气象领域免罚标准,探索建立长三角区域执法标准统一、执法监管协同的新路径。

二是在高品质医养资源共享方面取得进一步突破。2021年1月,"2021长三角养老产业协同发展研讨会"在上海举行。沪苏浙皖民政部门将2021年确定为"长三角养老深化合作年",明确"5+5"十项任务。长三角地区已有20个城市、57家机构的25698张床位实现跨区域开放;长三角首个跨行政区康养政策协同试验区"长三角(东台)康养小镇"项目正式启动。4月在杭州举行长三角地区三省一市职工疗休养交流协作暨浙江省职工疗休养基地推介活动,长三角地区已实现职工疗休养基地互认共享,浙江已打造120个省级职工疗休养基地,可为长三角地区职工提供多样化的疗休养体验和一站式疗休养服务。

(六)2021年以来长三角"推进更高水平协同开放"的主要举措

2021年以来,长三角在推进更高水平协同开放方面的主要举措如下。

一是围绕打造国际一流营商环境体系加强合作。2021年10月,长三角地方金融监管局局长圆桌会议在苏州召开。会上,三省一市地方金融监管局共同签署《金融助力长三角地区达成"双碳"目标合作备忘录》,包括深化金融供给侧结构性改革、推进区域绿色金融改革创新、加大绿色金融相关政策研究和人才培养力度、建立绿色金融评级标准体系以及激励约束机制、参与(上海)全国碳排放权交易市场建设等内容。2021年12月,长三角沪苏浙皖市场监管部门联合印发《长三角市场监管一体化发展"十四五"规划》，提出到2025年，长三角地区市场监管领域行政壁垒加快破除、要素流动自由畅通、重点领域安全可靠、质量基础显著增强、消费维权便利高效、创新创业强劲活跃，统一开放的市场准入环境、公平有序的市场竞争环境、放心满意的市场消费环境显著优化。

二是积极推动规则统一的制度体系和要素市场一体化建设。2021年5月，《长三角区域工程建设标准一体化发展合作备忘录》签署，标志着长三角区域工程建设标准一体化工作取得了突破性进展，由可研阶段发展至编制试点阶段，意义重大，将进一步推动长三角工程建设领域高质量一体化发展。2021年6月，由司法部组织推动，上海市、江苏省、浙江省、安徽省共同参与发起的长三角区域行政规范性文件合法性审核机制一体化建设合作协议签约仪式在芜湖举行，长三角区域一体化法治建设迈出了重要一步。2021年12月，上海市人力资源和社会保障局与江苏省、浙江省人力资源和社会保障厅联合发布的《2021年长三角一体化示范区制造业企业市场工资价位》是长三角地区首次联合发布跨行政区域的市场工资价位，为一体化示范区企业及求职者提供了市场价位信息参考，有利于引导企业合理确定各类岗位人员的薪酬水平，进一步促进人力资源要素的合理流动。

三是高标准推动上海自由贸易试验区新片区及长三角其他自贸区合作协同创新。上海针对自贸区新片区建设，出台了《上海市临港地区融入"长三角一体化"行动方案》，明确在临港新片区设立"长三角一体化"发展专项资金，用于支持产品研发、技术攻关、创业孵化、人才引进、基金设立等，并鼓励跨长三角的区域合作，从而通过将工业互联网、云计算、人工智能等新一代信息技术与制造业深度融合，打造"长三角智能制造、人工智能、工业互联网等示范应用先行区"。目前，长三角自贸区之间已经开展了一些前期联动和合作的探索。如浙江自贸区与上海期货交易所达成合作协议，明确了"期现结合"的创新型模式，基本确立了舟山作为上海期货交易所原油、燃料油期货重要交割地的战略地位。江苏的一些企业也通过上海的金融市场开展了众多金融合作。这些前期的探索为长三角自贸区合作开展离岸金融业务奠定了基础。2021年3月，中国（浙江）自由贸易试验区舟山管委会与上海市交通委员会在舟山签订保税船用燃料油一体化供应协议，标志着长三角港口海事服务一体化取得阶段性重要成果，将有力提升上海国际航运中心服务能级，推进长三角世界级港口群一体化治理体系建设。2021年5月，在长三角一体化发展高层论坛上长三角三省一市有关领导签署了《长三角自贸试验区一体化发展备忘录》《长三角自贸试验区联动发展合作备忘录》，上海市、浙江省、江苏省、安徽省就协同推进长三角自贸试验区联动发展、打造更具国际影响力和竞争力的改革开放新高地、引领带动长三角区域率先探索构建新发展格局达成共识。根据《长三角自贸试验区一体化发展备忘录》，长三角自贸试验区结合三省一市本地实际，在发挥自贸试验区开放型经济引领带动作用方面互鉴互学、共同促进。三省一市自贸试验区将在项目协同、营商环境优化、创新理论研究与交流等领域开展深度合作。同时，根据沪苏浙皖三省一市签署的《长三角自贸试验区联动发展合作备忘录》，成立长三角自由贸易试验区联盟，共享各自贸试验区优势长板资源，共同谋划引领区域协调发展的着力点，并发布长三角自贸试验区十大制度创新案例，举办长三角自贸试验区制度创新论坛。

三 长三角一体化发展中各项评分指标的综合评价

（一）2021年以来长三角在推动城乡区域协调发展格局方面的评价指标分析

城市群同城化水平进一步提高，从上述分析可以看出，随着城际铁路、高铁、高速公路等建设的加快，长三角地区城市群同城化水平逐渐提升的趋势毋庸置疑。

城乡居民收入差距进一步缩小。从图1可以看出，近年来，长三角地区的城乡收入差距呈现出明显缩小的趋势，城乡居民人均可支配收入比从2015年的2.28下降到2021年的2.03左右，已经优于纲要提出的2.2的目标值。这不仅得益于苏浙沪皖各地区城乡居民人均可支配收入比的下降，如上海从 2.28 下降到 2.14、江苏从 2.28 下降到 2.16、浙江从 2.07 下降到 1.94、安徽从 2.49 下降到 2.34，也得益于一些经济落后地区经济增速快于发达地区，推动城乡收入差距缩小。

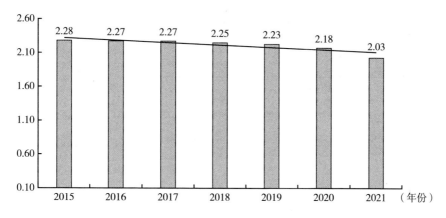

图 1　长三角地区城乡居民收入一体化指标

注：计算公式：城镇居民人均可支配收入/农村居民人均可支配收入。城乡居民收入差距（权重 0.05）。

全域人均 GDP 偏差度进一步缩小。从图 2 可以看出，近年来，长三角地区的人均 GDP 差异也呈现缩小趋势，全域人均 GDP 偏差度从 0.33 下降到 0.28，意味着长三角地区之间经济增速的差异性下降，经济发展水平趋同。

城镇化率逐渐提高。从图 3 可以看出，近年来，长三角地区的城镇化水平快速上升，从 2015 年的 67.61% 上升到 2021 年的 73.92%，意味着长三角地区人口向城镇集中趋势明显，基本实现了城镇化率 70% 的目标，城市一体化水平稳步提升。

（二）2021 年以来长三角在"加强科创产业融合发展体系建设"方面的评价指标分析

研发投入稳步增加。从图 4 可以看出，近年来，长三角地区在研发投入

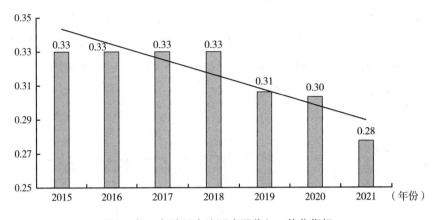

图2 长三角地区人均可支配收入一体化指标

注：计算公式：人均GDP标准差/长三角地区人均GDP。全域人均GDP偏差度（权重0.05）。

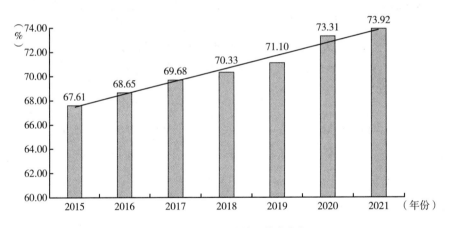

图3 长三角地区城镇一体化指标

注：计算公式：城市常住人口/总人口。城镇化率（权重0.05）。

方面呈现出快速增长趋势，研发投入占比从2015年的2.62%上升到2021年的3.02%，已经基本达到纲要中提出的3%的目标要求。研发投入总额达到8324.57亿元，科技创新已经成为拉动长三角经济增长和转型升级的主要动力。

高新技术产业发展迅速。2021年，高新技术产业总产值占工业总产值

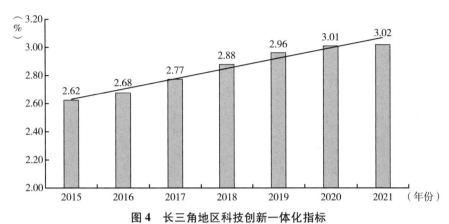

图 4　长三角地区科技创新一体化指标

注：计算公式：总研发投入/GDP。研发投入强度（权重 0.07）。

的比重从 2015 年的 23.51% 上升到 2021 年的 45.34%，已经超过纲要中提出的 18% 的目标要求。[①] 高新技术产业高速发展意味着长三角地区产业转型升级进入一个良性循环阶段（见图 5）。

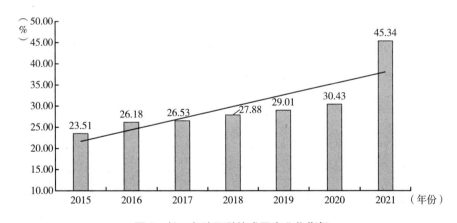

图 5　长三角地区科技成果产业化指标

注：计算公式：高技术产业总产值/工业总产值。高技术产业总产值占规模以上工业总产值比重［权重（0.07），包括科技进步贡献率指标在内，总比重为 0.13］。

---

① 由于各地高新技术产业统计存在计入内容的差异，可能在数据相加过程中存在偏差，但长三角地区高新技术产业占比的上升趋势明显。

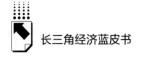

（三）2021年以来长三角在提升基础设施互联互通水平方面的评价指标分析

铁路建设加快，推动一体化都市圈建设效果明显。近年来，由于铁路基础设施投资的加大，长三角地区铁路总里程超过1万公里，单位面积铁路密度从271公里/万平方公里上升到374公里/万平方公里，与纲要中提出的507公里/万平方公里的目标相比差距较大，① 但2019~2021年增长幅度较大，长三角地区四通八达的铁路网已经基本建成（见图6）。

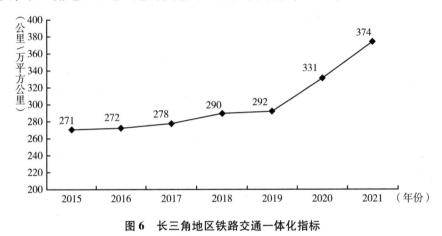

图6　长三角地区铁路交通一体化指标

注：计算公式：铁路总里程/总面积。铁路网密度（权重0.06）。

高速公路建设加快，推动长三角一体化发展。近年来，高速公路作为关键的基础设施在推动长三角地区一体化发展过程中发挥了重要作用，截至2021年底，长三角地区高速公路里程已经超过1.5万公里，单位面积高速公路里程从2015年的3.77公里/百平方公里上升到2021年的4.42公里/百平方公里，与纲要中提出的高速公路密度达到5公里/百平方公里的目标相比有一定差距，但差距不大（见图7）。

---

① 纲要中的该指标是否包含城市内地铁等轨道交通不太明确，而即便加上城市地铁，单位面积里程数有所增长，差距仍然较大。

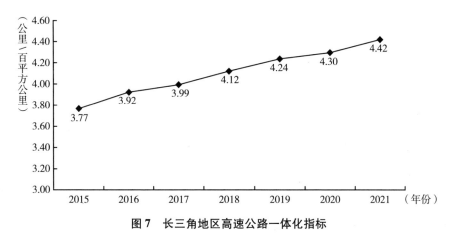

图7 长三角地区高速公路一体化指标

注：计算公式：高速公路总里程/总面积。高速公路密度（权重0.06）。

互联网覆盖率提升并向5G升级。根据第49次《中国互联网络发展状况统计报告》，截至2021年12月，我国网民规模达10.32亿人，较2020年12月增长4296万人，互联网普及率达73.0%。长三角地区作为我国经济发达地区，互联网普及率远远高于全国平均水平，互联网覆盖率从2015年的85.07%上升到2021年的99.63%，基本实现了网络全覆盖。近年来，互联网基础设施升级快速推进，虽然各地5G才刚刚起步，但随着新一轮基础设施投资重点聚焦"新基建"，5G投资将迅速展开，并成为未来长三角经济转型升级的重要支撑力量（见图8）。

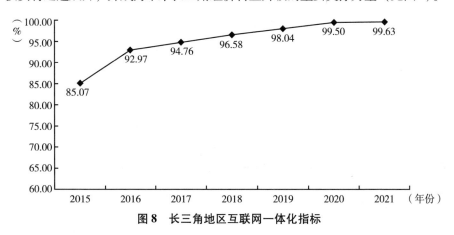

图8 长三角地区互联网一体化指标

注：计算公式：三省一市互联网覆盖率平均值。互联网覆盖率（权重0.08）。

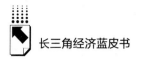

（四）2021年以来长三角在"强化生态环境共保联治"方面的评价指标分析

1. $PM_{2.5}$平均浓度明显下降

近年来，长三角携手治理大气污染，2021年，上海市基于全市扬尘在线监控体系，加强工地、堆场、码头混凝土搅拌站等重点领域扬尘在线超标执法应用，进一步提升扬尘管理水平；3月，江苏省以大气污染防治联席办公室名义印发《江苏省2021年大气污染防治工作计划》，将全省环境空气质量改善目标分解下达至13个设区市和54个县（市、区）；浙江省发展改革委与生态环境厅联合印发《浙江省空气质量改善"十四五"规划》；安徽省大气办印发《安徽省2021—2022年秋冬季大气污染综合治理攻坚方案》，积极应对重污染天气，深化企业绩效分级分类管控，强化区域联防联控，做好重大活动空气质量保障工作。

目前，长三角地区空气质量改善明显，41个城市$PM_{2.5}$平均浓度从2015年的53.17微克/米³下降到2021年的31.06微克/米³（见图9）。

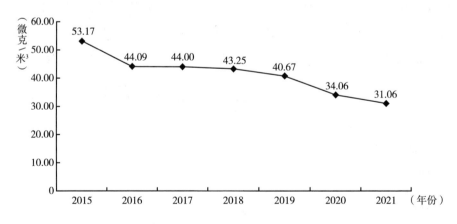

图9 长三角地区环境治理一体化指标（$PM_{2.5}$平均浓度）

注：计算公式：三省一市平均值。$PM_{2.5}$平均浓度（权重0.05）。

2. 空气质量优良天数有所增加

随着环境治理的深入，长三角地区空气质量逐渐提升，除 $PM_{2.5}$ 平均浓度下降外，空气质量优良天数逐渐增加，2015 年空气质量优良天数为 73.40%，2016 年上升为 79.45%，2017 年有所下降，为 74.72%，2019 年升至 76.44%，2021 年达到 86.70%，达到纲要中提出的 80% 的目标要求（见图 10）。

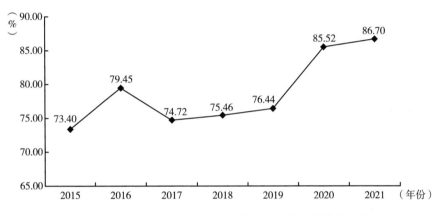

图 10 长三角地区环境治理一体化指标（空气质量优良天数）

注：计算公式：三省一市平均值。空气质量优良天数（权重 0.05）。

3. 治水效果明显，水质达标率上升较快

随着环境治理的深入，长三角地区废水排放量呈下降趋势，废水处理能力明显提高，水质也快速提升，水质达标率从 2015 年的 51.33% 上升到 2021 年的 87.40%，完成纲要中提出的水质达标率 80% 的目标（见图 11）。

4. 单位 GDP 能耗下降较快，能效提高明显

随着节能减排等新技术在产业中的运用和产业逐渐向高新技术转型升级，长三角地区产业能耗呈现出快速下降趋势，2015 年单位能耗为 0.49 吨标准煤，2021 年下降至 0.36 吨标准煤，虽然节能减排的难度越来越大，但预计实现下降 10% 的目标仍然存在较大的可能性（见图 12）。

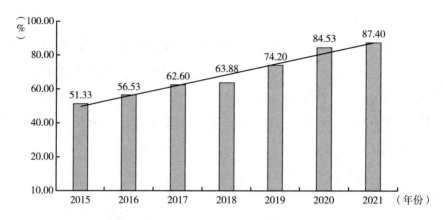

图 11　长三角地区环境治理一体化指标（水质达标率）

注：计算公式：三省一市平均值。水质达标率（权重 0.05）。

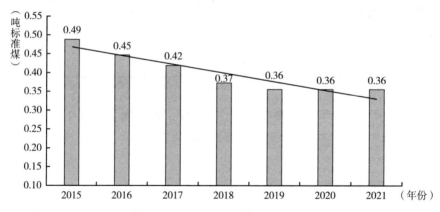

图 12　长三角地区环境治理一体化指标（单位 GDP 能耗）

注：计算公式：三省一市平均值。单位 GDP 能耗（权重 0.05）。

（五）2021年以来长三角在加快公共服务便利共享方面的评价指标分析

1. 人均公共财政支出稳中有升

近年来，随着长三角地区经济稳步增长，各地区政府在民生方面的支出加大，投入水平逐年增加，如 2021 年上海常住人口人均公共财政支出达到

3.39 万元，江苏达到 1.71 万元，浙江达到 1.69 万元，安徽达到 1.22 万元，除上海外，其他省市离纲要中确定的 2.1 万元目标存在较大差距（见图 13）。

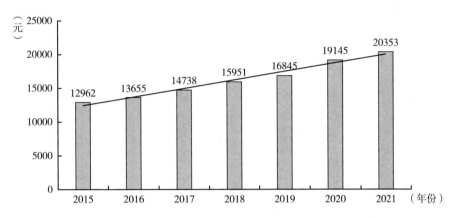

图 13　长三角地区公共服务一体化指标（人均公共财政支出）

注：计算公式：财政总支出/总人口。人均公共财政支出（权重 0.05）。

2. 平均受教育年限逐年提升

长三角地区受教育水平逐年上升，人均受教育年限从 2015 年的 9.27 年上升到 2021 年的 10.08 年，但离纲要中提出的 11.5 年的教育目标仍有不小差距（见图 14）。

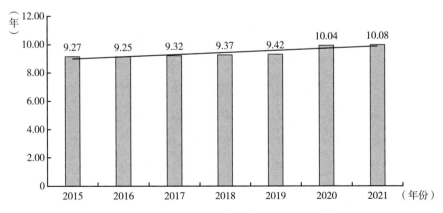

图 14　长三角地区公共服务一体化指标（人均受教育年限）

注：计算公式：三省一市平均值。人均受教育年限（权重 0.05）。

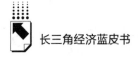
3. 人均期望寿命稳步上升

随着人们生活水平的提高和医疗条件的改善，人均期望寿命也在延长，2021 年预计达到 79.65 岁，略高于全国平均水平，达到纲要中提出的 79 岁的目标（见图 15）。

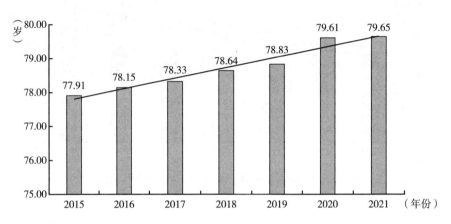

图 15　长三角地区公共服务一体化指标（人均期望寿命）

注：计算公式：三省一市平均值。人均期望寿命（权重 0.05）。

四　长三角一体化发展的总体评价分析

从长三角一体化发展综合指数来看，呈现出明显的上升趋势，2015~2021 年，长三角一体化水平提升了 34.5%，其中 2016 年同比上升 5.5 个百分点，2020 年同比上升 6.1 个百分点，2021 年同比上升 12.9 个百分点，说明"十三五"时期以来长三角一体化发展整体呈现快速融合趋势（见图 16）。

各项分指标呈现的这一趋势也比较明显（见图 17），所有 5 个一级指标均呈现出明显的上升趋势。但总体而言，各指标之间的增长速度差异性较大，其中增长较快的为科创产业融合发展体系、生态环境共保联治和公共服务便利共享水平，分别上升了 65.3%、49.3% 和 23.7%，基础设施互联互通也上升较快，约为 23.4%，呈明显上升趋势。城乡区域协调发展格局 6 年内仅上升

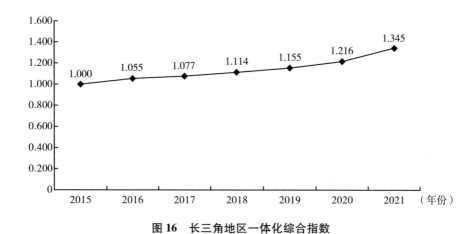

图 16　长三角地区一体化综合指数

10.2 个百分点，但近年来出现了城乡加速融合态势，2020 年上升了 2 个百分点，2021 年上升了 3 个百分点，随着我国新农村建设的加快，相信未来长三角地区的城乡融合发展会达到一个新的水平。

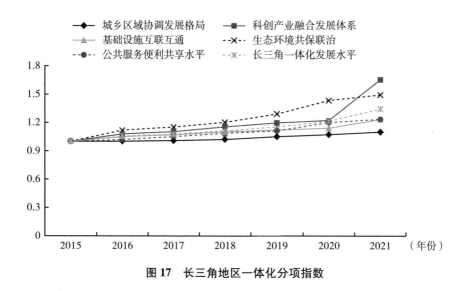

图 17　长三角地区一体化分项指数

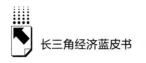
附录：长三角一体化发展综合评价指标说明

本报告指标体系是基于《长江三角洲区域一体化发展规划纲要》中的相关目标要求，借鉴周立群和夏良科（2010）区域经济一体化权重分配的思路和方法，依据定量分析和定性分析相结合的原则制定，评价指标体系设计如下。

附表1　长三角一体化发展水平指标设计

总目标	一级指标	二级指标	说明
长三角一体化发展水平	城乡区域协调发展格局（权重0.2）	城市群同城化水平进一步提高（权重0.05）	定性：提高＝1，不变＝0，下降＝-1
		城乡居民收入差距（权重0.05）	定量（下降意味着趋好），计算公式：$$城乡收入比=\frac{城镇居民人均可支配收入}{农村居民人均可支配收入}$$
		全域人均 GDP 偏差度（权重0.05）*	定量（下降意味着趋好），计算公式：$$偏差度_{ij}=\frac{GDP\ 偏差平方和}{GDP\ 异方差}$$
		城镇化率（权重0.05）	定量，计算公式：城市常住人口/总人口
	科创产业融合发展体系（权重0.2）	研发投入强度（权重0.07）	定量，计算公式：总研发投入/GDP
		科技进步贡献率（权重0.06）	定量（暂缺）
		高技术产业总产值占规模以上工业总产值比重（0.07）**	定量，计算公式：高技术产业总产值/工业总产值
	基础设施互联互通（权重0.2）	铁路网密度（权重0.06）	定量，计算公式：铁路总里程/总面积
		高速公路密度（权重0.06）	定量，计算公式：高速总里程/总面积
		5G 网络覆盖率（权重0.08）***	定量，计算公式：三省一市 5G 覆盖率平均值
	生态环境共保联治（权重0.2）	PM$_{2.5}$平均浓度（权重0.05）	定量（下降意味着趋好），计算公式：三省一市平均值
		空气质量优良天数（权重0.05）	定量，计算公式：三省一市平均值
		水质达标率（权重0.05）	定量，计算公式：三省一市平均值
		单位 GDP 能耗（权重0.05）	定量（下降意味着趋好），计算公式：三省一市平均值

总目标	一级指标	二级指标	说明
	公共服务便利共享水平（权重 0.2）	政策对接情况（权重 0.05）	定性,增强＝1,不变＝0,减弱＝－1
		人均公共财政支出（权重 0.05）	定量,计算公式:财政总收入／总人口
		人均受教育年限（权重 0.05）	定量,计算公式:三省一市平均值
		人均期望寿命（权重 0.05）	定量,计算公式:三省一市平均值

注：由于考虑到长三角一体化主要是对内，未考虑对外内容，暂时不考虑纲要中提到的"推进更高水平协同开放"问题。"＊"由于纲要中目标无法度量，我们借鉴了区位商的思路，即计算"三省一市"人均 GDP 偏差度综合指标。"＊＊"由于科技进步贡献率暂时无法估算，放入高技术产业总产值占规模以上工业总产值比重中计算，这意味着该指标权重为0.13。"＊＊＊"由于5G网络刚刚开始建设，我们暂时以互联网覆盖率取代。

资料来源：根据纲要整理。

B.3
长三角都市圈经济发展报告（2022）

刘玉博*

摘　要： 本报告基于2021年长三角都市圈各城市国民经济和社会发展统计公报、政府工作报告，以及统计局、经信委等官方披露的数据，对比分析了上海大都市圈、南京都市圈、杭州都市圈、合肥都市圈、宁波都市圈、苏锡常都市圈在经济总量、经济密度、"三驾马车"、科技水平和绿色经济等方面的情况，主要结论如下：长三角六大都市圈经济总量差异较大，但平均增速较高；经济密度稳定提升，但都市圈最高值与最低值差距较大；第二、第三产业增加值比重略有下降；固定资产投资增幅较大；六大都市圈内需市场回升，对经济增长的拉动作用存在较大差异；进出口总额增速反弹，对宁波都市圈和上海大都市圈的经济拉动效果最为明显；利用外资几乎占据全国半壁江山，以上海大都市圈为最；发明专利授权量持续增加，宁波都市圈高价值专利比重最大；都市圈规上工业增加值增速较快，经济活力保持较高水平；每千常住人口新增就业岗位数量差异较大，但六大都市圈就业带动能力普遍较强；六大都市圈经济发展中的城乡均衡度有所提升，绿色经济发展成效显著。本报告建立了经济发展水平综合评价指标体系，基于指数得分整体分析了六大都市圈经济发展中的长板和不足之处。

关键词： 上海大都市圈　南京都市圈　杭州都市圈　合肥都市圈　宁波都市圈　苏锡常都市圈

---

* 刘玉博，经济学博士，上海社会科学院城市与人口发展研究所助理研究员，主要研究方向：城市创新经济与区域平衡发展。

长三角都市圈嵌于长三角三省一市范围内，是实现长三角一体化的重要空间载体，也是优化长三角经济发展格局的重要支撑。在疫情防控常态化背景下，长三角都市圈经济总量和增速指标均有所回升。特别是在长三角一体化加速发展、国内国际"双循环"战略的引领下，长三角都市圈在经济增长、固定投资、进出口规模、社会消费等方面呈现持续回升的趋势，规上工业增加值、科技创新等经济活力也得以释放。同时经济发展的城乡均衡度也有所提升，绿色发展理念得到较好的贯彻落实，体现了地区经济增长的韧性。

一　长三角都市圈统计范围说明

长三角地区共包含六大都市圈，分别为上海大都市圈、南京都市圈、杭州都市圈、合肥都市圈、宁波都市圈和苏锡常都市圈。长三角六大都市圈行政区范围有所嵌套，其中上海大都市圈包含上海、苏州、无锡、常州、南通、嘉兴、宁波、舟山、湖州，共计9个城市；苏州、无锡、常州组成了苏锡常都市圈，内嵌于上海大都市圈内；南京都市圈包含南京、镇江、扬州、淮安、马鞍山、滁州、芜湖、宣城8市全域及常州的金坛区和溧阳市。为便于统计，本研究将南京都市圈统计范围设定为南京、镇江、扬州、淮安、马鞍山、滁州、芜湖、宣城和常州9市。杭州都市圈包括杭州、湖州、嘉兴、绍兴、衢州、黄山和宣城（观察员城市），共计7市。合肥都市圈包括合肥、淮南、六安、滁州、芜湖、马鞍山、蚌埠、桐城（县级市），共计7市1县。宁波都市圈包括宁波、舟山、台州，并延伸至绍兴市新昌县、嵊州市，共计3市2县。同样地，为便于统计，本研究将宁波都市圈统计范围设定为宁波、舟山、台州和绍兴4市（见表1）。

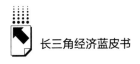

表 1　长三角六大都市圈构成和行政面积

都市圈	包含城市	行政面积（平方公里）	人口总量（万人）	城镇化率（%）
上海大都市圈	上海、苏州、无锡、常州、南通、嘉兴、宁波、舟山、湖州	55864	7793.62	76.81
南京都市圈	南京、镇江、扬州、淮安、马鞍山、滁州、芜湖、宣城、常州	67302	3943.54	72.45
杭州都市圈	杭州、湖州、嘉兴、绍兴、衢州、黄山、宣城	66011	3257.00	67.44
合肥都市圈	合肥、淮南、六安、滁州、芜湖、马鞍山、蚌埠、桐城	63420	3064.10	64.33
宁波都市圈	宁波、舟山、台州、绍兴	38178	2957.40	58.71
苏锡常都市圈	苏州、无锡、常州	17656	2567.69	80.77

注：合肥都市圈中的桐城市为县级市。

资料来源：各城市 2021 年国民经济和社会发展统计公报、政府工作报告，部分缺失数据来自各城市统计局等官方披露的数据。下同。

二　长三角都市圈经济发展的主要领域

长三角都市圈经济活跃度较高，对长三角乃至全国经济增长有重要的支撑和引领作用。整体来看，六大都市圈在经济总量、投资总量、消费总量等绝对指标方面，以及经济增速、人均 GDP、地均 GDP、规上工业增加值增速等相对指标方面的差异相对较大，但均呈现一定程度的收敛趋势。

（一）经济总量差异较大，平均增速较高

2021 年长三角都市圈（非重叠计算，共包含 26 个地级市和 1 个县级市，下同）共实现 GDP 221098 亿元，占全国的 19.33%。六大都市圈经济总量差异较大，其中上海大都市圈 GDP 为 126070 亿元，是排第二位的南京都市圈的 2.37 倍，苏锡常都市圈和宁波都市圈 GDP 分列第 3 和第 4 位，分

别为 45529 亿元和 40194 亿元。合肥都市圈 GDP 相对较低，为 27306 亿元，为上海大都市圈 GDP 的 21.66%。从增速来看，2021 年长三角都市圈 27 市实现 8.39% 的 GDP 平均增速，略高于全国 8.10% 的平均水平。南京都市圈 GDP 平均增速最高，达 9.34%；其次为杭州都市圈，GDP 平均增速为 9.01%。相较之下，合肥都市圈 GDP 平均增速较低，为 7.58%，低于全国平均水平。

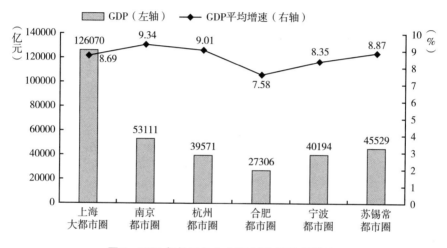

图 1 2021 年长三角六大都市圈 GDP 及增速

（二）经济密度稳定提升，但都市圈地均 GDP 最高值与最低值相差较大

2021 年长三角都市圈 27 市地均 GDP 为 11854.53 万元/公里^2，约为全国地均 GDP 的十倍。2021 年六大都市圈地均 GDP 较 2020 年均有所上升，但存在较大的差异。2021 年苏锡常都市圈地均 GDP 最高，为 25550.78 万元/公里^2，是排名第二位的上海大都市圈的 1.13 倍、排名第六位的合肥都市圈的 5.72 倍。从人均 GDP 来看，2021 年长三角都市圈 27 市人均 GDP 均值为 11.78 万元，高于全国平均水平 45.43%。从六大都市圈发展情况来看，苏锡常都市圈人均 GDP 最高，为 17.62 万元；其次为上海大都市圈，人均

GDP 为 15.18 万元。六大都市圈中，合肥都市圈人均 GDP 相对较低，为 8.21 万元，是苏锡常都市圈人均 GDP 的 46.59%。

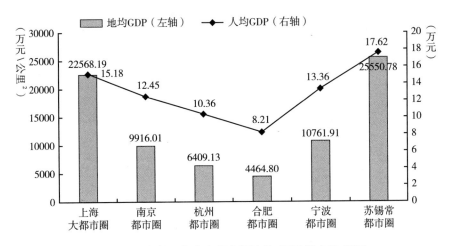

图 2　2021 年长三角六大都市圈地均 GDP 及人均 GDP

（三）六大都市圈第二、第三产业增加值比重略有下降

2021 年长三角都市圈 27 市共实现第一产业增加值 5892 亿元，第二产业增加值 89582 亿元，第三产业增加值 125623 亿元，比重分别为 2.66%、40.52% 和 56.82%。从六大都市圈发展情况来看，上海大都市圈、南京都市圈和苏锡常都市圈第二产业增加值比重相对较高，分别为 46.25%、46.27% 和 47.82%；宁波都市圈、苏锡常都市圈和杭州都市圈第三产业增加值比重相对较高，分别为 53.67%、50.96% 和 50.87%。长三角都市圈 27 市第二、第三产业增加值比重均值为 94.69%，略高于全国 92.7% 的平均水平。其中，苏锡常都市圈第二、第三产业增加值比重最高，为 98.78%，其次为上海大都市圈，第二、第三产业增加值比重为 97.09%。合肥都市圈第二、第三产业增加值比重相对较低，为 91.76%，低于苏锡常都市圈 7.02 个百分点。

与 2020 年相比，2021 年六大都市圈第二、第三产业增加值比重均略有下降，上海大都市圈、南京都市圈、杭州都市圈、合肥都市圈、宁波都市圈和苏锡常都市圈分别下降 1.29 个百分点、0.99 个百分点、1.46 个百分点、1.98 个百分点、1.56 个百分点和 0.01 个百分点。

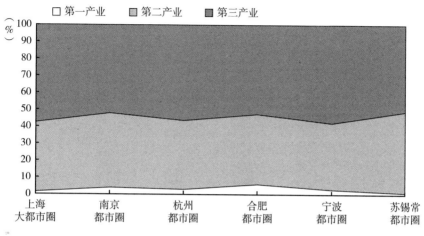

图3　2021 年长三角六大都市圈产业结构

（四）固定资产投资稳步增长，平均增速达8.8%

2021 年长三角都市圈 27 市固定资产投资平均增长 8.8%，较全国平均水平高 3.9 个百分点。从六大都市圈发展情况来看，杭州都市圈固定资产投资增长速度最快，为 11.91%；其次为南京都市圈，增长 10.34%；合肥都市圈和宁波都市圈固定资产投资增速分别列第 3 位和第 4 位；苏锡常都市圈固定资产投资增速相对较低，为 5.63%，低于杭州都市圈 6.28 个百分点。

（五）内需市场回升，对经济拉动的作用在各都市圈有所差异

2021 年长三角都市圈 27 市共实现社会消费品零售总额 85790 亿元，较上年增长 12.70%，占全国的比重为 19.45%。其中，上海大都市圈社会消费品零售总额最高，为 46296 亿元，是排名第二位的南京都市圈社会消费品零售总额的 2.24 倍。合肥都市圈社会消费品零售总额相对较低，为 12981 亿元，是上海大都市圈的 28.04%。从社会消费品零售总额占比来看，2021

年长三角都市圈 27 市平均水平为 41.13%，高于全国 38.56% 的平均水平。其中合肥都市圈占比最大，为 49.31%，内需市场对经济增长的拉动作用较为明显；其次为杭州都市圈，占比为 42.00%；南京都市圈和宁波都市圈社会消费品零售总额占比分别为 38.00% 和 36.64%，位列第 3 和第 4 位；苏锡常都市圈社会消费品零售总额占比相对较低，为 32.14%。

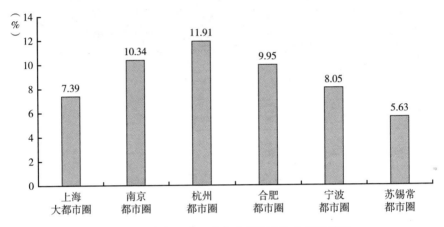

图 4　2021 年长三角六大都市圈固定资产投资增速

与 2020 年相比，2021 年上海大都市圈、南京都市圈、宁波都市圈社会消费品零售总额占比略有下降，杭州都市圈和合肥都市圈社会消费品零售总额占比分别提升 2.74 个和 3.41 个百分点。苏锡常都市圈社会消费品零售总额占比与上年基本持平。

从人均水平看，2021 年长三角都市圈 27 市人均社会消费品零售总额平均水平为 4.55 万元。其中，苏锡常都市圈人均社会消费品零售总额最高，为 5.63 万元；其次为上海大都市圈，人均社会消费品零售总额为 5.28 万元。在六大都市圈中，合肥都市圈人均社会消费品零售总额相对较低，为 3.85 万元，是苏锡常都市圈的 68.38%。

（六）进出口总额增速反弹，对宁波都市圈和上海大都市圈的经济拉动效果明显

2021 年长三角都市圈 27 市共实现进出口总额 127756 亿元，占全国的

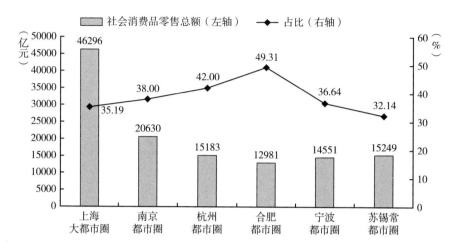

图 5　2021 年长三角六大都市圈社会消费品零售总额及占比

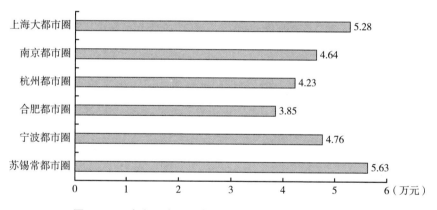

图 6　2021 年长三角六大都市圈人均社会消费品零售总额

32.67%，较 2020 年增长 25.41%。其中上海大都市圈进出口总额最高，为 99578 亿元；其次为苏锡常都市圈，实现 36006 亿元的进出口总额；宁波都市圈和杭州都市圈分别位列第 3 和第 4 位；相较之下，合肥都市圈进出口总额较低，为 5929 亿元，仅为上海大都市圈进出口总额的 5.95%。进出口总额占 GDP 比重指标可以用于反映地区外贸依存度。2021 年长三角都市圈 27 市进出口总额占 GDP 比重平均水平为 37.53%。其中宁波都市圈进出口总额占 GDP 比重最高，为 75.53%，对经济增长的拉动效果明显；其次为上海大都市圈和苏锡常都市圈，占比分别为 71.74% 和 66.82%；合肥都市圈和南京都市圈进出口总额占 GDP 比重相对较低，分别为 13.94% 和 20.12%。

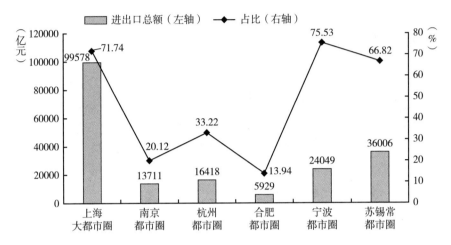

图 7 **2021 年长三角六大都市圈进出口总额及占 GDP 比重**

（七）利用外资几乎占据全国半壁江山，以上海大都市圈为最

2021 年长三角都市圈 27 市实际利用外资 805.87 亿美元，占全国的 46.45%。其中上海大都市圈实际利用外资总量最大，为 471.33 亿美元，占长三角都市圈 27 市总量的 58.49%，占 GDP 比重为 2.42%；南京都市圈实际利用外资总量排名第二，为 203.80 亿美元，占 GDP 比重为 3.59%；相较之下，宁波都市圈实际利用外资水平较低，为 124.23 亿美元，占 GDP 比重也较低，为 1.91%。

（八）发明专利授权量持续增加，宁波都市圈高价值专利比重最高

2021 年长三角都市圈 27 市共授权专利 116.46 万件，其中上海大都市圈专利授权量最大，为 67.72 万件，是排名第二位的苏锡常都市圈的 2.11 倍。合肥都市圈专利授权量相对较低，为 11.13 万件，是上海大都市圈专利授权量的 16.44%。

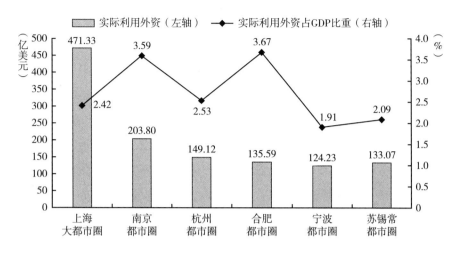

图 8　2021 年长三角六大都市圈实际利用外资及占 GDP 比重

2021 年长三角都市圈 27 市发明专利授权量为 15.88 万件，比 2020 年增长 26.94%，占全国发明专利授权量的 22.82%。发明专利授权量占专利授权量比重指标可以用于反映专利质量水平，2021 年长三角都市圈 27 市发明专利授权量占比均值为 12.89%。其中宁波都市圈发明专利授权量占比最高，为 18.34%；其次为合肥都市圈，占比为 13.24%；相较之下，苏锡常都市圈发明专利授权量占比较低，为 7.93%，低于宁波都市圈 10.41 个百分点。

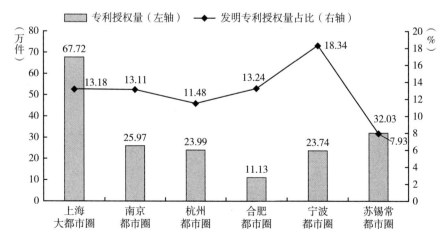

图 9　2021 年长三角六大都市圈专利授权量和发明专利授权量占比

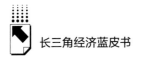

（九）规上企业增加值增速较快，经济活力保持较高水平

2021年长三角都市圈27市规模以上工业增加值平均增长率为11.63%，高于全国9.6%的平均水平。其中，苏锡常都市圈规模以上工业增加值增幅最大，为16.60%，其次为上海大都市圈，规模以上工业增加值增长14.61%，宁波都市圈、杭州都市圈和南京都市圈规模以上工业增加值增速较为相近，分别为13.43%、13.26%和13.18%。相较之下，合肥都市圈规模以上工业增加值增速相对较低，为6.48%，低于苏锡常都市圈10.12个百分点，同时低于全国平均水平3.12个百分点。

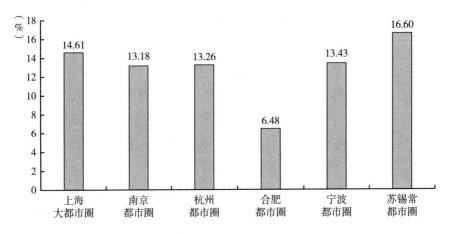

图10　2021年长三角六大都市圈规模以上工业增加值增长率

（十）每千常住人口新增就业岗位数量差异较大，但就业带动能力普遍较强

2021年长三角都市圈27市城镇新增就业岗位数量456.62万个，占全国的35.98%。其中上海大都圈城镇新增就业岗位数量最多，为195.68万个；杭州都市圈和宁波都市圈新增就业岗位数量排名第2和第3位，分别为164.01万个和156.21万个；相较之下，合肥都市圈城镇新增就业岗位数量较少，为49.06万个。从城镇新增就业人口占常住人口比重来看，2021年

长三角都市圈 27 市平均水平为 2.54%，高于全国 0.90% 的平均水平。其中宁波都市圈占比最高，为 4.71%，具有较高的就业带动能力；其次为杭州都市圈，占比为 3.71%；相较之下，合肥都市圈城镇新增就业人口占常住人口比重最低，为 1.60%。

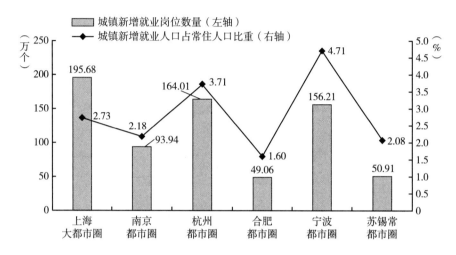

图 11　2021 年长三角六大都市圈城镇新增就业岗位数量与城镇新增就业人口占常住人口比重

（十一）居民人均可支配收入较高，经济发展中的城乡均衡度有所提升

2021 年长三角都市圈 27 市城乡居民人均可支配收入均值为 49348.60元，是全国平均水平的 1.40 倍。苏锡常都市圈、上海大都市圈和宁波都市圈城乡居民人均可支配收入水平基本持平，其中苏锡常都市圈最高，为62700.67 元；相较之下，合肥都市圈城乡居民人均可支配收入水平最低，为 35694.15 元，是苏锡常都市圈的 56.93%。

从城乡收入差距看，2021 年长三角都市圈 27 市城镇居民人均可支配收入均值为 58395.56 元，农村居民人均可支配收入均值为 30799.81 元，两者比值为 1.90。其中，宁波都市圈城镇和农村居民人均可支配收入水平均为

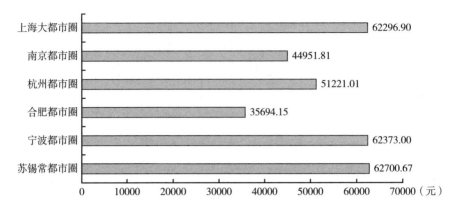

图12　2021年长三角六大都市圈城乡居民人均可支配收入

六大都市圈中最高，分别为71431元和41001元。同时，宁波都市圈城乡居民人均可支配收入比为六大都市圈最低，为1.75，城乡差距相对较小。

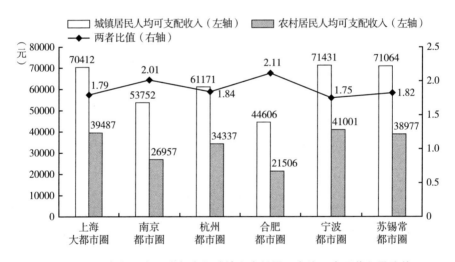

图13　2021年长三角六大都市圈城镇和农村居民人均可支配收入及比值

（十二）贯彻绿色经济发展理念成效显著

2021年长三角都市圈27市空气质量优良率均值为87.43%，与全国87.5%的平均水平基本持平。其中上海大都市圈、杭州都市圈、宁波都市圈空气质量优良率高于均值水平，以宁波都市圈空气质量优良率最高，为95.28%。相对而言，苏锡常都市圈空气质量优良率最低，为81.37%，低于宁波都市圈13.91个百分点。

从$PM_{2.5}$可吸入细颗粒物年平均浓度来看，2021年长三角都市圈27市$PM_{2.5}$平均浓度为29.45微克/米^3，与全国30微克/米^{3}的平均水平基本持平。上海大都市圈、杭州都市圈、宁波都市圈$PM_{2.5}$平均浓度均低于平均水平，其中以宁波都市圈为最低，$PM_{2.5}$平均浓度为21.80微克/米^3。合肥都市圈$PM_{2.5}$平均浓度最高，为34.01微克/米^3，高于宁波都市圈12.21微克/米^3。与2020年相比，六大都市圈$PM_{2.5}$平均浓度均明显下降，其中上海大都市圈下降7.78微克/米^3，南京都市圈下降9.78微克/米^3，杭州都市圈下降9.69微克/米^3，合肥都市圈下降9.99微克/米^3，宁波都市圈下降2.87微克/米^3，苏锡常都市圈下降8.67微克/米^3。

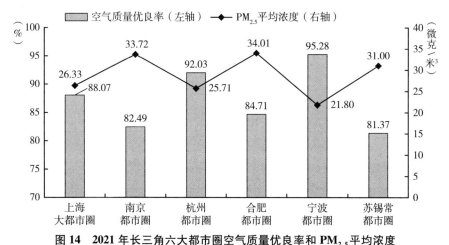

图14　2021年长三角六大都市圈空气质量优良率和$PM_{2.5}$平均浓度

三　2021年长三角都市圈经济发展综合水平评价

为综合评价长三角六大都市圈经济发展水平，本研究建立综合评价指标体系，以加权平均法得到长三角都市圈经济发展水平综合指数得分。

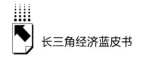

（一）综合评价指标体系

本报告建立的长三角都市圈经济发展水平综合评价指标体系共包含经济增速、经济密度、产业结构、固定投资、内需市场、开放经济、经济活力、新增就业、均衡发展和绿色发展等领域的 15 个三级指标，并采用专家打分法赋予指标相应权重（见表 2）。

表 2　长三角都市圈经济发展水平综合评价指标体系

一级指标	二级指标	三级指标	权重
长三角都市圈经济发展水平综合评价指标体系	经济增速	GDP 增速(%)	10
	经济密度	地均 GDP(万元/公里²)	5
		人均 GDP(元)	5
	产业结构	二、三产业比重(%)	10
	固定投资	固定资产投资增速(%)	10
	内需市场	社会消费品零售总额占 GDP 比重(%)	5
		人均社会消费品零售总额(万元)	5
	开放经济	进出口总额占 GDP 比重(%)	5
		实际利用外资占 GDP 比重(%)	5
	经济活力	发明专利占授权专利比重(%)	5
		规上工业增加值增长率(%)	5
	新增就业	万人新增城镇就业(人)	10
	均衡发展	城乡收入比	10
	绿色发展	可吸入细颗粒物年平均浓度(微克/米³)	5
		空气质量优良率(%)	5

（二）极值化处理

运用极值化方法对变量数据进行标准化处理，以消除指标计量单位和数量级对指标得分的影响。极值化方法通过计算变量取值与最大值和最小值之间的相对距离，将原始数据转换为［0，1］的数值，具体计算公式为：

$$x'_{ij} = \frac{x_{ij} - \min\{x_{ij}\}}{\max\{x_{ij}\} - \min\{x_{ij}\}}$$

其中，x_{ij}代表二级指标 x 第 i 项三级指标中第 j 个都市圈的统计性原始数据；$\min\{x_{ij}\}$ 为 x_i 的最小值，$\max\{x_{ij}\}$ 为 x_i 的最大值；x'_{ij} 为标准化后的数据，且 $x'_{ij} \sim [0, 1]$。

对各项三级指标得分加权平均得到二级指数得分，计算公式为：

$$I_x = \sum_{i=1}^{m} x_i w_i$$

其中，I_x 代表二级指数 x 的综合得分，x_i 为 x 的第 i 项三级指标，w_i 为三级指标 x_i 的权重。

特别地，对城乡居民可支配收入比、可吸入细颗粒物年平均浓度等逆向指标，标准化公式则需调整为：

$$x'_{ij} = \frac{\max\{x_{ij}\} - x_{ij}}{\max\{x_{ij}\} - \min\{x_{ij}\}}$$

将相应二级指数得分加总后可得长三角各都市圈经济发展水平综合评价指数。

（三）测算结果

表3可直观反映长三角六大都市圈经济发展中的优劣之处。其中，上海大都市圈在地均GDP、人均社会消费品零售总额、进出口总额占GDP比重和城乡收入比等方面表现相对较好，但在固定资产投资增速、社会消费品零售总额占GDP比重、实际利用外资占GDP比重、规上工业增加值增长率等方面仍有待加强。

南京都市圈的GDP增速、固定资产投资增速、实际利用外资占GDP比重、万人新增城镇就业等方面表现相对较好，但在地均GDP、社会消费品零售总额占GDP比重、进出口总额占GDP比重、规上工业增加值增长率、空气质量优良率等方面表现相对欠佳，在城乡收入比、可吸入细颗粒物年平均浓度等方面仍需进一步改善。

杭州都市圈在GDP增速和固定资产投资增速方面表现较好，但在地均GDP、人均GDP、人均社会消费品零售总额、进出口总额占GDP比重、实

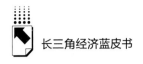

际利用外资占 GDP 比重、发明专利占授权专利比重和万人新增城镇就业等
方面应持续加强。

表3　长三角六大都市圈经济发展主要领域综合评分

二级指标	三级指标	上海大都市圈	南京都市圈	杭州都市圈	合肥都市圈	宁波都市圈	苏锡常都市圈
经济增速	GDP 增速	0.63	1.00	0.81	0	0.44	0.73
经济密度	地均 GDP	0.86	0.26	0.09	0	0.30	1.00
	人均 GDP	0.74	0.45	0.23	0	0.55	1.00
产业结构	二、三产业比重	0.76	0.43	0.50	0	0.50	1.00
固定投资	固定资产投资增速	0.28	0.75	1.00	0.69	0.38	0
内需市场	社会消费品零售总额占 GDP 比重	0.18	0.34	0.57	1.00	0.26	0
	人均社会消费品零售总额	0.80	0.44	0.21	0	0.51	1.00
开放经济	进出口总额占 GDP 比重	0.94	0.10	0.31	0	1.00	0.86
	实际利用外资占 GDP 比重	0.29	0.95	0.35	1.00	0	0.10
经济活力	发明专利占授权专利比重	0.50	0.50	0.34	0.51	1.00	0
	规上工业增加值增长率	0.20	0.34	0.33	1.00	0.31	0
新增就业	万人新增城镇就业	0.64	0.81	0.32	1.00	0	0.85
均衡发展	城乡收入比	0.88	0.27	0.75	0	1.00	0.80
绿色发展	可吸入细颗粒物年平均浓度	0.63	0.02	0.68	0	1.00	0.25
	空气质量优良率	0.48	0.08	0.76	0.24	1.00	0

　　合肥都市圈经济发展主要领域出现两极分化，一方面，社会消费品零售
总额占 GDP 比重、实际利用外资占 GDP 比重、规上工业增加值增长率和万
人新增城镇就业等均在六大都市圈中得分最高，但另一方面 GDP 增速、地
均 GDP、人均 GDP、二/三产业比重、人均社会消费品零售总额、进出口总
额占 GDP 比重等均在六大都市圈中得分最低，且城乡收入比、可吸入细颗
粒物年平均浓度等也需予以关注。

　　宁波都市圈进出口总额占 GDP 比重、发明专利占授权专利比重等的得
分均为六大都市圈最高，同时城乡收入比、空气质量优良率、可吸入细颗粒
物年平均浓度等表现较好，但在地均 GDP、社会消费品零售总额占 GDP 比
重、规上工业增加值增长率和万人新增城镇就业等方面仍有待强化。

苏锡常都市圈经济发展主要领域也呈现两极分化，其中，地均GDP、人均GDP、二/三产业比重、人均社会消费品零售总额等均为六大都市圈的最高水平，同时GDP增速、进出口总额占GDP比重、万人新增城镇就业等也表现较好，且城乡收入差距也较小，但固定资产投资增速、社会消费品零售总额占GDP比重、发明专利占授权专利比重、规上工业增加值增长率和空气质量优良率等均处于六大都市圈的最低水平，且实际利用外资占GDP比重也较低，是未来经济发展中的着力点。

（四）综合评价

将15项三级指标得分加权平均得到长三角六大都市圈经济发展水平综合指数得分。由图15可知，2021年上海大都市圈综合指数得分最高，为59.90；苏锡常都市圈、杭州都市圈、宁波都市圈和南京都市圈的综合指数得分基本持平，分列第2～5位；相较之下，合肥都市圈综合得分较低，为35.63。

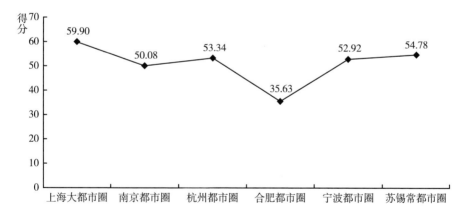

图15 长三角六大都市圈经济发展水平综合指数得分

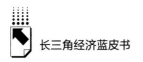
参考文献

王振：《"十四五"时期长三角一体化的趋势与突破路径——基于建设现代化国家战略背景的思考》，《江海学刊》2020年第2期。

邹伟、杜凤姣、居晓婷：《长三角都市圈推进区域一体化的路径选择》，《开放导报》2022年第3期。

王华：《新形势下长三角区域协同治理机制构建》，《科学发展》2020年第11期。

指 数 篇
Index Reports

B.4
长三角地区科技创新驱动力
指数报告（2022）

杨 凡*

摘　要： 通过构建长三角城市科技创新驱动力评价指标体系，并基于 AHP-EVM 模型设置主客观综合指标权重，得到科技创新驱动力综合指数，包含科技创新投入、科技创新载体、科技创新产出、科技创新绩效 4 个专项指数及 10 个二级指标得分，全面、系统地评价了长三角 41 个城市的科技创新驱动力，并对长三角城市群科技创新驱动力进行了分层分析，着重与 2019 年对比考察新冠肺炎疫情所造成的影响。

关键词： 长三角地区　城市群　科技创新驱动力　指标评价体系

---

* 杨凡，博士，上海社会科学院信息研究所助理研究员，研究方向：科技创新、区域发展。

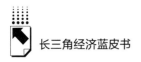

新冠肺炎疫情突袭而至，长三角地区各城市的科技创新受到冲击，但也展现出了强劲的韧性，区域创新进一步朝均衡协调方向发展。长三角地区是我国开放度最高、经济最活跃的地区之一，是"一带一路"与长江经济带的交汇之地，规划范围包括上海市、江苏省、浙江省、安徽省全域。在"十四五"时期，长三角地区以上海、南京、杭州、合肥、苏州等为代表的核心城市高度聚焦科技创新资源，在增强自主创新能力、培育壮大新动能方面纷纷采取新举措，力争抢占创新驱动发展的制高点。其他中小城市也紧随其后，积极改善产业创新环境，参与区域协同创新，加快推进产业转型升级。一个地区能否实现高质量的创新驱动发展，取决于其背后的科技创新驱动力。而这个动力既包括驱动研发创新的动力，更包括驱动产业创新的动力。为此，本报告通过构建基于 AHP-EVM 模型的城市科技创新驱动力评价指标体系（详见本报告附录），以测度 2020 年长三角地区 41 个地级市的科技创新驱动力综合指数，该指标体系包含科技创新投入、科技创新载体、科技创新产出、科技创新绩效等 4 个专项（一级）指数以及 10 个二级指标。同时，本研究重点对 2019 年和 2020 年长三角城市群的科技创新驱动力进行比较分析。

一　长三角41个城市科技创新驱动力综合评价

表 1 显示了 2020 年长三角 41 个城市的科技创新驱动力综合指数（以下简称"综合指数"）测算结果及排名。综合指数排前 20 位的城市是上海、南京、杭州、苏州、合肥、芜湖、无锡、宁波、常州、南通、嘉兴、扬州、镇江、徐州、舟山、马鞍山、温州、湖州、泰州、绍兴。其中，江苏有 9 个城市进入前 20 位，与上年相同，南京、苏州、无锡、常州、南通依然是江苏省五强。浙江城市数量与上年相比也未变，为 7 个，杭州、宁波和嘉兴是浙江省三强。安徽已经连续多年稳定有 3 个城市进入前 20 位，其中芜湖的排名稳步上升，与上年相比，超过无锡和宁波，上升 6 个位次以上。在综合指数排后 10 位的城市中，安徽城市仍占了 80%，表明安徽

的整体科技创新驱动力与上海、江苏和浙江相比仍然偏弱，还处于集聚发展阶段。

综合来看，长三角41个城市的科技创新驱动力呈现出四个等级层次，不同等级城市的科技创新驱动力差异显著。上海是长三角科技创新的龙头，科技创新驱动力综合指数排首位，得分为0.726，远高于排名第二的南京。南京的科技创新驱动力综合指数得分也较高，达到0.624。排第三的是杭州，与上年相比，杭州与苏州、合肥的差距进一步拉大，综合指数得分首次超过0.5。苏州、合肥的综合指数得分相近，都高于0.4。上述5个城市是长三角科技创新驱动力领先城市，多是省会城市。第二层次城市主要得益于省会城市的发展优势以及紧邻上海大都市圈的区位优势，是长三角城市群创新驱动发展中的核心，并对周边城市具有一定的辐射作用。芜湖、无锡、宁波的综合指数得分在0.3以上，分别排第6~8位，是长三角科技创新的重点城市。常州、南通、嘉兴、扬州、镇江、徐州、舟山、马鞍山的综合指数得分在0.2以上（与上年相比，湖州和绍兴退出该层次），这些城市的科技创新驱动力也较强，但与领先城市相比仍有一定差距，却又明显强于其他城市，这些城市主要得益于新兴产业集聚及其在产业创新上的布局，徐州、马鞍山在高端装备制造业和传统能源产业上更具优势，是长三角城市群创新驱动发展中的中坚力量。其他城市属于第四层次，在产业结构上比较传统且能级较低，以农业、矿产采掘业和加工制造业为主，产业创新能力偏弱。

表1　2020年长三角41个城市科技创新驱动力综合指数及排名

排序	城市	综合得分	排序	城市	综合得分
1	上海	0.726	7	无锡（江苏）	0.317
2	南京（江苏）	0.624	8	宁波（浙江）	0.310
3	杭州（浙江）	0.512	9	常州（江苏）	0.267
4	苏州（江苏）	0.473	10	南通（江苏）	0.266
5	合肥（安徽）	0.429	11	嘉兴（浙江）	0.252
6	芜湖（安徽）	0.329	12	扬州（江苏）	0.252

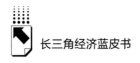

续表

排序	城市	综合得分	排序	城市	综合得分
13	镇江(江苏)	0.248	28	连云港(江苏)	0.142
14	徐州(江苏)	0.216	29	淮安(江苏)	0.139
15	舟山(浙江)	0.210	30	衢州(浙江)	0.121
16	马鞍山(安徽)	0.204	31	池州(安徽)	0.114
17	温州(浙江)	0.196	32	淮北(安徽)	0.095
18	湖州(浙江)	0.194	33	亳州(安徽)	0.095
19	泰州(江苏)	0.183	34	丽水(浙江)	0.084
20	绍兴(浙江)	0.181	35	六安(安徽)	0.082
21	台州(浙江)	0.175	36	黄山(安徽)	0.082
22	蚌埠(安徽)	0.165	37	安庆(安徽)	0.078
23	铜陵(安徽)	0.158	38	阜阳(安徽)	0.075
24	滁州(安徽)	0.154	39	宿州(安徽)	0.068
25	金华(浙江)	0.151	40	淮南(安徽)	0.062
26	盐城(江苏)	0.145	41	宿迁(江苏)	0.061
27	宣城(安徽)	0.142			

资料来源：根据指标体系计算得到。

长三角城市群是长三角地区科技创新的核心区域，科技创新驱动力排名靠前的城市几乎都位于长三角城市群。在2016年、2019年和2020年，长三角城市群围绕科技创新驱动力已形成基于沪、宁、杭、合、甬的"Z"字形发展廊道，呈现多中心集聚特征。"十三五"时期长三角城市群科技创新驱动力也表现出一定的城际梯度扩散效应，但安徽各城市的发展仍然偏慢，区域均衡协调性还有待加强。与上年的排名相比，少数城市（如温州）排名提升，而多数城市（如湖州、扬州、镇江、泰州、池州）的排名有所下降，这也表明区域科技创新驱动力的集聚性进一步提升。

二　长三角41个城市科技创新驱动力专项指数

（一）科技创新投入指数及城市排名

科技创新投入指数由3个二级指标构成，分别是科技研发投入、人力资源投入、创新基础投入。表2显示了长三角科技创新投入指数及排名。排前10位的城市分别是上海、南京、杭州、苏州、合肥、宁波、无锡、芜湖、常州和镇江。江苏城市占据半数，浙江和安徽都只有2个城市进入。在未进入前10位的城市中，有些城市在个别指标上表现突出。例如，绍兴（排第12）的科技研发投入排名第10位，徐州（排第16）的人力资源投入排第10位，南通（排第11）和舟山（排第22）的创新基础投入分别排第8位和第9位。与2019年相比，长三角城市群核心城市排名变动不大，但杭州超过苏州，跻身前三位，同时宁波近年来的排名首次超过无锡，芜湖排名逐年提升，已提升至第8位。此外，江苏城市排名总体略有上升，浙江城市排名则相应有所下降。

表2 2020年长三角41个城市科技创新投入指数及排名

一级指标排序	城市	一级指标得分	二级指标		
			科技研发投入	人力资源投入	创新基础投入
1	上海	0.794	0.877（1）	0.651（2）	0.913（1）
2	南京（江苏）	0.635	0.447（5）	0.878（1）	0.523（3）
3	杭州（浙江）	0.498	0.508（3）	0.503（3）	0.468（4）
4	苏州（江苏）	0.470	0.603（2）	0.307（6）	0.530（2）
5	合肥（安徽）	0.397	0.491（4）	0.367（4）	0.265（14）
6	宁波（浙江）	0.322	0.372（6）	0.224（8）	0.416（6）
7	无锡（江苏）	0.317	0.364（8）	0.205（9）	0.447（5）
8	芜湖（安徽）	0.317	0.370（7）	0.317（5）	0.211（20）
9	常州（江苏）	0.257	0.307（9）	0.159（12）	0.355（7）
10	镇江（江苏）	0.244	0.190（19）	0.270（7）	0.302（10）
11	南通（江苏）	0.225	0.254（12）	0.141（13）	0.338（8）
12	绍兴（浙江）	0.221	0.287（10）	0.124（15）	0.282（13）
13	嘉兴（浙江）	0.220	0.285（11）	0.136（14）	0.259（16）
14	湖州（浙江）	0.197	0.236（14）	0.112（16）	0.291（11）
15	扬州（江苏）	0.196	0.172（21）	0.176（11）	0.287（12）
16	徐州（江苏）	0.183	0.155（26）	0.201（10）	0.202（23）
17	泰州（江苏）	0.167	0.205（15）	0.100（21）	0.226（17）
18	盐城（江苏）	0.156	0.170（22）	0.110（17）	0.222（18）

一级指标 排序	城市	一级指标 得分	二级指标		
			科技研发投入	人力资源投入	创新基础投入
19	温州(浙江)	0.154	0.180(20)	0.096(22)	0.221(19)
20	马鞍山(安徽)	0.153	0.199(17)	0.107(18)	0.151(27)
21	台州(浙江)	0.146	0.191(18)	0.073(28)	0.202(22)
22	舟山(浙江)	0.144	0.102(32)	0.101(20)	0.315(9)
23	金华(浙江)	0.142	0.168(23)	0.092(23)	0.190(24)
24	铜陵(安徽)	0.136	0.252(13)	0.034(34)	0.108(31)
25	蚌埠(安徽)	0.131	0.202(16)	0.083(27)	0.085(35)
26	连云港(江苏)	0.128	0.160(25)	0.083(25)	0.154(26)
27	宣城(安徽)	0.127	0.167(24)	0.104(19)	0.092(34)
28	滁州(安徽)	0.112	0.126(28)	0.089(24)	0.130(29)
29	淮安(江苏)	0.110	0.107(30)	0.083(26)	0.169(25)
30	宿迁(江苏)	0.107	0.130(27)	0.068(29)	0.139(28)
31	丽水(浙江)	0.105	0.105(31)	0.027(36)	0.259(15)
32	衢州(浙江)	0.104	0.126(29)	0.032(35)	0.203(21)
33	安庆(安徽)	0.073	0.081(34)	0.044(32)	0.111(30)
34	六安(安徽)	0.064	0.064(37)	0.059(30)	0.072(36)
35	黄山(安徽)	0.052	0.082(33)	0.001(40)	0.094(33)
36	淮北(安徽)	0.051	0.070(35)	0.021(38)	0.072(37)
37	淮南(安徽)	0.049	0.050(38)	0.055(31)	0.033(40)
38	池州(安徽)	0.047	0.068(36)	0.000(41)	0.098(32)
39	亳州(安徽)	0.032	0.025(40)	0.043(33)	0.025(41)
40	阜阳(安徽)	0.032	0.039(39)	0.024(37)	0.033(39)
41	宿州(安徽)	0.013	0.007(41)	0.004(39)	0.044(38)

注：括号中是二级指标排名。

资料来源：笔者根据指标体系计算所得。

(二)科技创新载体指数及城市排名

科技创新载体指数由 3 个二级指标构成，分别是科技研发载体、高新产业载体、创新培育载体。表 3 显示了长三角科技创新载体指数及排名。排前 10 位的城市分别是上海、南京、合肥、苏州、杭州、南通、无锡、宁波、泰州和盐城，其中，除上海外，江苏、浙江和安徽分别有 6 个、2 个、1 个城市进入。在未进入前 10 位的城市中，有些城市在个别指标上表现突出。例如，扬州（排第 11）、镇江（排第 13）的科技研发载体分别排第 8、第 10 位，宿迁（排第 14）、绍兴（排第 16）、连云港（排第 20）的高新产业载体分别排第 9、第 6、第 8 位，常州（排名第 15）的创新培育载体排第 6 位，但常州在高新产业载体方面存在明显短板，导致科技创新载体指数排名未进入前十位。由于科技创新载体的布局受到城市行政等级和历史因素的影响较大，与 2019 年相比，科技创新载体指数的排名没有明显变化，泰州、徐州、镇江、嘉兴、蚌埠、宣城等城市的位次略有提升。

表 3　2020 年长三角 41 个城市科技创新载体指数及排名

一级指标排序	城市	一级指标得分	二级指标		
			科技研发载体	高新产业载体	创新培育载体
1	上海	0.753	0.868(1)	0.356(4)	1.000(1)
2	南京（江苏）	0.496	0.579(2)	0.292(5)	0.471(4)
3	合肥（安徽）	0.387	0.492(3)	0.185(7)	0.206(8)
4	苏州（江苏）	0.384	0.161(5)	0.846(1)	0.677(2)
5	杭州（浙江）	0.379	0.346(4)	0.377(3)	0.601(3)
6	南通（江苏）	0.183	0.094(14)	0.415(2)	0.186(9)
7	无锡（江苏）	0.166	0.147(6)	0.160(10)	0.303(5)
8	宁波（浙江）	0.146	0.145(7)	0.117(14)	0.223(7)
9	泰州（江苏）	0.126	0.117(9)	0.158(11)	0.104(16)
10	盐城（江苏）	0.116	0.114(11)	0.099(18)	0.178(10)
11	扬州（江苏）	0.105	0.117(8)	0.063(24)	0.131(14)
12	徐州（江苏）	0.103	0.105(12)	0.078(21)	0.149(12)
13	镇江（江苏）	0.102	0.116(10)	0.054(25)	0.134(13)
14	宿迁（江苏）	0.099	0.086(16)	0.167(9)	0.013(30)
15	常州（江苏）	0.098	0.103(13)	0.020(32)	0.262(6)
16	绍兴（浙江）	0.094	0.062(23)	0.199(6)	0.044(18)
17	温州（浙江）	0.086	0.092(15)	0.069(23)	0.093(17)
18	嘉兴（浙江）	0.083	0.075(18)	0.075(22)	0.157(11)
19	淮安（江苏）	0.076	0.063(22)	0.131(13)	0.028(23)
20	连云港（江苏）	0.076	0.047(30)	0.169(8)	0.030(22)
21	湖州（浙江）	0.075	0.059(24)	0.100(17)	0.114(15)

一级指标 排序	城市	一级指标 得分	二级指标		
			科技研发载体	高新产业载体	创新培育载体
22	芜湖(安徽)	0.073	0.066(20)	0.102(16)	0.042(19)
23	金华(浙江)	0.070	0.049(28)	0.142(12)	0.031(21)
24	蚌埠(安徽)	0.065	0.085(17)	0.028(30)	0.020(25)
25	马鞍山(安徽)	0.063	0.070(19)	0.054(26)	0.040(20)
26	宣城(安徽)	0.051	0.035(33)	0.111(15)	0.005(34)
27	滁州(安徽)	0.050	0.058(25)	0.042(27)	0.020(27)
28	安庆(安徽)	0.043	0.024(37)	0.097(19)	0.027(24)
29	舟山(浙江)	0.042	0.065(21)	0.000(35)	0.005(36)
30	池州(安徽)	0.042	0.026(36)	0.094(20)	0.012(32)
31	衢州(浙江)	0.041	0.050(27)	0.030(29)	0.011(33)
32	铜陵(安徽)	0.038	0.043(32)	0.033(28)	0.020(26)
33	丽水(浙江)	0.035	0.052(26)	0.005(34)	0.001(37)
34	黄山(安徽)	0.033	0.048(29)	0.000(38)	0.018(29)
35	台州(浙江)	0.030	0.044(31)	0.000(36)	0.019(28)
36	淮南(安徽)	0.024	0.031(35)	0.016(33)	0.000(40)
37	六安(安徽)	0.021	0.022(38)	0.020(31)	0.013(31)
38	阜阳(安徽)	0.020	0.031(34)	0.000(39)	0.000(38)
39	亳州(安徽)	0.013	0.019(39)	0.000(41)	0.005(35)
40	宿州(安徽)	0.009	0.014(40)	0.000(40)	0.000(41)
41	淮北(安徽)	0.005	0.008(41)	0.000(37)	0.000(39)

注：括号中是二级指标排名。

资料来源：笔者根据指标体系计算所得。

(三)科技创新产出指数及城市排名

科技创新产出指数由 2 个二级指标构成，分别是科技研发成果、成果转化与产业化。表 4 显示了长三角科技创新产出指数及排名。排前 10 位的城市分别是上海、南京、杭州、苏州、合肥、芜湖、无锡、宁波、嘉兴和常州，其中，除上海外，江苏、浙江和安徽分别有 4 个、3 个和 2 个城市进入。在未进入前 10 位的城市中，有些城市在个别指标上表现突出。例如，

温州（排第 17）和镇江（排第 14）的科技研发成果分别排名第 6 和第 9
位。而在前十城市中，常州和无锡在科技研发成果方面表现相对欠佳，主要
是由于高校和科研机构等科技资源相对缺乏，而高新技术产业比较发达，大
量高等院校和科研院所的异地研究院在此布局，推动了其成果转化与产业
化，进而跻身长三角科技创新产出的核心城市行列。而嘉兴在成果转化与产
业化方面的表现还有待优化。与 2019 年相比，杭州科技创新产出指数排名
超过苏州进入前三名，芜湖科技创新产出指数排名上升 1 个位次，嘉兴科技
创新产出指数排名则跻身前十行列，主要是由于在科技研发成果上排名提升
幅度较大，而南通科技创新产出指数排名从第 10 位下滑至第 11 位。

表 4 2020 年长三角 41 个城市科技创新产出指数及排名

一级指标 排序	城市	一级指标 得分	二级指标	
			科技研发成果	成果转化与产业化
1	上海	0.748	0.786(2)	0.710(2)
2	南京（江苏）	0.662	0.812(1)	0.512(5)
3	杭州（浙江）	0.589	0.683(3)	0.496(7)
4	苏州（江苏）	0.549	0.330(5)	0.768(1)
5	合肥（安徽）	0.436	0.351(4)	0.521(4)
6	芜湖（安徽）	0.366	0.209(8)	0.523(3)
7	无锡（江苏）	0.353	0.204(11)	0.503(6)
8	宁波（浙江）	0.346	0.204(10)	0.487(8)
9	嘉兴（浙江）	0.305	0.229(7)	0.380(11)
10	常州（江苏）	0.297	0.157(17)	0.437(10)
11	南通（江苏）	0.286	0.105(20)	0.467(9)
12	舟山（浙江）	0.212	0.171(14)	0.253(15)
13	扬州（江苏）	0.210	0.113(19)	0.306(12)
14	镇江（江苏）	0.203	0.208(9)	0.197(20)
15	徐州（江苏）	0.198	0.130(18)	0.266(13)
16	绍兴（浙江）	0.190	0.175(13)	0.206(17)
17	温州（浙江）	0.185	0.268(6)	0.102(27)
18	马鞍山（安徽）	0.184	0.166(15)	0.202(19)
19	台州（浙江）	0.176	0.183(12)	0.169(22)
20	湖州（浙江）	0.176	0.098(21)	0.253(14)

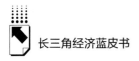

续表

一级指标排序	城市	一级指标得分	二级指标	
			科技研发成果	成果转化与产业化
21	金华（浙江）	0.141	0.160（16）	0.122（26）
22	泰州（江苏）	0.140	0.076（22）	0.204（18）
23	铜陵（安徽）	0.132	0.046（28）	0.218（16）
24	滁州（安徽）	0.117	0.069（23）	0.164（23）
25	蚌埠（安徽）	0.115	0.045（29）	0.186（21）
26	宣城（安徽）	0.094	0.058（26）	0.130（25）
27	淮安（江苏）	0.091	0.045（30）	0.138（24）
28	衢州（浙江）	0.067	0.061（25）	0.074（30）
29	盐城（江苏）	0.067	0.064（24）	0.069（31）
30	连云港（江苏）	0.057	0.030（37）	0.084（29）
31	池州（安徽）	0.054	0.007（40）	0.102（28）
32	淮北（安徽）	0.046	0.033（35）	0.060（32）
33	阜阳（安徽）	0.044	0.048（27）	0.041（35）
34	安庆（安徽）	0.042	0.031（36）	0.053（33）
35	丽水（浙江）	0.039	0.040（32）	0.038（36）
36	黄山（安徽）	0.034	0.026（39）	0.041（34）
37	六安（安徽）	0.031	0.039（33）	0.023（38）
38	亳州（安徽）	0.030	0.034（34）	0.026（37）
39	宿州（安徽）	0.028	0.043（31）	0.013（40）
40	淮南（安徽）	0.022	0.029（38）	0.015（39）
41	宿迁（江苏）	0.004	0.004（41）	0.003（41）

注：括号中是二级指标排名。

资料来源：笔者根据指标体系计算所得。

（四）科技创新绩效指数及城市排名

科技创新绩效指数由 2 个二级指标构成，分别是投入产出绩效、驱动转型绩效。表 5 显示了长三角科技创新绩效指数及排名。排前 10 位的城市分别是南京、上海、杭州、芜湖、扬州、合肥、舟山、镇江、苏州、马鞍山。其中，江苏城市最多，为 4 个，安徽和浙江分别有 3 个和 2 个城市。在未进入前 10 位的城市中，徐州（排第 13）、温州（排第 17）、亳州（排第 21）、淮北（排第 28）、宿州（排第 32）、阜阳（排第 36）等在投入产出绩效方面表现优异，这些城市虽然产出不高，但投入相对更低，无锡（排第 11）的驱动转型绩效排第 10 位。与 2019 年相比，科技创新绩效指数排名变化较大，杭州排名超过芜湖上升至第 3 位，温州、徐州、嘉兴、滁州、泰州等城市的排名也略有提升。

表5　2020 年长三角 41 个城市科技创新绩效指数及排名

一级指标排序	城市	一级指标得分	二级指标	
			投入产出绩效	驱动转型绩效
1	南京（江苏）	0.677	0.523（2）	0.779（2）
2	上海	0.563	0.207（22）	0.801（1）
3	杭州（浙江）	0.552	0.339（9）	0.694（5）
4	芜湖（安徽）	0.551	0.245（16）	0.754（3）
5	扬州（江苏）	0.545	0.305（10）	0.704（4）
6	合肥（安徽）	0.510	0.242（17）	0.689（6）
7	舟山（浙江）	0.476	0.504（3）	0.457（21）
8	镇江（江苏）	0.467	0.273（12）	0.596（9）
9	苏州（江苏）	0.455	0.160（34）	0.652（7）
10	马鞍山（安徽）	0.451	0.196（25）	0.621（8）
11	无锡（江苏）	0.414	0.165（32）	0.580（10）
12	常州（江苏）	0.407	0.194（26）	0.549（12）
13	徐州（江苏）	0.405	0.346（8）	0.444（23）
14	宁波（浙江）	0.401	0.161（33）	0.562（11）
15	嘉兴（浙江）	0.390	0.210（21）	0.511（15）
16	蚌埠（安徽）	0.389	0.200（23）	0.514（14）
17	温州（浙江）	0.382	0.451（5）	0.336（29）
18	南通（江苏）	0.379	0.193（27）	0.503（16）
19	滁州（安徽）	0.376	0.210（20）	0.487（18）
20	池州（安徽）	0.376	0.198（24）	0.494（17）
21	亳州（安徽）	0.368	0.489（4）	0.287（31）
22	台州（浙江）	0.361	0.250（15）	0.436（24）
23	连云港（江苏）	0.357	0.109（39）	0.522（13）
24	铜陵（安徽）	0.350	0.184（30）	0.460（20）
25	湖州（浙江）	0.335	0.157（35）	0.454（22）

一级指标排序	城市	一级指标得分	二级指标	
			投入产出绩效	驱动转型绩效
26	泰州(江苏)	0.329	0.121(38)	0.467(19)
27	宣城(安徽)	0.328	0.226(18)	0.396(25)
28	淮北(安徽)	0.323	0.379(6)	0.287(32)
29	淮安(江苏)	0.319	0.261(13)	0.358(28)
30	衢州(浙江)	0.310	0.181(31)	0.396(27)
31	盐城(江苏)	0.275	0.092(40)	0.396(26)
32	宿州(安徽)	0.271	0.546(1)	0.087(40)
33	金华(浙江)	0.260	0.258(14)	0.262(33)
34	黄山(安徽)	0.250	0.192(29)	0.288(30)
35	六安(安徽)	0.249	0.281(11)	0.227(34)
36	阜阳(安徽)	0.239	0.359(7)	0.160(38)
37	绍兴(浙江)	0.194	0.149(36)	0.224(35)
38	淮南(安徽)	0.181	0.218(19)	0.156(39)
39	安庆(安徽)	0.174	0.193(28)	0.161(37)
40	丽水(浙江)	0.172	0.141(37)	0.192(36)
41	宿迁(江苏)	0.039	0.013(41)	0.057(41)

注：括号中是二级指标排名。

资料来源：笔者根据指标体系计算所得。

三 长三角城市群科技创新驱动力的分层比较

长三角城市群是长三角科技创新的核心区域，构建长三角城市群协同创新体系，必须深刻把握城市间科技创新驱动力的差异性。本部分重点对长三角城市群27个城市科技创新驱动力的分层特征进行分析，根据27个城市样本，采用断裂点法进行分层，包括领军城市、核心城市、重点城市和一般城市，重点对领军城市、核心城市、重点城市三个层级的特征进行比较分析。领军城市和核心城市，既要进一步提升领军力、核心力，又要激发和释放辐射力、溢出力；重点城市和一般城市，既要坚持创新驱动发展，高质量提升科技创新驱动力，又要依托领军城市和核心城市的创新优势，围绕区域创新链布局产业链。

（一）领军城市

上海是长三角城市群科技创新的领军城市，主要体现在以下三个方面。

一是在科技创新投入上的领军。上海在科技研发投入和创新基础投入上表现突出，2020年，上海全社会研发投入高达1616亿元，比上年增长6%，是27个城市中唯一研发投入超过千亿元的城市，并且远高于其他城市。2020年，上海的研发强度达到4.2%，比上年度提高0.2个百分点，位居第一。在人力资源投入方面，上海位居第2，仅次于南京，因按每万从业人员计算的研发人员数指标及每十万城市人口计算的在校研究生数指标，上海低于南京，但上海的研发人员总量超过32万人，比上年增加3万人，远高于其他城市。同时，科技经费占地方财政支出比重为5%，属于较高水平。

二是在科技创新载体上的领军。上海科技研发载体和创新培育载体集聚度高，在高等学校、国家工程技术中心、国家级重点实验室、国家级大学科技园、国家级科技企业孵化器、风险投资机构等方面表现出高集聚、高水平的特点。如上海高等学校数量占长三角的比重接近20%，国家工程技术中心占比22.3%，国家级重点实验室占比35.4%，风险投资机构超过8000家，占比超过40%，独角兽企业占比接近50%。

三是在科技创新产出上的领军。2020年，上海的国内授权发明专利24208件，增长6.5%，科技论文发表67468篇，技术合同交易额1815.27亿元。在规模上，上海与其他城市相比具有绝对优势，专利产出占长三角的17.1%，论文产出占比达到28.8%，技术合同交易额占比达到24.1%。此外，上海的高新技术产业产值仅次于苏州，居长三角第二位。

当然，上海在科技创新绩效上没有表现出明显领先的优势，主要是因为上海的投入产出绩效表现不佳。尽管上海的论文、专利等科技产出，以及高新技术产业产值都较高，但过高的研发投入拉低了投入产出绩效。同时，上

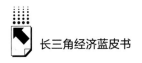

海的从业人员人均规上工业增加值也较低，这与其产业转型有关。上海的服务业占比最高，达到73.1%。

（二）核心城市

南京、杭州、苏州、合肥这四个城市为长三角城市群科技创新的核心城市，与领军城市类似，其在投入、产出和载体上也具备较强的实力。并且与上海相比，部分核心城市的科技创新绩效表现也不错。

一是在科技创新投入上具有核心实力。四大核心城市在科技创新投入规模上与上海仍有一定的差距，但与下一层次城市相比则优势明显。2020年，苏州、杭州、南京、合肥的研发经费支出分别列长三角城市群的第2、第3、第4、第6位，分别达到762亿元、578亿元、515亿元和353亿元，比上年分别增长26.0%、9.1%、11.7%和20.9%。合肥的研发经费支出低于无锡，但增长幅度为长三角最大。同时，核心城市的研发强度都在3.5%以上，政府科技支出占财政支出比重最低为5.7%，其中，合肥为长三角最高，达到14%，苏州也高达9.6%。

二是在科技创新载体上具有核心地位。作为综合性国家科学中心城市，合肥在科技研发载体上拥有明显优势。高等学校数量仅次于上海、南京，国家工程技术中心、国家级企业技术中心数量仅次于上海、杭州。由于具有苏州工业园区等产业发展空间的支撑，苏州的高新产业载体指标得分排名第一。此外，苏州、杭州和南京在创新培育载体方面的优势也较明显，国家级众创空间都超过50家，风险投资机构数均超过1000家，其中杭州有近3000家。合肥则在国家重大科学装置上有明显优势，达到最高的8个之多，占长三角的比重达到50%。

三是在科技创新产出上具有核心影响。南京的科技研发成果、苏州的成果转化与产业化表现突出。2020年，南京授权发明专利数为14897件，仅次于上海和杭州，但南京的人均值最高；科技论文数（52643篇）和技术合同交易额（687亿元）仅次于上海。苏州的高新技术产业产值和人均量分别居长三角第1位和第3位。此外，合肥的高新技术产业产值也实现15.9%的高增长，人均产值首次超过 10 万元。

核心城市在科技创新绩效方面表现存在差异。与上年相比，核心城市的科技创新绩效排名差距不大，其中杭州超过芜湖，与南京和上海居前三位，而苏州仍排第 9 位，处于中上游水平。南京在投入产出绩效方面表现较好，杭州则在驱动转型绩效方面表现更好。杭州在高新技术产业和战略性新兴产业发展上有更强储备，而南京则有一流的高校和研究机构，具有很强的创新产出能力。苏州在投入产出绩效上表现比较差，其研发投入仅次于上海，但创新产出水平却远低于上海，也低于南京和杭州，在具有优势的高新技术产出方面排名也出现了一定程度的下滑。

（三）重点城市

芜湖、无锡、宁波、常州、南通、嘉兴、扬州、镇江、徐州、舟山、马鞍山这 11 个城市为长三角城市群科技创新的重点城市。与上年相比，2020 年的重点城市数量增加，表明竞争比较激烈，也体现了长三角科技创新的均衡、协调发展趋势。这些城市的交通条件良好，具备良好的高等教育基础，在产业发展上拥有专业化集聚优势，并在科技创新的各个领域，既积极接收领军城市和核心城市的辐射与溢出效应，又主动优化资源配置，大力改善科技创新的基础条件。重点城市科技创新驱动力在结构上大多存在一些短板，但总体而言有较好的发展潜力，具体表现出以下四个特征。

一是科技创新投入加大。与核心城市相比，重点城市在科技创新投入能级上存在较为明显的差距，但保持了良好的增长态势。2016~2020 年，重点城市的研发投入年均增速基本在 10% 以上。2020 年，除了舟山以外，其他城市的研发投入都在 100 亿元以上，投入最高的城市是无锡，达到 389 亿元。同时，无锡、常州、芜湖的研发强度均达到 3% 以上，其他城市在 2.5% 左右。重点城市中宁波、无锡、常州在科技研发投入、人力资源投入和创新基础投入方面相对均衡。芜湖、嘉兴在创新基础投入方面，镇江、南通在研发人员方面均需要补短板。此外，舟山在研发人员和创新基础投入方面都表现不错，下一步应增加研发经费，目前不足 30 亿元，与其他重点城

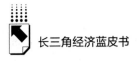

市相比差距太大。

二是科技创新载体相对薄弱。重点城市中高校数量最多的是宁波，有15所，而核心城市均在40所以上。此外，国家级平台、国家级园区和风险投资机构等科技创新资源的空间布局相对集中在领军城市和核心城市，重点城市与之存在倍数级的差距。多数重点城市都需要加强高新产业载体建设，芜湖、南通应在科技研发载体方面补短板，无锡在高新产业载体方面表现较好，需要提升科技研发载体和创新培育载体的能级。

三是科技创新产出具有优势。芜湖、无锡、宁波、南通的成果转化与产业化表现较好，尤其是芜湖的指数排名居前，超过了合肥、南京和杭州。芜湖的技术合同交易额和高新技术产业产值并不算高，但人均值表现优异，特别是人均高新技术产业产值超过14万元，仅次于苏州。嘉兴的科技研发成果表现比较突出，需要进一步加强成果转化与产业化。

四是科技创新绩效表现不一。芜湖和扬州的科技创新绩效排名靠前，特别是驱动转型绩效表现优异，但与上年相比，芜湖的投入产出绩效排名有所下滑，可能是由投入激增而产出滞后造成的。舟山、镇江、马鞍山的科技创新绩效排名相对靠前，其中舟山的投入产出绩效表现优异，镇江和马鞍山则是驱动转型绩效表现相对更好。宁波、无锡、常州、南通、嘉兴的问题基本一致，相对于驱动转型绩效而言，投入产出绩效表现较差，而徐州则是驱动转型绩效有待提升。

附录：长三角科技创新驱动力指标体系

选取长三角城市群 41 个地级以上城市为研究样本。从科技创新投入、科技创新载体、科技创新产出、科技创新绩效 4 个方面，建立与之对应的 35 个指标，构建城市科技创新驱动力指标体系。城市科技创新驱动力指数和相关指标的权重采用 D-S 证据合成理论，将主观性较强的 AHP 和客观性较强的熵值法相结合确定综合权重。指标体系中采用的统计数据来源于中国城市统计年鉴、中国区域经济统计年鉴、各省市统计年鉴和统计公报、清科数据库、Web of Science 科技论文检索系统，以及科技部、各省科技厅、各市科技局等相关政府部门网站。

根据指标体系及测度模型得到综合指数和分系统指数。为消除数据量纲差异过大对测度结果的影响，在指数测度中采用极值法对原始数据进行标准化处理，使其取值范围为 0~1。然后，计算科技创新驱动力二级指数，即准则层中确定的各项指数，根据其包含的具体指标的综合权重计算而得，公式如下：

$$TNI_e = \sum_{i=1}^{n} X_i W_i \tag{1}$$

式中，X_i 为单项指标的标准化数值，n 为二级指数所包含的单项指标的个数，TNI_e 为二级指数。

根据二级指数，继续采用加权求和法可得到科技创新驱动力专项指数，即目标层中确定的各项指数，进一步根据专项指数最终得到科技创新驱动力综合指数，公式如下：

$$TNI_s = \sum_{i=1}^{n'} (TNI_e)_i W_i' \tag{2}$$

$$TNI = \sum_{i=1}^{n''} (TNI_s)_i W_i'' \tag{3}$$

式中，$(TNI_e)_i$ 和 $(TNI_s)_i$ 分别为二级指数值和专项指数值，W' 和 W'' 分别为准则层和目标层各要素的权重，n' 和 n'' 分别为专项指数和综合指数所包含的单项指标的个数；TNI_s 和 TNI 分别为专项指数和综合指数。

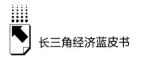

附表 1 科技创新驱动力评价指标体系

目标层	准则层	指标层	单位
科技创新投入	科技研发投入	研发经费	亿元
		研发强度	%
		科技经费占地方财政支出比重	%
	人力资源投入	研发人员数	人
		每万从业人员中研发人员数	人
		每十万城市人口中在校研究生数	人
	创新基础投入	人均GDP	元
		地方财政支出	亿元
		人均教育投入	元
		信息化水平	户/百人
科技创新载体	科技研发载体	高等院校	所
		国家工程技术中心、国家级企业技术中心	家
		国家级重点实验室	家
		国家重大科学装置	家
		规上工业企业中设立研发机构企业占比	%
		独角兽企业数	家
	高新产业载体	国家级园区面积	平方公里
		国家级大学科技园区	家
	创新培育载体	国家级科技企业孵化器	家
		国家级众创空间	家
		风险投资机构	家
科技创新产出	科技研发成果	国内授权发明专利总量	件
		每万人国内授权发明专利数	件
		科技论文发表总量	篇
		每万人科技论文发表量	篇
	成果转化与产业化	技术合同交易额总量	亿元
		人均技术合同交易额	元
		高新技术产业产值总量	亿元
		人均高新技术产业产值	元

目标层	准则层	指标层	单位
科技创新绩效	投入产出绩效	每亿元研发投入产生的国内授权发明专利数	件
		每亿元研发投入形成的高新技术产业产值	亿元
		每亿元科技经费产生的科技论文数	篇
	驱动转型绩效	高新技术产业产值占工业总产值比重	%
		从业人员人均规上工业增加值	万元
		服务业占比	%

注：①研发强度为研发经费占 GDP 比重；②信息化水平用人均互联网宽带接入用户数衡量；③高等院校采用 1 所一流大学和一流学科建设大学分别折算为 4 所和 2 所普通高校的统计方法；④国家级重点实验室采用 1 家国家实验室折算为 3 家国家级重点实验室的统计方法；⑤独角兽企业数根据科技部发布的中国独角兽企业榜单整理；⑥国家级园区包括国家级高新区和国家级经济技术开发区；⑦科技论文根据 Web of Science 核心数据库，采用 SCI 和 SSCI 论文口径进行统计；⑧服务业占比用第三产业占 GDP 的比重衡量。

B.5
长三角地区产业转型升级
指数报告（2022）

马　双*

摘　要： 本报告从结构优化、质量提升、产业创新、环境友好四个维度，系统而全面评价了 2020 年长三角地区 41 个城市的产业转型升级水平，并依据综合指数得分对 41 个城市进行了排名，结果显示，上海、南京、杭州、苏州、无锡位列长三角地区产业转型升级指数前五位。

关键词： 长三角　产业转型升级　产业创新　环境友好

产业转型升级是长三角地区城市高质量发展的重要组成部分。本报告在上年度蓝皮书研究的基础上，沿用包括 4 个领域（一级指标）、9 个主题（二级指标）、23 项具体指标的产业转型升级指数指标体系（详见本报告附录），对 2020 年长三角地区 41 个城市的产业转型升级情况进行全面评价，以期为相关研究和政府决策提供参考。

一　长三角 41 个城市产业转型升级综合指数

2020 年长三角地区城市产业转型升级综合指数测算结果及排名如表 1 所示。在 41 个城市中，排前五位的城市分别为上海、南京、杭州、苏州、无锡。

---

* 马双，博士，上海社会科学院信息研究所副研究员，主要研究方向：区域经济、创新发展。

在排前十位的城市中，除上海外，江苏占 4 席、浙江占 4 席、安徽占 1 席。

上海在长三角 41 个城市中处于龙头地位，其产业转型升级综合得分高达 0.643，远远高于其他城市，龙头地位凸显。在结构优化和产业创新两个一级指标领域中，上海均位列第 1，而质量提升和环境友好领域分别排名第 7 和第 11 位。因此，未来上海在产业转型升级中，应在保持创新驱动的基础上，更加重视绿色高质量发展能力的提升。

南京、杭州、苏州、无锡分列第 2 至第 5 位，综合得分均在 0.49 以上。这些城市具备雄厚的产业基础和强劲的创新发展动能，是长三角地区内重要的节点城市。这些城市的优势领域集中在结构优化、质量提升和产业创新方面，但在细分领域上略有不同。南京结构优化排第 2 名，质量提升排第 5 名，产业创新排第 3 名，但环境友好仅排第 22 名；杭州发展较为均衡，结构优化、质量提升、产业创新和环境友好四个一级指标排名分别为第 6、第 17、第 2 和第 13；苏州在结构优化、质量提升、产业创新指标上排名均在前十位；无锡在质量提升方面超过其他城市，列首位，但资源利用仅排第 25 位。

宁波、舟山、合肥、常州、金华 5 个城市的得分均在 0.44 以上，分列第 6 至第 10 位。这些城市具备较强的产业转型升级基础和前景，在长三角地区产业转型升级发展中起到了重要作用，对标上海、杭州、南京等领军城市，存在巨大的产业转型升级空间。其中，宁波结构优化、质量提升、产业创新和环境友好 4 个一级指标排名分别为第 7、第 12、第 8 和第 12，常州为第 13、第 3、第 14 和第 14，两座城市表现均衡；舟山的结构优化排名第 5，质量提升排名仅次于无锡，居第 2；合肥在产业创新上的表现与第二梯队相当，远超第三梯队，成果转化排名第 3，创新产出排名第 4，创新投入排名第 3；金华在结构优化和产业创新上表现较好，在 41 个城市中均位列前十。

排名相对靠后的城市有宿迁、阜阳、亳州、六安、淮南，这些城市的产业转型升级状况欠佳，亟待政策和各种资源的输入。

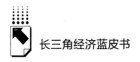

表1   2020 年长三角地区城市产业转型升级综合指数及排名

排序	城市	综合指数得分	排序	城市	综合指数得分
1	上海	0.643	22	铜陵	0.396
2	南京	0.538	23	泰州	0.388
3	杭州	0.519	24	淮安	0.387
4	苏州	0.498	25	马鞍山	0.386
5	无锡	0.494	26	衢州	0.384
6	宁波	0.474	27	黄山	0.382
7	舟山	0.464	28	滁州	0.381
8	合肥	0.463	29	池州	0.380
9	常州	0.453	30	连云港	0.380
10	金华	0.442	31	淮北	0.377
11	嘉兴	0.440	32	盐城	0.375
12	丽水	0.439	33	蚌埠	0.373
13	镇江	0.427	34	宣城	0.372
14	温州	0.414	35	安庆	0.362
15	台州	0.413	36	宿州	0.359
16	芜湖	0.407	37	宿迁	0.353
17	湖州	0.407	38	阜阳	0.341
18	南通	0.406	39	亳州	0.340
19	扬州	0.402	40	六安	0.326
20	绍兴	0.401	41	淮南	0.314
21	徐州	0.400			

资料来源:《中国城市统计年鉴 2021》、三省一市 2021 年统计年鉴、2020 年度各市统计公报。

二 长三角41个城市产业转型升级分项指数

产业转型升级综合指数包含结构优化、质量提升、产业创新、环境友好四个领域,各领域分项得分情况存在差异。

(一)结构优化指数及城市排名

结构优化领域包含产业结构和就业结构两个子领域,2020 年长三角地区城市结构优化指数测算结果及排名如表 2 所示。在 41 个城市中，排前五位的城市分别为上海、南京、金华、苏州、舟山。在排前十的城市中，除上海外，江苏占 3 席，浙江占 6 席。

上海排名第 1，得分为 0.874。在产业结构、就业结构两个子领域，上海均位列第 1，得分分别为 0.802 和 0.982，优势明显。在第三产业增加值占 GDP 比重、产业集聚度、先进生产性服务业从业人员比重三个指标上，上海均位列第 1，其他指标均列前五位，整体优势明显，无显著短板。

南京、金华、苏州、舟山分列第 2 至第 5 位，结构优化得分分别为 0.733、0.723、0.719、0.703，城市产业结构和就业结构整体水平较高。其中，南京就业结构二级指标得分为 0.924，仅次于上海。2020 年南京先进生产性服务业从业人员比重达 23.2%，非农产业从业人员比重排名仅次于上海。南京产业结构中的产业集聚度、第二产业增加值占 GDP 比重和第三产业增加值占 GDP 比重均处于前五位。金华在产业结构上排名第 3，外贸依存度 103.5，仅次于苏州和舟山，第二产业增加值占 GDP 比重和第三产业增加值占 GDP 比重也较高，但就业结构排名第 15，主要是先进生产性服务业从业人员比重较低。苏州产业结构排名第 3，其中外贸依存度位列第 1，高达 110.7，非农产业从业人员比重列前五，但就业结构仅排第 31 位。舟山的产业结构排名第 5，就业结构排名第 6，得分分别为 0.676 和 0.742，发展较为均衡。2020 年舟山的外贸依存度达到 110.3，仅次于苏州，其他的指标如第三产业增加值占 GDP 比重等位列前茅。

杭州、宁波、无锡、嘉兴、衢州分列第 6 至第 10 位，结构优化得分分别为 0.702、0.687、0.642、0.632、0.625。其中，杭州的产业结构排名第 7，就业结构排名第 3，在第二、第三产业增加值占 GDP 比重，外贸依存度，非农产业从业人员比重等指标上表现较好。宁波、无锡与嘉兴的得分较为近似，产业结构排名分别为第 4、第 6 和第 8 位，就业结构排名分别为第 10、第 14 和第 16 位，得分都较为均衡。衢州的就业结构排名第 4，但产业结构在长三角 41 个城市中仅排第 18，与上述三个城市的优劣势指标恰好相反。

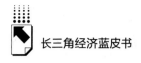

排名相对靠后的城市主要集中在安徽，这些城市的各项经济结构指标的优化调整空间相对较大。

表2 2020年长三角地区城市结构优化指数及排名

排序	城市	结构优化得分	排序	城市	结构优化得分
1	上海	0.874	22	池州	0.528
2	南京	0.733	23	黄山	0.526
3	金华	0.723	24	淮北	0.519
4	苏州	0.719	25	扬州	0.518
5	舟山	0.703	26	南通	0.517
6	杭州	0.702	27	连云港	0.516
7	宁波	0.687	28	泰州	0.510
8	无锡	0.642	29	淮安	0.504
9	嘉兴	0.632	30	徐州	0.503
10	衢州	0.625	31	宿迁	0.497
11	合肥	0.619	32	盐城	0.489
12	丽水	0.618	33	淮南	0.479
13	常州	0.611	34	滁州	0.473
14	台州	0.592	35	宣城	0.470
15	温州	0.587	36	蚌埠	0.469
16	铜陵	0.573	37	阜阳	0.459
17	马鞍山	0.570	38	安庆	0.458
18	湖州	0.568	39	亳州	0.453
19	镇江	0.559	40	宿州	0.446
20	绍兴	0.556	41	六安	0.408
21	芜湖	0.538			

资料来源：《中国城市统计年鉴2021》、三省一市2021年统计年鉴、2020年度各市统计公报。

（二）质量提升指数及城市排名

质量提升领域包含生产效率和投资效益两个子领域，2020年长三角城市质量提升指数测算结果如表3所示。在41个城市中，排前五的城市分别为无锡、舟山、常州、丽水、南京。在排前十的城市中，除上海外，江苏占6席，浙江占2席，安徽占1席。

无锡排名第1，得分为0.344。无锡在生产效率上列第1位。2020年，无锡人均GDP达到16.6万元，居首位，全员劳动生产率达40.8万元/人，位列前三，在投资效益方面列第34位，在投资效益系数和工业企业固定资产利润率方面需提升。

舟山、常州、丽水、南京分列第2至第5位，质量提升得分分别为0.325、0.322、0.317、0.316，产业发展质量整体较为优异。其中，舟山在生产效率领域排名第5，在投资效益领域排名第13，丽水该两项指标分别排名第5和第17，两座城市表现较为均衡。常州的生产效率排名仅次于无锡，居第2，人均GDP达14.8万元，全员劳动生产率达42.0万元/人，均位列第2，投资效益排第36位。南京在生产效率和投资效益两个领域分别排第3和第32位，主要受益于人均GDP、全员劳动生产率、投资效益系数表现不俗。

镇江、上海、宿州、苏州、扬州质量提升得分分列第6至第10位，分别为0.301、0.287、0.283、0.280、0.271。其中，镇江生产效率排名第4，投资效益仅排名第38。而值得一提的是，宿州正好相反，生产效率仅排名第38位，投资效益高居第3。上海、苏州情况与镇江类似，生产效率分列第7、第8位，但投资效益均排第30名之后。扬州排名第10，主要得益于高效的生产效率，特别是人均GDP、全员劳动生产率表现优异，2020年分别达到13.3万元和25.5万元/人。此外，扬州投资效益排第23位。

排名最后五位的城市分别为黄山、亳州、淮北、淮南、六安，这些城市产业发展质量相对不高，生产效率和投资效益亟待提高。

表3 2020年长三角地区城市质量提升指数及排名

排序	城市	质量提升得分	排序	城市	质量提升得分
1	无锡	0.344	6	镇江	0.301
2	舟山	0.325	7	上海	0.287
3	常州	0.322	8	宿州	0.283
4	丽水	0.317	9	苏州	0.280
5	南京	0.316	10	扬州	0.271

续表

排序	城市	质量提升得分	排序	城市	质量提升得分
11	淮安	0.266	27	盐城	0.223
12	宁波	0.266	28	嘉兴	0.222
13	宣城	0.260	29	台州	0.221
14	南通	0.260	30	绍兴	0.220
15	滁州	0.260	31	蚌埠	0.209
16	池州	0.258	32	铜陵	0.209
17	杭州	0.255	33	宿迁	0.206
18	温州	0.254	34	金华	0.199
19	徐州	0.246	35	衢州	0.197
20	马鞍山	0.245	36	阜阳	0.196
21	合肥	0.241	37	黄山	0.179
22	连云港	0.240	38	亳州	0.170
23	泰州	0.238	39	淮北	0.168
24	芜湖	0.237	40	淮南	0.157
25	安庆	0.230	41	六安	0.151
26	湖州	0.227			

资料来源：《中国城市统计年鉴2021》、三省一市2021年统计年鉴、2020年度各市统计公报。

（三）产业创新指数及城市排名

产业创新领域包含创新投入、创新产出、成果转化三个子领域，2020年长三角城市产业创新指数测算结果如表4所示。在41个城市中，排前五的城市分别为上海、杭州、南京、合肥、苏州。在排前十的城市中，除上海外，江苏占3席，浙江占4席，安徽占2席。

上海排名第1，得分为0.758，远远高于其他城市。在创新产出和成果转化方面，上海均位列第一。其中授权发明专利数量和技术合同交易额分别达到24208件和1815亿元，均列长三角首位。在创新投入方面上海位列第15，主要是因为R&D人员投入强度、科教支出占财政预算支出比重排名较为靠后，但R&D经费投入强度达4.1%，高居第一位。

杭州、南京、合肥、苏州分列第2至第5位，产业创新得分分别为

0.450、0.426、0.384、0.297。其中，杭州的成果转化排名第2，创新产出排名第3，创新投入排名第6，发展较均衡。2020年，杭州的R&D经费投入强度、科教支出占财政预算支出比重、授权发明专利数量分别达到3.6%、26.5%、17327件，在长三角均位列前五。南京在创新产出和成果转化上分列第2和第4位，因其高校和科研院所汇聚，在单项指标高水平期刊科技类论文发表数量方面超过上海，占据榜首。合肥表现也较为均衡，在创新投入、创新产出、成果转化三个领域分别排第3、第4和第3位。苏州在创新投入、创新产出、成果转化三个领域分别排第3、第5和第5位，这得益于苏州近3.8%的R&D经费投入强度、近10000件的授权发明专利数量和近500亿元的技术合同交易额，这几个单项指标均位列前五。

无锡、嘉兴、宁波、芜湖、金华分列第6至第10位，产业创新指数得分分别为0.284、0.256、0.228、0.225、0.212。无锡在创新投入、创新产出、成果转化三个领域的排名分别为第2、第6和第7，在各单项指标上不存在显著的短板；嘉兴、芜湖、金华三座城市在创新投入领域表现突出，在长三角41个城市中分列第1、第5和第4。嘉兴R&D人员投入强度位居榜首，近10%。芜湖的科教支出占财政预算支出比重达28.0%，仅次于合肥。宁波创新产出和成果转化表现较好，分列第8和第6位，但受限于较低的R&D人员投入强度和科教支出占财政预算支出比重，创新投入仅排第13位。

排名最后五位的城市依次为淮安、宿州、舟山、池州、黄山，其中舟山因产业结构偏向于服务业而缺乏制造业的创新基础，而其他城市的产业创新能力相对欠缺，产业创新驱动转型动力不足。

表4　2020年长三角地区城市产业创新指数及排名

排序	城市	产业创新得分	排序	城市	产业创新得分
1	上海	0.758	4	合肥	0.384
2	杭州	0.450	5	苏州	0.297
3	南京	0.426	6	无锡	0.284

续表

排序	城市	产业创新得分	排序	城市	产业创新得分
7	嘉兴	0.256	25	盐城	0.098
8	宁波	0.228	26	连云港	0.097
9	芜湖	0.225	27	丽水	0.095
10	金华	0.212	28	安庆	0.095
11	台州	0.207	29	泰州	0.090
12	绍兴	0.199	30	淮北	0.085
13	温州	0.181	31	宣城	0.081
14	常州	0.152	32	淮南	0.080
15	湖州	0.150	33	亳州	0.073
16	徐州	0.143	34	宿迁	0.062
17	南通	0.142	35	六安	0.060
18	蚌埠	0.138	36	阜阳	0.058
19	滁州	0.137	37	淮安	0.054
20	马鞍山	0.129	38	宿州	0.052
21	衢州	0.126	39	舟山	0.051
22	镇江	0.126	40	池州	0.046
23	铜陵	0.115	41	黄山	0.039
24	扬州	0.109			

资料来源:《中国城市统计年鉴2021》、三省一市2021年统计年鉴、2020年度各市统计公报。

(四)环境友好指数及城市排名

环境友好领域包含资源利用、环境保护两个子领域,2020年长三角城市环境友好指数测算结果如表5所示。在41个城市中,排前五的城市分别为温州、徐州、泰州、淮安、舟山。在排前十的城市中,江苏占6席,浙江占3席。

温州排名第1,得分为0.741,是长三角区域环境友好指数得分最高的城市。在环境保护领域,温州排名第1,单位工业增加值废水排放量、废气排放量、颗粒物排放量分别仅为1.780吨、1.781吨、0.841吨,三项指标均位列前五。在资源利用方面,温州列第5位,一般工业固体废弃物综合利用率为 99.3%，排名第 4。

徐州、泰州、淮安、舟山分列第 2 至第 5 位，环境友好指数得分分别为 0.736、0.729、0.727、0.725。其中，徐州在资源利用和环境保护两个二级指标上排名分别为第 8 和第 3，淮安则分别为第 4 和第 9，两座城市表现较为均衡。泰州的环境保护表现较好，仅次于温州，排名第 2，而舟山的资源利用指标表现较好，排名第 2。其中，舟山的一般工业固体废弃物综合利用率达到 100%，徐州、泰州和淮安的单位工业增加值废水、废气、颗粒物排放量均不到 3 吨，在长三角 41 个城市中表现较好。

南通、六安、镇江、台州、扬州环境友好指数分列第 6 至第 10 位，得分分别为 0.723、0.721、0.721、0.720、0.715。这五座城市均在环境保护方面表现更为突出，分别位列第 7、第 10、第 5、第 11 和第 12 位。其中，南通单位工业增加值废气、颗粒物排放量分别为 1.14 吨、1.40 吨，镇江和扬州的单位工业增加值废气、颗粒物排放量都较低，六安的单位工业增加值废水排放量不足 1.7 吨，在长三角城市中排名前三。台州的表现则比较均衡，资源利用和环境保护两个二级指标的排名分别为第 13 和第 11。

排名最后五位的城市分别为铜陵、宿迁、马鞍山、衢州、淮南，这些城市产业发展的环境友好程度不高，大多为资源型城市，在产业转型升级过程中资源高效利用和环境有效治理的任务艰巨。

表5 2020 年长三角地区城市环境友好指数及排名

排序	城市	环境友好得分	排序	城市	环境友好得分
1	温州	0.741	10	扬州	0.715
2	徐州	0.736	11	上海	0.714
3	泰州	0.729	12	宁波	0.712
4	淮安	0.727	13	杭州	0.712
5	舟山	0.725	14	常州	0.711
6	南通	0.723	15	蚌埠	0.711
7	六安	0.721	16	盐城	0.709
8	镇江	0.721	17	无锡	0.707
9	台州	0.720	18	黄山	0.702

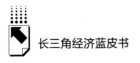

续表

排序	城市	环境友好得分	排序	城市	环境友好得分
19	苏州	0.696	31	连云港	0.670
20	丽水	0.694	32	滁州	0.669
21	亳州	0.693	33	阜阳	0.663
22	南京	0.692	34	宿州	0.650
23	湖州	0.691	35	芜湖	0.649
24	淮北	0.690	36	池州	0.642
25	合肥	0.690	37	铜陵	0.640
26	金华	0.686	38	宿迁	0.625
27	宣城	0.685	39	马鞍山	0.575
28	安庆	0.685	40	衢州	0.562
29	嘉兴	0.684	41	淮南	0.474
30	绍兴	0.677			

资料来源：《中国城市统计年鉴2021》、三省一市2021年统计年鉴、2020年度各市统计公报。

附录：产业转型升级评价方法

本报告使用权重优化模型，运用层次分析法和熵值法对各子系统进行了综合权重分析，指标体系如附表1。在确定各级指标的具体权重方面，通过运用层次分析法（AHP）和熵值法（EVM）对各子系统进行综合权重分析。该研究方法主要是为了尽可能避免出现指标权重的不确定性，以达到各指标赋权的主客观一致性，同时也确保各子系统内部权重之和为1。

附表1　产业转型升级指数指标体系

一级指标		二级指标		三级指标		
名称	权重	名称	权重	序号	名称	权重
结构优化	0.3	产业结构	0.6	1	第二产业增加值占GDP比重	0.2
				2	第三产业增加值占GDP比重	0.3
				3	产业集聚度	0.2
				4	外贸依存度	0.3
		就业结构	0.4	5	非农产业从业人员比重	0.5
				6	先进生产性服务业从业人员比重	0.5
质量提升	0.3	生产效率	0.5	7	人均GDP	0.4
				8	全员劳动生产率	0.3
				9	建设用地土地生产率	0.3
		投资效益	0.5	10	投资效益系数	0.5
				11	工业企业固定资产利润率	0.5
产业创新	0.2	创新投入	0.3	12	R&D经费投入强度	0.35
				13	R&D人员投入强度	0.35
				14	科教支出占财政预算支出比重	0.3
		创新产出	0.3	15	授权发明专利数量	0.5
				16	高水平期刊科技类论文发表数量	0.5
		成果转化	0.4	17	技术合同交易额	0.5
				18	国家企业技术中心数量	0.5
环境友好	0.2	资源利用	0.5	19	单位工业增加值用电量	0.5
				20	一般工业固体废弃物综合利用率	0.5
		环境保护	0.5	21	单位工业增加值废水排放量	0.4
				22	单位工业增加值废气排放量	0.3
				23	单位工业增加值颗粒物排放量	0.3

B.6
长三角地区绿色发展指数城市
排名报告（2022）

海骏娇*

摘　要： 本报告构建了绿色发展指数指标体系，通过绿色生态、绿色生产、绿色生活 3 个一级指标、7 个二级指标、21 个三级指标对长三角地区 41 个城市 2020 年度绿色发展情况进行了系统评价，并逐一分析了各领域得分排名前十位城市的特征与优势。本年度长三角地区绿色发展综合指数排名前十位的城市分别为湖州、黄山、南京、杭州、苏州、宁波、无锡、丽水、南通、上海。

关键词： 绿色发展　指标体系　长三角地区

长三角三省一市已陆续发布生态环境"十四五"规划，绿色低碳、无废城市是长三角"十四五"绿色发展的重点。本研究构建绿色发展指数指标体系，通过绿色生态、绿色生产、绿色生活 3 个一级指标、7 个二级指标、21 个三级指标（见表 1），对长三角地区 41 个城市 2020 年度绿色发展情况进行了系统评价，并逐一分析了各领域得分排名前十位城市的特征与优势。

评价数据主要来源于《中国统计年鉴 2021》《中国城市统计年鉴 2021》《中国城市建设统计年鉴 2021》、各省市 2021 年统计年鉴、2020 年度各省市科技经费投入统计公报及其他政府开放数据。数据评价时期为 2020 年。

---

* 海骏娇，博士，上海社会科学院助理研究员，主要研究方向：区域经济协调、可持续发展。

表 1　长三角地区绿色发展指数指标体系（2022 版）

一级指标		二级指标		三级指标		
名称	权重	名称	权重	序号	名称	权重
绿色生态	0.3	自然禀赋	0.4	1	林木覆盖率	0.3
				2	农田与水域面积占比	0.2
				3	人均水资源量	0.3
				4	人均耕地面积	0.2
		环境质量	0.6	5	考核断面水环境质量	0.3
				6	PM$_{2.5}$年均浓度	0.4
				7	土壤侵蚀度	0.3
绿色生产	0.4	节能减排	0.5	8	单位工业增加值用电量	0.25
				9	单位工业增加值用水量	0.25
				10	单位工业增加值废水排放量	0.25
				11	单位工业增加值二氧化硫排放量	0.25
		绿色科技	0.5	12	人均 GDP	0.3
				13	全社会研发经费占 GDP 比重	0.4
				14	人均环保经费投入	0.3
绿色生活	0.3	污染治理	0.4	15	生活垃圾无害化处理率	0.2
				16	污水处理厂集中处理率	0.4
				17	一般工业固体废弃物综合利用率	0.4
		城市绿化	0.4	18	建成区绿化覆盖率	0.5
				19	人均公园绿地面积	0.5
		环境压力	0.2	20	单位 GDP 能耗	0.6
				21	人口密度	0.4

一　绿色发展综合指数排名

绿色发展综合指数包含绿色生态、绿色生产、绿色生活三个子领域，2020 年度长三角地区绿色发展综合指数测算结果如表 2 所示。在 41 个城市中，排名前十位的城市分别为湖州、黄山、南京、杭州、苏州、宁波、无锡、丽水、南通、上海。在这些城市中，浙江、江苏各占据 4 席，安徽仅黄山一地上榜，上海市排名第 10 位。与上一年度排名结果相比，苏州、上海两地取得较大进步，再次进入前十位。

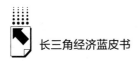

表2 2020年长三角地区绿色发展综合指数排名

排序	城市	综合指数得分	排序	城市	综合指数得分
1	湖州	68.18	22	金华	53.38
2	黄山	67.33	23	蚌埠	53.22
3	南京	64.19	24	宿迁	52.93
4	杭州	62.68	25	马鞍山	52.93
5	苏州	62.25	26	滁州	52.41
6	宁波	62.08	27	铜陵	52.26
7	无锡	62.02	28	宣城	52.06
8	丽水	61.96	29	芜湖	52.04
9	南通	60.51	30	衢州	51.83
10	上海	60.33	31	六安	51.54
11	扬州	59.56	32	绍兴	51.54
12	舟山	59.40	33	淮安	51.03
13	台州	58.98	34	亳州	50.74
14	泰州	58.71	35	连云港	50.55
15	常州	58.58	36	安庆	48.98
16	嘉兴	57.99	37	徐州	47.48
17	池州	57.14	38	阜阳	46.61
18	盐城	57.09	39	淮北	46.40
19	合肥	56.85	40	淮南	40.95
20	镇江	54.96	41	宿州	40.12
21	温州	53.56			

资料来源：《中国统计年鉴2021》《中国城市统计年鉴2021》《中国城市建设统计年鉴2021》、各省市2021年统计年鉴、2020年度各省市科技经费投入统计公报及其他政府开放数据。

　　湖州市2020年得分为68.18，在长三角地区绿色发展综合指数排名中继续保持第1位。湖州在绿色生态、绿色生产、绿色生活三大领域发展相对均衡，是41个城市中唯一三大领域排名均列前十位的城市。其中，绿色生活得分遥遥领先，高居榜首；绿色生态、绿色生产也有较高的发展水平，分别列第5、第10位，整体领先优势明显。

　　黄山、南京、杭州、苏州分列第2至第5位，综合得分分别为67.33、64.19、62.68、62.25，绿色发展整体水平较高。与上一年度相比，黄山市仍保持第 2 名，南京、杭州、苏州的排名均有不同程度的提升。其中，黄山市的绿色生态得分较高，在长三角 41 个城市中列第 2 位，绿色生活得分次之，排名第 11 位，绿色生产处于中游水平，排第 17 位。南京市的绿色生产和绿色生活发展水平较高，分别排名第 2 和第 4 位，尤其是绿色生活排名本年度大幅提升。苏州、杭州两地得分较为近似，绿色生产水平很高，分别位列第 3、第 4 位，绿色生态、绿色生活排名则均处于中游水平。

宁波、无锡、丽水、南通、上海分列第 6 至第 10 位，综合得分分别为62.08、62.02、61.96、60.51、60.33，绿色发展整体状况良好。其中，宁波、上海两地 2020 年排名均提升 4 个位次，无锡市排名保持稳定，丽水、南通两地排名则出现小幅下滑。具体而言，宁波、南通三大领域排名比较均衡，宁波的绿色生态、绿色生产、绿色生活排名分别为第 10、第 12、第 9位，南通分别为第 16、第 9、第 18 位。无锡市在绿色生产和绿色生活领域具有优势，分别居第 5、第 6 位。丽水市的绿色生态排名首位，绿色生产和绿色生活排名均处于中等偏下水平。上海市的绿色生产排名第 1 位，但是由于经济和人口密度大，绿色生活在 41 个城市中排名末位。

与上一年度排名相比，进步最大的城市为宿迁、铜陵、苏州，主要得益于绿色生活水平较大提升；退步较大的城市是芜湖、衢州、绍兴、连云港，芜湖和连云港两地主要是由于绿色生产排名下降，衢州、绍兴两地主要是由于绿色生活排名下降。

二 绿色生态指数排名

绿色生态领域包含自然禀赋和环境质量两个主题，2020 年度长三角地区绿色生态指数测算结果如表 3 所示。在 41 个城市中，排名前十位的城市分别为丽水、黄山、衢州、池州、湖州、金华、台州、盐城、宣城、宁波。与上一年度排名相比变动不大，宣城市从第 11 位提升至第 9 位。在这些城市中，浙江占据 6 席，生态环境整体优势显著，安徽占据 3 席，江苏占据1 席。

表3　2020年长三角地区绿色生态指数排名

排序	城市	绿色生态指数得分	排序	城市	绿色生态指数得分
1	丽水	76.92	22	芜湖	41.12
2	黄山	76.15	23	亳州	41.00
3	衢州	57.55	24	六安	40.87
4	池州	54.71	25	铜陵	40.11
5	湖州	53.46	26	扬州	39.01
6	金华	51.72	27	滁州	38.82
7	台州	50.97	28	合肥	38.33
8	盐城	50.92	29	蚌埠	37.45
9	宣城	50.81	30	南京	37.37
10	宁波	50.14	31	阜阳	36.31
11	舟山	48.90	32	淮安	35.13
12	嘉兴	48.24	33	淮南	34.25
13	杭州	48.07	34	无锡	34.13
14	温州	47.15	35	镇江	33.33
15	绍兴	46.05	36	宿迁	32.81
16	南通	45.89	37	连云港	31.49
17	泰州	44.43	38	常州	30.71
18	马鞍山	43.70	39	宿州	26.91
19	苏州	42.63	40	淮北	23.36
20	上海	42.11	41	徐州	15.81
21	安庆	41.79			

资料来源:《中国城市统计年鉴2021》、各省市2021年统计年鉴、土地调查数据、2020年度国家和地方专项统计公报、各级政府开放数据。

丽水、黄山排名继续保持前两位,得分分别为76.92和76.15,远高于其他城市,是长三角地区绿色生态发展标杆。丽水市环境质量得分高居榜首,自然禀赋排名第3位。就具体指标而言,丽水领先优势明显,无显著短板,林木覆盖率、农田与水域面积占比、考核断面水环境质量3个指标均在41个城市中列第1位;人口密度145.3人/公里^2,排名第2位;人均水资源量6449立方米,PM$_{2.5}$年均浓度为21.25微克/米^3,排名第3位。黄山自然禀赋得分位居第1名,环境质量排名第3位。就具体指标而言,人均水资源量、考核断面水环境质量、建成区绿化覆盖率、人口密度等指标均排名第 1 位，林木覆盖率、农田与水域面积占比、$PM_{2.5}$ 年均浓度、人均环保经费投入等指标均排名第 2 位。

衢州、池州、湖州分别居第 3 至第 5 位，绿色生态指数得分分别为 57.55、54.71 和 53.46，生态环境水平整体较高。其中，池州、衢州两市得分结构相对一致，自然禀赋得分较高，分别排名第 2、第 5 位，环境质量排名略靠后。湖州与之相反，环境质量排名相对靠前，位居第 8 名，自然禀赋排名略靠后，居第 14 位。在具体指标方面，池州人均环保经费投入为 1093.42 元，人均公园绿地面积达到 18.97 平方米，均排名第 1 位；湖州一般工业固体废弃物综合利用率在长三角排名第 1 位。

金华、台州、盐城、宣城、宁波分别居第 6 至第 10 位，绿色生态指数得分分别为 51.72、50.97、50.92、50.81 和 50.14。其中，金华、台州、宁波三地的自然禀赋和环境质量排名相对稳定，均居第 10~第 20 位。盐城的环境质量排名高于自然禀赋，居第 5 位。与之相对，宣城自然禀赋得分相对更高，排名第 4 位，而环境质量得分仅处于中等偏下水平。在具体指标方面，盐城的土壤侵蚀度较低，同时，人均耕地面积和单位工业增加值用水量均排名第 2 位。宁波的污水处理厂集中处理率达到 99.23%，高居榜首；一般工业固体废弃物综合利用率排第 3 位。此外，台州的单位 GDP 能耗较高。

与上一年度排名相比，进步最大的城市为池州、六安和安庆，退步较大的城市为宁波、扬州、合肥，排名变化的主要原因是这些城市的人均水资源量指标得分变动较大。

三　绿色生产指数排名

绿色生产领域包含节能减排和绿色科技两个主题，2020 年度长三角地区绿色生产指数测算结果如表 4 所示。在 41 个城市中，排名前十位的城市分别为上海、南京、苏州、杭州、无锡、合肥、常州、扬州、南通、湖州。其中，南通和湖州两市进入前十位，芜湖和宁波两市退出前十位。在这些城市中，江苏占据6席，具有较大优势，浙江占据2席，安徽占据1席，上海排首位。

表4　2020年长三角地区绿色生产指数排名

排序	城市	绿色生产指数得分	排序	城市	绿色生产指数得分
1	上海	88.41	22	连云港	56.93
2	南京	77.69	23	淮安	55.82
3	苏州	76.08	24	滁州	55.10
4	杭州	75.46	25	蚌埠	54.48
5	无锡	75.31	26	丽水	51.89
6	合肥	72.64	27	淮北	51.70
7	常州	71.42	28	宿迁	50.79
8	扬州	69.08	29	铜陵	49.54
9	南通	68.74	30	池州	49.33
10	湖州	67.91	31	金华	49.31
11	镇江	67.13	32	亳州	48.19
12	宁波	66.51	33	安庆	47.18
13	泰州	66.15	34	绍兴	46.62
14	芜湖	63.74	35	宣城	45.24
15	舟山	63.31	36	马鞍山	44.25
16	嘉兴	61.74	37	宿州	43.78
17	黄山	60.61	38	六安	43.59
18	台州	59.21	39	阜阳	42.37
19	盐城	58.33	40	衢州	36.75
20	温州	57.75	41	淮南	35.09
21	徐州	57.60			

资料来源：《中国城市统计年鉴2021》、《中国城市建设统计年鉴2021》、各省市2021年统计年鉴、2020年度各省市科技经费投入统计公报、各级政府开放数据。

上海市排第1位，得分遥遥领先。在绿色科技方面，上海继续保持第1位，全社会研发经费占GDP比重为4.17%，得分高居榜首，人均环保经费投入、人均GDP两项指标得分分别排名第3、第4位；在节能减排方面，上海本年度排名第4位，具有比较优势，单位工业增加值二氧化硫排放量为 0.54 吨，得分排名第 1，单位工业增加值废水排放量、单位工业增加值用电量等指标也表现不俗，均列前五位。

南京、苏州、杭州、无锡分别居第 2 至第 5 位，绿色生产指数得分分别为 77.69、76.08、75.46、75.31，属于第二梯队，整体表现较为优异。这 4 个城市得分近似，均以绿色科技为优势，排名第 2 至第 5 位，节能减排得分在 41 个城市中处于中等水平。在具体指标方面，无锡、南京和苏州三地的人均 GDP 分别为 16.6 万元、15.9 万元和 15.8 万元，排名前三位；苏州、杭州和南京的全社会研发经费占 GDP 比重分别达到 3.78%、3.59% 和 3.48%，分别排名第 2、第 3、第 5 位；这 4 个城市的人均环保经费投入指标得分均在第十名左右。

合肥、常州、扬州、南通、湖州分别居第 6 至第 10 位，绿色生产指数得分分别为 72.64、71.42、69.08、68.74 和 67.91。其中，合肥市在绿色科技和节能减排两个主题上的排名最为均衡，分别为第 7 和第 8 位。常州、湖州两市的得分近似，绿色科技得分相对较高，分别排名第 6、第 8 位，而节能减排得分处于中等水平。扬州、南通两市在节能减排方面优势明显，排名分别为第 1、第 3 位；绿色科技排名略靠后，分别排第 18 位和第 12 位。在具体指标方面，合肥市全社会研发经费占 GDP 比重排名第 4 位，常州市人均 GDP 排名第 5 位，扬州市的单位工业增加值用电量、单位工业增加值废水排放量分别居第 3、第 4 位，南通市的单位工业增加值用水量、单位工业增加值二氧化硫排放量均排第 3 位，湖州市的人均环保经费投入排第 5 位。

与上一年度排名相比，进步最大的城市为淮北、铜陵，退步较大的城市为马鞍山、芜湖，排名变化的主要原因是这些城市在绿色科技方面的指标得分变动较大。

四　绿色生活指数排名

绿色生活领域包含污染治理、城市绿化、环境压力三个主题，2020 年度长三角地区绿色生活指数测算结果如表 5 所示。在 41 个城市中，排名前十位的城市分别为湖州、宿迁、马鞍山、南京、六安、无锡、池州、常州、宁波、铜陵。与上一年度相比，排名变动相对较大。除了湖州与池州排名保持稳定外，其余城市的排名均呈现不同程度的提升。在这些城市中，江苏、安徽各占据4席，浙江占2席，城市的地区分布相对均衡。

表5　2020年长三角地区绿色生活指数排名

排序	城市	绿色生活指数得分	排序	城市	绿色生活指数得分
1	湖州	83.27	22	泰州	63.05
2	宿迁	75.92	23	嘉兴	62.75
3	马鞍山	73.74	24	阜阳	62.57
4	南京	73.00	25	宣城	62.41
5	六安	72.83	26	滁州	62.40
6	无锡	72.19	27	淮北	62.38
7	池州	69.97	28	盐城	61.61
8	常州	69.33	29	连云港	61.11
9	宁波	68.13	30	淮安	60.54
10	铜陵	68.02	31	金华	60.48
11	黄山	67.48	32	丽水	60.43
12	扬州	67.43	33	镇江	60.37
13	蚌埠	67.31	34	杭州	60.26
14	台州	66.69	35	安庆	58.56
15	衢州	66.22	36	淮南	55.47
16	徐州	65.66	37	温州	54.38
17	舟山	64.70	38	合肥	54.31
18	南通	64.15	39	宿州	48.44
19	亳州	63.87	40	芜湖	47.36
20	绍兴	63.60	41	上海	41.11
21	苏州	63.44			

资料来源：《中国城市统计年鉴2021》、《中国城市建设统计年鉴2021》、《中国能源统计年鉴2021》、各省市2020年统计年鉴。

湖州排名保持第1位，得分为83.27，较第2名有较大的领先优势。湖州在污染治理、城市绿化两个方面均表现出色，排名分别为第2、第3位，环境压力排名也有较大提升，从第25位提升至第16位。就具体指标而言，湖州的一般工业固体废弃物综合利用率、生活垃圾无害化处理率均排首位，污水处理厂集中处理率、建成区绿化覆盖率、人均公园绿地面积等指标也具有比较优势。

宿迁、马鞍山、南京、六安分别居第2至第5位，绿色生活指数得分分别为75.92、73.74、73.00和72.83。其中，宿迁市环境压力较小，排名第4位，城市绿化得分较高，排名第7位；得分较高的单项指标为建成区绿化覆盖率，排第7位。马鞍山市的城市绿化和污染治理得分相对较高，分别排名第8、第9位，优势指标为建成区绿化覆盖率，排第3位。南京市在城市绿化、环境压力和污染治理三个方面得分相对均衡，排名均在第10名左右。六安市的污染治理得分较高，排名第5位，污水处理厂集中处理率为98.46%，排名第3位。

无锡、池州、常州、宁波、铜陵分别居第6至第10位，绿色生活指数得分分别为72.19、69.97、69.33、68.13和68.02。其中，宁波、无锡、常州得分近似，在污染治理方面具有较大优势，分别排名第1、第3、第7位。池州、铜陵的优势是在城市绿化方面，排名分别为第1、第5位。在具体指标方面，宁波的污水处理厂集中处理率为99.23%，在41个城市中排首位；池州的人均公园绿地面积为18.97平方米，居长三角榜首。

与上一年度排名相比，进步最大的城市为马鞍山、铜陵、宁波，主要是得益于污染治理成效显著且环境压力有所减小；退步较大的城市为滁州、淮北、安庆，其中，滁州市排名下降的主要原因是城市绿化和环境压力两项指标排名均有所下降，淮北市和安庆市排名下降的主要原因是污染治理排名大幅下降。

B.7
长三角地区投资发展报告（2022）

曹永琴*

摘　要： 投资是拉动长三角地区和全国经济增长的重要力量。投资作为拉动经济增长的"三驾马车"之一，在经济快速增长、优化资源配置、扩大就业等方面发挥了至关重要的作用。而长三角地区作为中国经济发展最强劲、最有活力的地区之一，投资对推动其经济高质量发展起着非常关键的作用。长三角的固定资产投资、利用外商直接投资、对外直接投资以及风险投资等都呈逐年增长趋势。面对国内外新形势，长三角地区通过优化投资环境、依托重大项目、聚焦高端产业、推进区域一体化等进一步推动投资规模扩大和投资结构优化，从而促进地区经济持续健康发展。

关键词： 固定资产投资　外商直接投资　对外直接投资　长三角一体化

一　长三角地区投资现状分析

（一）长三角地区固定资产投资规模持续上升

1.地区固定资产投资规模持续增长

固定资产投资一直是经济增长的重要驱动力量之一，对经济增长的拉升作用也是巨大的。改革开放以来，中国经济增长取得了令人瞩目的成绩，而

---

* 曹永琴，上海社会科学院应用经济研究所副研究员，主要研究方向：产业经济。

固定资产投资的持续增加是中国经济持续快速增长的重要推动力之一；中国的固定资产投资占 GDP 比重从 1980 年的 30%上升到 2021 年的 48.34%。而长三角地区作为经济最为发达和活跃的地区之一，固定资产投资也在其经济发展中发挥着难以替代的作用。随着经济增长的不断加速，长三角地区固定资产投资完成额呈持续快速增加态势，从 2000 年的 7998.99 亿元上升至 2021 年的 155747.28 亿元；2000 年以来，长三角地区固定资产投资完成额均为正增长，大多数年份增速达到两位数。近年来，长三角地区固定资产投资增速有所下降，但大部分年份仍然保持在 5%以上。持续增加的固定资产投资是长三角地区经济快速发展的动力源泉之一。

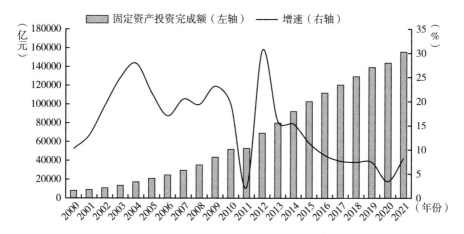

图 1　2000~2021 年长三角地区固定资产投资完成额及增速

资料来源：各省市相关年份的统计年鉴、统计公报和商务委网站公开数据。

2.各省市固定资产投资较快增长

2021 年上海固定资产投资增长较快，全年固定资产投资比上年增长 8.1%，两年平均增长 9.2%。分领域看，工业投资同比增长 8.2%，两年平均增长 12.0%，其中，制造业投资同比增长 7.8%，两年平均增长 14.0%。房地产开发投资同比增长 7.2%，两年平均增长 9.1%；基础设施投资同比增长 5.8%，两年平均增长 1.0%。民间投资同比增长 10.3%，两年平均增长 9.3%。全年全市新建商品房销售面积 1880.45 万平方米，比上年增长

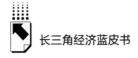

5.1%，两年平均增长 5.3%。

2021 年江苏省固定资产投资平稳增长，结构持续优化。全年江苏省固定资产投资比上年增长 5.8%，较 2020 年提高 5.5 个百分点，两年平均增长 3.0%，且固定资产投资结构日趋优化。一是高技术产业投资增长迅速，比 2020 年增长 21.6%，高于全部投资增速 15.8 个百分点；在主要行业方面，医疗仪器设备及仪器仪表制造、电子及通信设备制造、医药制造、信息服务等行业增长较快，分别增长 25.6%、21.5%、14.6%、15.7%。二是制造业投资保持较快增长。2021 年，江苏省制造业完成投资比上年增长 16.1%，其中专用设备制造、电气机械和器材制造、计算机通信和其他电子设备、通用设备制造等行业增长较快，分别增长 35.7%、25.7%、15.8% 和 13.1%。三是民间投资主体地位稳固。全年民间投资比上年增长 6.3%，且制造业增长 16.4%，高技术产业增长 26.2%，科学研究和技术服务业增长 13.9%。四是大项目支撑有力。全省 10 亿元以上项目超过 2600 个，完成投资比上年增长 13.3%；10 亿元以上项目投资中，制造业增长 29.2%，信息传输、软件和信息技术服务业增长 47.4%，水利环境和公共设施管理业增长 15.1%，卫生和社会工作增长 48.6%。

浙江省固定资产投资持续增加。2021 年全年固定资产投资比上年增长 10.8%，两年平均增长 8.1%。三次产业投资稳步增长。第一、第二、第三产业投资比上年分别增长 2.7%、17.8%、9.0%，两年平均分别增长 35.8%、12.1%、6.9%。三大领域投资稳定增长。制造业投资增长 19.8%，拉动投资增长 3.4 个百分点，两年平均增长 11.3%。基础设施投资增长 2.0%，拉动投资增长 0.5 个百分点，两年平均增长 3.7%。民间投资比上年增长 8.9%，拉动全部投资增长 5.3 个百分点，两年平均增长 5.7%。其中，民间项目投资增长 11.6%。房地产开发投资比上年增长 8.5%，拉动投资增长 3.7 个百分点，两年平均增长 7.7%。其中，住宅投资 8802 亿元，增长 8.8%；办公楼投资 457 亿元，下降 4.7%；商业营业用房投资 890 亿元，增长 11.0%。商品房销售面积 9991 万平方米，比上年下降 2.5%，两年平均增长 3.2%。商品房销售额增长 11.1%，两年平均增长 15.2%。

安徽省固定资产投资较快增长。2021年，全省固定资产投资比上年增长9.4%，增速比全国平均水平高4.5个百分点，居全国第9位、长三角第2位，两年平均增速为7.2%，比全国平均水平高3.3个百分点。其中，民间固定资产投资增长7.3%。分产业看，第一产业投资比上年增长39.1%，第二产业投资增长13.5%，第三产业投资增长6.9%。第二产业中，工业投资比上年增长13.5%。其中，采矿业投资增长23.3%，制造业投资增长14.6%，电力、热力、燃气及水生产和供应业投资增长3.7%。第三产业中，基础设施投资比上年增长7.4%。其中，公共设施管理业投资增长4.6%，道路运输业投资增长2.8%，水利管理业投资增长18.2%。

（二）长三角地区投资结构日趋优化

1. 长三角地区实际使用外资、对外直接投资、风险投资等均呈长期增长态势

一是长三角地区实际使用外资呈上升趋势。在经济全球化背景下，外商直接投资作为技术和知识溢出的重要载体，成为国家和地区经济增长的重要推动力，受到广泛关注。作为经济发展最为强劲的地区之一，长三角地区长期以来吸引了大量总部经济和外资经济聚集，外商经济发展水平在全国处于前列，成为对外资最有吸引力的地区之一。从长三角地区实际使用外资情况来看，尽管实际使用额有一定幅度的起伏，但总体来看对外资的吸引能力呈提升趋势。长三角地区实际使用外资总额从2000年的124.88亿美元增长至2021年的890.41亿美元；实际使用外资总额增速大部分年份都是正的。具体来看，长三角三省一市的实际使用外资金额相对比较均衡：上海实际使用外商金额从2000年的31.6亿美元增至2021年的225.51亿美元，江苏省从2000年的64.23亿美元增至2021年的288.5亿美元，浙江省从2000年的24.89亿美元增至2021年的183.4亿美元，安徽省则从2000年的4.15亿美元增至2021年的193亿美元。

二是长三角地区对外投资在波动中呈上升趋势。相较于地区固定资产完成额和实际使用外资持续增长的趋势，长三角地区对外投资则波动较大。2012~2016年，长三角地区对外直接投资额持续增加，尤其是

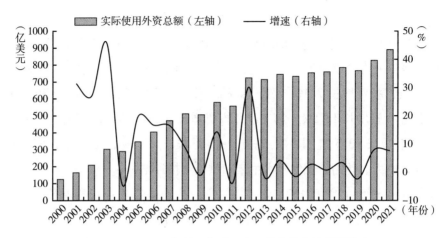

图 2　2000~2021 年长三角地区实际使用外资总额及增速

资料来源：各省市相关年份的统计年鉴、统计公报和商务委网站公开数据。

2015 年和 2016 年。这主要是由于 2013 年习近平主席提出"一带一路"
倡议之后，随着与"一带一路"沿线国家和地区的交流与合作不断深入，
大量中国企业走出国门开展海外投资。长三角地区纷纷投资新加坡、印
度尼西亚、哈萨克斯坦、泰国等"一带一路"沿线国家和地区，推动了
地区对外投资的快速增长。2017 年中国对外投资整体趋缓，对外直接投
资为 1582.9 亿美元，同比下降 19.3%，这也是自 2003 年中国发布年度
统计数据以来，首次出现负增长；① 在全国对外投资趋缓的大背景下，长
三角地区对外直接投资步伐也有所减缓，但全年对外投资额仍然超过 300
亿美元，占全国的比重超过了 20%。之后，长三角地区对外投资在波动
中上升，2021 年对外直接投资额达到 368.05 亿美元。具体来看，上海在
长三角地区对外投资中占据着非常重要的地位，上海对外直接投资额从
2012 年的 118.29 亿美元增至 2021 年的 225.51 亿美元，占地区对外直接
投资额的 60% 以上；江苏省对外直接投资额从 2012 年的 50.26 亿美元增
至 2021 年的 66.76 亿美元；浙江省对外直接投资额从 2012 年的 38.92

① 资料来源：《2017 年度中国对外直接投资统计公报》。

亿美元增至 2021 年的 89.91 亿美元；安徽省对外直接投资在长三角地区则相对较弱，对外直接投资额从 2012 年的 5.45 亿美元增至 2021 年的 15.18 亿美元。

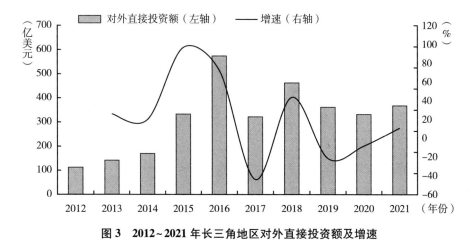

图 3　2012~2021 年长三角地区对外直接投资额及增速

资料来源：各省市相关年份的统计年鉴、统计公报和商务委网站公开数据，相关年份《上海对外投资合作年度发展报告》。

　　三是风险投资波动较大。风险投资在促进新创企业产生、扩大就业及提高企业生产率等方面发挥着重要的作用。1995 年以来，中国风险投资主要投向信息技术、金融、可选消费、工业等领域，成为技术快速进步的重大推动力。作为经济最为发达的地区之一，长三角地区风险投资活动一直都非常活跃。从总体来看，除 2018 年风险投资额和投资案例数大幅增加之外，长三角地区风险投资额和投资案例数在波动中呈上升趋势，风险投资额从 2000 年的 20.45 亿元上升至 2018 年的 5793.04 亿元，投资案例数从 2000 年的 69 例上升至 2018 年的 3484 例；之后风险投资额和投资案例数均有一定程度的下降。从风险投资额来看，2018 年风险投资异军突起，比 2017 年增长了 72.06%；上海、浙江、江苏的风险投资额都大幅提升，尤其是江苏省仅 2018 年风险投资额就增加了 1100 亿元，比 2017 年增长了 98%。

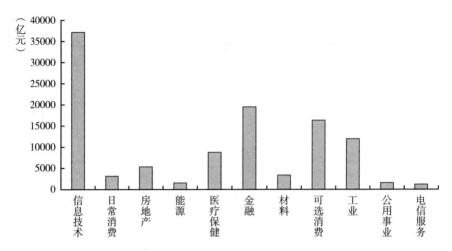

图4 1995 年至 2022 年 1~6 月中国创业投资基金投资额行业分布

资料来源：Wind。

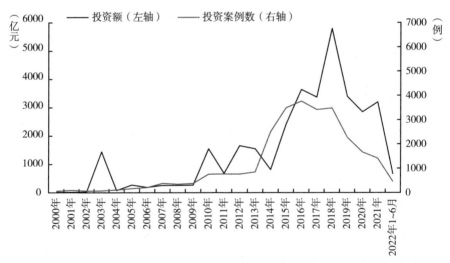

图5 2000 年至 2022 年 1~6 月长三角地区创业投资基金投资额及投资案例数情况

资料来源：Wind。

2. 从资金管理渠道来看，房地产开发和基础设施投资占地区投资额的比重逐年上升

基础设施投资和房地产开发是拉动地区经济的主要动力，2015 年以来，

房地产开发和基础设施投资在固定资产投资中所占的比重逐年提升，从2015年的42.44%升至2021年的58.03%；2019年"加强新一代信息基础设施建设"被写入2019年政府工作报告，加上长江三角洲区域一体化快速发展，长三角地区房地产开发和基础设施投资都有了一定幅度的增加。2019~2021年，长三角地区房地产开发和基础设施投资占地区固定资产投资的比重分别为55.52%、60.14%、58.03%，较2018年均提高了10个百分点以上。具体来看，一方面，随着长三角地区固定资产投资完成额逐年增加，房地产开发及基础设施投资也呈逐年增长趋势。房地产投资额从2000年的1375亿元上升至2021年的57297.02亿元；基础设施投资额从2015年的20506.46亿元增至2021年的33078.96亿元。另一方面，近年来房地产投资占比快速上升。2002年以来，房地产投资额占长三角地区固定资产投资额的比重均在20%以上，2019年以来房地产开发快速增加，房地产投资额占长三角地区固定资产投资额的比重均超过30%，2021年达到了37%。近年来，基础设施投资额占比也基本上超过了20%，占长三角地区固定资产投资额的比重相对稳定。

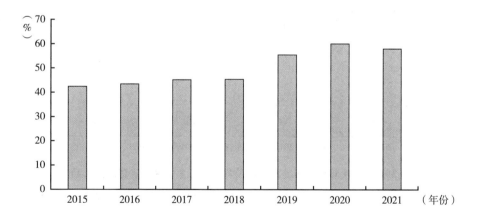

图6 2015~2021年房地产开发和基础设施投资占长三角地区固定资产投资的比重

资料来源：各省市相关年份的统计年鉴、统计公报和商务委网站公开数据，相关年份《上海对外投资合作年度发展报告》。

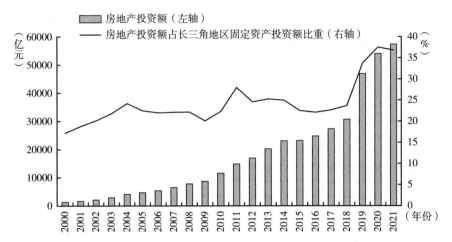

图7　2000～2021年房地产投资额及其占长三角地区固定资产投资额比重

资料来源：各省市相关年份的统计年鉴、统计公报和商务委网站公开数据，相关年份《上海对外投资合作年度发展报告》。

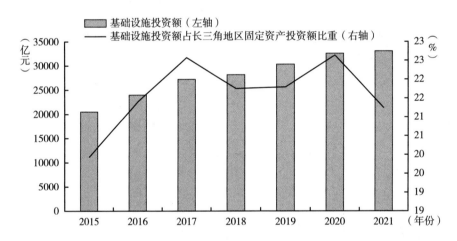

图8　2015～2021年基础设施投资额及其占长三角地区固定资产投资额比重

资料来源：各省市相关年份的统计年鉴、统计公报和商务委网站公开数据，相关年份《上海对外投资合作年度发展报告》。

3. 从投资结构来看，三次产业投资结构日趋优化

从三次产业投资完成额来看，一方面，三次产业投资完成额呈现上升趋势。第一产业投资完成额从2004年的66.27亿元上升至2021年的2125.75

亿元，第二产业投资完成额从 2004 年的 7806. 27 亿元增至 2021 年的 64702. 03 亿元，第三产业投资完成额从 2004 年的 8245. 61 亿元增加至 2021 年的 89542. 58 亿元。另一方面，第三产业投资完成额占据长三角地区固定资产投资完成额的半壁江山，且占比仍呈上升趋势。第一产业投资完成额占长三角地区固定资产投资完成额的比重较小且在波动中缓慢上升，从 2004 年的 0. 39% 缓慢上升至 2021 年的 1. 36%。第二产业投资完成额占长三角地区固定资产投资完成额的比重则相对稳定，且呈缓慢降低的趋势，从 2004 年的 45. 38% 降至 2021 年的 41. 54%，但总体保持在 40% 以上。随着产业发展和转型升级，未来第二产业投资完成额占长三角地区固定资产投资完成额的比重仍可能呈现下降趋势，长三角地区应发挥产业优势，着重发展先进制造业，发挥高端产业的带动引领作用。第三产业投资完成额占长三角地区固定资产投资完成额的比重则呈上升趋势，其重要地位得以巩固。除 2004 年外，第三产业投资完成额占长三角地区固定资产投资完成额的比重均超过了 50%，2021 年达到了 57. 49%。

图 9　2004~2021 年第一产业投资完成额及其占长三角地区
固定资产投资完成额比重

资料来源：各省市相关年份的统计年鉴、统计公报和商务委网站公开数据，相关年份《上海对外投资合作年度发展报告》。

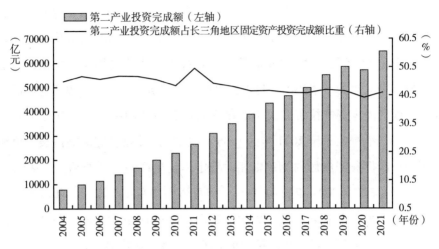

**图10　2004~2021年第二产业投资完成额及其占长三角地区
固定资产投资完成额比重**

资料来源：各省市相关年份的统计年鉴、统计公报和商务委网站公开数据，相关年份《上海对外投资合作年度发展报告》。

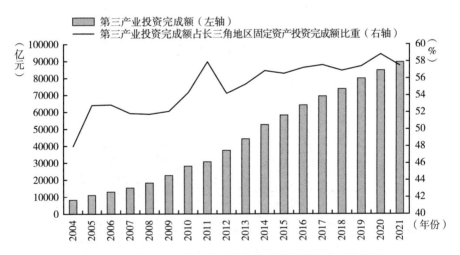

**图11　2004~2021年第三产业投资完成额及其占长三角地区
固定资产投资完成额比重**

资料来源：各省市相关年份的统计年鉴、统计公报和商务委网站公开数据，相关年份《上海对外投资合作年度发展报告》。

4. 从投资属性来看，非国有经济投资已经占据主导地位

国有经济投资占地区投资额的比重呈下降趋势，从 2006 年的 26.32%降至 2021 年的 22.46%；非国有经济投资占地区投资额的比重则从 2006 年的 73.68%增至 2021 年的 77.54%，非国有经济投资成为长三角地区投资的主体。港澳台及外商投资占地区投资额的比重也呈下降趋势，从 2006 年的占比 14.89%降至 2021 年的 4.32%，这也与 2017 年以来世界和中国外商直接投资整体呈下降趋势是相一致的。

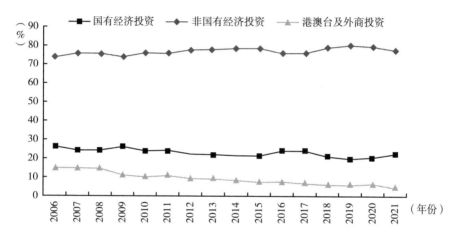

图 12　2006~2021 年国有经济投资、非国有经济投资、港澳台及外商投资占长三角地区投资额比重

资料来源：各省市相关年份的统计年鉴、统计公报和商务委网站公开数据，相关年份《上海对外投资合作年度发展报告》。

二　长三角地区投资发展趋势

（一）全球 FDI 增长受阻，国内投资仍有较大潜力

一是 2021 年全球 FDI 恢复至疫情前水平，但增长势头难以持续。据联合国贸发会议（UNCTAD）发布的《2022 年世界投资报告》，2022 年全球

商业和投资环境发生巨变，诸多不利因素给 FDI 前景蒙上阴影：随着俄乌冲突引发食品、燃料价格高企及融资收紧等危机，商业和投资环境发生了巨大变化，2022 年全球 FDI 充满了不确定性。尽管利润很高，但跨国公司对海外新项目的投资仍比疫情前低了 1/5。全球 FDI 出现疲软迹象，2022 年第一季度，全球新建项目减少了 21%，跨境并购活动减少了 13%，国际项目融资交易减少了 4%，预计 2021 年的增长势头难以持续，2022 年全球 FDI 流入可能下降或持平。全球 FDI 下降的大趋势，将影响到中国的外商投资。

二是中国投资持续增长，未来仍有发展空间。首先，作为经济重要增长动力的固定资产投资仍有增长空间，相关政策持续发力稳住投资率，为稳增长保驾护航。财政政策方面，2021 年 11 月国务院常务会议部署专项债，强调加强跨周期调节，统筹做好两年专项债管理政策衔接，力争在 2022 年初形成更多实物工作量。货币政策方面，继 2021 年 12 月降准后，央行调低 MLF 利率和政策利率，政策全面前置发力，稳定市场预期和经济复苏态势。投资项目选择方面，"十四五"规划中 102 项重大工程项目稳步推进，适度超前开展基础设施投资进而引领制造业投资，中长期"双碳"相关新能源产业发展将为固定资产投资和产业结构升级拓展增量空间。在控制宏观杠杆率和"房住不炒"的大背景下，房地产投资在下行过程中将逐渐企稳。短期内制造业传统部门投资增长得益于出口景气度区间延长，以新产业、新业态、新商业模式为核心的增量经济活动快速增长，在经济中的占比持续提高，进而促进经济结构优化。其次，中国对外直接投资平稳发展，未来仍将呈增长趋势。2021 年，我国对外全行业直接投资 9366.9 亿元人民币，同比增长 2.2%（折合 1451.9 亿美元，同比增长 9.2%）。其中，我国境内投资者共对全球 166 个国家和地区的 6349 家境外企业进行了非金融类直接投资。随着我国企业"走出去"步伐的加快和共建"一带一路"的深入，中国直接对外投资的行业和区域分布日益多元化。最后，中国风险投资仍将呈快速增长态势。重点投向高新技术、先进制造业等高端产业的中国风险投资一直呈较快增长态势。尽管受到疫情的影响，2022 年 1~6 月中国风险投资额仍然达到了 1638.43 亿元。在中国制造强国、发展高端制造业等政策带动下，中国风险投资仍将呈快速增长趋势。

（二）长三角地区投资增长内在动力较强

一是尽管面临严峻的国内外环境，但长三角地区未来投资仍将持续增长。对于长三角地区来说，投资将面临大考。长三角地区投资将受到三大因素的影响：欧美摆脱疫情干扰，经济进入初步修复期，制造业回流导致竞争压力增加；国际订单呈现分散化趋势，越南等东南亚国家出口增长，其低端制造对接了部分国际需求；疫情对经济的影响，长三角地区坚持动态清零，供应链受到较大冲击。尽管受到严峻的国内外大环境影响，但 2022 年大量企业仍将目标锁定长三角，纷纷加码投资；同时，长三角三省一市纷纷布局有利于引领产业发展的基础设施，以重大项目为抓手加大投资力度，通过推进重大项目建设，支持经济稳定发展，聚焦高端产业、科技创新、生物医药、生态建设等重点领域，围绕民生开展新型基础设施建设。2022 年第一季度上海、江苏、浙江、安徽固定资产投资同比增速分别达到 3.3%、7.3%、14.4%、10.8%。作为经济最为发达和经济发展最为活跃的地区之一，长三角地区在经济转型升级和上海发挥高端产业引领功能的情况下，未来投资仍将呈持续增长态势。2021 年长三角地区是最具投资吸引力的区域。在全国排名前 50 位的城市中，长三角地区占据 15 个席位，领先于其他区域，上海投资吸引力仍居全国第一；杭州、南京、苏州则分列全国第 5、第7、第 9 名。

表 1　2021 年房地产开发投资吸引力 TOP50 城市

排名	城市	省(区、市)	排名	城市	省(区、市)
1	上海	上海	6	成都	四川
2	北京	北京	7	南京	江苏
3	深圳	广东	8	武汉	湖北
4	广州	广东	9	苏州	江苏
5	杭州	浙江	10	重庆	重庆

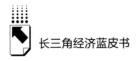

续表

排名	城市	省(区、市)	排名	城市	省(区、市)
11	西安	陕西	31	惠州	广东
12	郑州	河南	32	常州	江苏
13	长沙	湖南	33	海口	海南
14	天津	天津	34	嘉兴	浙江
15	宁波	浙江	35	贵阳	贵州
16	合肥	安徽	36	绍兴	浙江
17	佛山	广东	37	南通	江苏
18	青岛	山东	38	泉州	福建
19	东莞	广东	39	大连	辽宁
20	无锡	江苏	40	哈尔滨	黑龙江
21	济南	山东	41	太原	山西
22	福州	福建	42	三亚	海南
23	厦门	福建	43	中山	广东
24	昆明	云南	44	徐州	江苏
25	珠海	广东	45	金华	浙江
26	石家庄	河北	46	长春	吉林
27	南昌	江西	47	台州	浙江
28	温州	浙江	48	廊坊	河北
29	沈阳	辽宁	49	兰州	甘肃
30	南宁	广西	50	烟台	山东

资料来源：中指研究院：《2021中国城市开发投资吸引力排行榜》。

二是长三角区域一体化建设步伐加快，进一步提高对外商直接投资的吸引力。作为总部经济云集、高端产业先进制造业集聚、港澳台及外商企业集聚的地区，长三角地区一直是吸引外商投资的重要地区之一。2021年长三角地区实际使用外资达到890.41亿美元，占全国的比重达到51.33%，长三角地区已经成为全球投资者在华布局的重中之重。而随着长三角区域一体化进程的加快，长三角地区在资源共享、创新合作、成果共用、产业联动和环境支撑等方面的协同能力将进一步增强，整体对外商直接投资的吸引力将会进一步增加。

三是长三角地区企业实力不断增强，地区对外直接投资能力不断增强。

根据 21 数据新闻实验室发布的 2021 年中国上市公司市值 500 强企业榜，① 作为我国经济最为发达的长三角地区，有 131 家企业上榜，依旧是上榜 500 强企业数量最多的地区之一。2021 年，长三角作为中国最大、世界第六大增长极和城市群，拥有世界 500 强企业 23 家，占全国的 16.1%。随着长三角地区头部企业竞争力的增强，为了抢占更大的市场份额，这些头部企业加快全球布局，长三角地区企业"走出去"步伐进一步加快。2021 年长三角地区对外直接投资额达到 368.05 亿美元，占全国的比重达到 25.35%。随着长三角地区一体化进程的加快，以及与"一带一路"沿线国家和地区合作的深入，长三角地区对外直接投资能力会进一步增强，也成为企业扩充国际版图的重要途径。

四是长三角地区创新能力和经济活力不断提升，仍然是风险投资活动最为活跃的地区之一。作为经济最为发达的地区之一，2021 年长三角地区国民生产总值达到 276054.3 亿元，占全国的比重达到 24.14%。同时，长三角地区创新能力不断提升，《中国区域创新能力评价报告 2021》显示，2021 年区域创新能力综合排名前十位的分别是广东、北京、江苏、上海、浙江、山东、湖北、安徽、四川、陕西，长三角地区三省一市均进入区域创新能力综合排行榜的前十名，分别排名第 3、第 4、第 5、第 8 位。经济实力的提升和创新能力的提高，使得长三角地区成为经济发展最为活跃和投资收益回报最为丰厚的地区之一，吸引着越来越多的风险投资基金，2022 年 1~6 月长三角地区风险投资基金占全国的比重已经达到 39.14%。2016 年至 2021 年 1~5 月，苏浙皖三省地级市披露融资金额排名前三的城市分别为杭州、南京、苏州，融资金额分别为 4842.2 亿元、2059.15 亿元、1972.01 亿元，合肥、无锡、金华、宁波、淮北、绍兴、常州分居第 4 至第 10 名，分别为 1193.58 亿元、1007.23 亿元、612.81 亿元、605.94 亿元、411.2 亿元、354.34 亿元、342.93 亿元。未来，随着长三角一体化协同能力的提升和经济实力的增强，长三角地区风险投资仍会进一步呈上升趋势。

---

① 截至 2021 年 12 月 31 日我国上市公司市值 500 强企业。上海、深圳、北京、香港、纽约等 16 个主要交易所上市的中国企业共计 8276 家，根据市值，公布了我国上市公司市值 500 强企业榜。

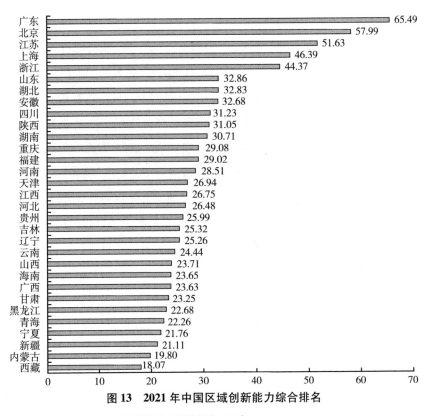

图 13　2021 年中国区域创新能力综合排名

资料来源：《中国区域创新能力评价报告 2021》。

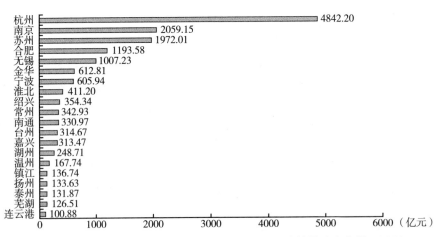

图 14　2016 年至 2021 年 1~5 月苏浙皖三省地级市披露融资金额 TOP20

资料来源：智研咨询。

三 长三角地区投资面临的机遇与挑战

（一）面临严峻的国内外形势，投资环境更加复杂化

一是 2022 年全球经济复苏势头放缓。俄乌冲突会持续影响经济活动、投资和贸易，供应链中断及滞胀风险加大，而此前被压抑需求的逐渐释放完成，加之各国退出财政和货币宽松政策，世界银行预计全球经济增长将从 2021 年的 5.7% 下降到 2022 年的 2.9%，且 2023～2024 年经济增长率仍将大体保持在这个水平。2022 年上半年，受不利的国际经济大环境、疫情等超预期冲击，中国经济面临的"三重压力"加大，供需双双下滑，市场预期恶化，经济增速显著放缓，第一季度经济增长 4.8%，第二季度经济增长 0.4%；IMF 预测 2022 年中国经济总体增长率为 4.4%。

二是美联储加息将对新兴市场资本流动和汇率稳定产生外溢影响。2020 年 3 月，美联储在议息会议上正式启动加息，上调联邦基金利率 25 个基点，美国十年期国债收益率自 2019 年 7 月以来首次攀升至 2% 以上。美联储启动加息后美国长端利率和美元指数继续上涨，短期内新兴经济体将面临一定的资本外流和汇率贬值压力，从而导致国内投资在一定程度上下降。

三是全球经济、跨境投资的恢复性增长动力不足。当前世界经济总体保持复苏态势，但动能有所减弱，不稳定、不确定因素增多。在 2020 年低基数的基础上，2021 年全球 FDI 流量增长了 64%，达到 1.58 万亿美元，这得益于蓬勃发展的并购活动以及宽松的融资条件和重大的基础设施刺激计划带来的国际项目融资快速增长。尽管经济复苏惠及所有地区，但近 3/4 的增长集中在发达经济体，主要推动因素是 FDI 增加 134%，跨国公司获得利润创纪录。但诸多不利因素使得 2022 年全球 FDI 流入可能会下降或持平。

四是西方跨国公司利用优势地位打压中国企业。参与全球供应链重塑的西方跨国公司的垄断优势从最初资本、技术等所有权优势向由无工厂制造商主导的价值链优势演进。中国企业联合会、中国企业家协会评选的 2021 年

中国 100 家最大跨国公司的平均跨国指数仅为 15.07%，中国跨国公司亟须补齐在专利技术、品牌、全球批发和零售网络等方面的短板。个别国家以维护产业链安全和供应链稳定、提升经济发展韧性和危机应对能力为名，组建一系列排他性小集团，甚至试图打造供应链"小圈子"，加大对华科技"脱钩"力度。

（二）限制或监管性投资政策，显著影响长三角地区的未来投资

一是 2020 年限制或监管性投资政策措施占投资政策措施的比例达到 41%，创历史新高。据 2021 年 UNCTAD 数据，限制或监管性投资政策措施在发达国家更为普遍，在其 43 项措施中有 35 项。2021 年 9 月，美欧贸易和技术委员会（TTC）正式成立，并在联合声明中着重强调投资审查。美国商务部、财政部通过"实体清单"对外国企业进行制裁。欧盟 2021 年 11 月发布的首份外资安全审查报告指出，自欧盟新的外资审查法案生效一年以来，欧委会已审查 400 项外国投资。英国《国家安全与投资法》于 2022 年 1 月起生效。

二是特定国家滥用国家力量、泛化国家安全打压外国企业的做法有所增加。限制范围从原先的国防工业扩展到战略性行业、关键性基础设施及核心技术。部分国家甚至出台针对性政策，压缩中资企业的海外发展空间，如美国政府以"应对中国军工企业威胁"为由，签署行政命令将华为、中芯国际航天科技集团有限公司等 59 家中国企业列入投资"黑名单"；英国政府禁止中企参与其核电项目；印度税务部门对中资企业开展大规模调查等。据路孚特统计，2021 年前三季度，中国在全球跨境并购最活跃的国家排名中列第 13 位，结合 2020 年中国对外投资流量居全球第一位的背景，间接反映了中国企业对外投资并购受限程度。

（三）有效投资不足，降低了地区单位投资的效率

近几十年来世界经济发展经历了从短缺经济到过剩经济的转变，也使得有效的市场需求成为重要的竞争资源。在短缺经济时代，投资能够快速转变

为企业产品销售后的收入和利润；在过剩经济时代，无效投资增多，单位投资效率相对降低。

一是作为一国或地区经济增长动力的制造业，由于需求不足和利润滑坡、土地劳动力商务成本上升，投资意愿不足，投资增长面临较大的不确定性。从三省一市制造业固定资产投资额占地区固定资产投资额的比重来看，除江苏省和安徽省占比较稳定外，上海市和浙江省占比呈下降趋势。制造业有效投资不足会影响到制造业的高质量发展，也会对地区长期经济增长产生不利影响。

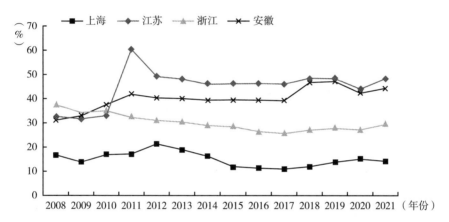

图15 2008~2021年三省一市制造业固定资产投资额占地区固定资产投资额比重

资料来源：三省一市相关年份的统计年鉴、统计公报和商务委网站公开数据。

二是基础设施投资额占地区投资总额比重较低。近年来，长三角地区基础设施投资额占地区投资总额的比重基本在20%上下波动，且2017年以来总体呈下降趋势，基础设施投资对整体投资的贡献度有所下降。作为发挥托底作用的基础设施投资的不足，将对地区经济增长产生一定的影响。

三是产业同质化竞争加剧使得地区整体投资同质化，有效投资不足。根据相关调查报告，长三角核心区内，超过半数城市都将汽车、石化、通信作为重点发展产业。产业集聚并非简单的重复和集中，而是产业衔接与产城融合，最终是要实现资源集约利用和产业功能整合，要求企业间加强信息交流

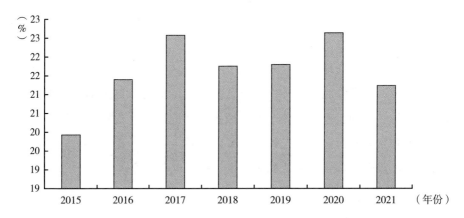

图16　2015～2021年三省一市基础设施投资额占地区投资总额比重

资料来源：三省一市相关年份的统计年鉴、统计公报和商务委网站公开数据。

和合作，通过优势互补、错位竞争、链接发展进而提升整体竞争力。然而，目前长三角地区产业重复建设情况较为严重，造成资源浪费与集聚水平不高，地区整体投资效率下降、有效投资不足。

（四）外资和民间投资约束，抑制了地区的投资热情

一是针对民间投资的营商环境仍有待进一步优化。首先，民间投资面临的政策不确定性增加。民间投资相关政策会显著影响投资者信心，目前长三角地区还缺乏统一的民间投资相关区域性政策，影响了区域内投资者信心。其次，民间投资的进入门槛不断降低，但民间投资市场准入障碍依然存在。民间投资的领域和范围仍然面临一定限制。民间投资往往集中在服务业等，重点工程项目、战略性新兴产业部分领域对民间投资的限制较大。最后，民间投资进入门槛高。比如资质、垫资、工期、税费、制度性交易成本等方面要求较高，民间投资在一定程度上面临准入限制。

二是外商投资引资不平衡问题依然存在。首先，尽管各省市实际使用外资规模呈上升趋势，但仍然存在较大差异。2000年以来，除上海实际使用外资额占固定资产投资额比重在波动中上升外，其余省市该比重均呈下降趋势。2021年上海实际使用外资额占固定资产投资额比重达到16.28%；江苏

省、浙江省、安徽省该比重则分别为 3.19%、2.93%、3.25%。其次，地区间的外商直接投资仍然存在无序竞争的问题。长三角地区经济实力相当的城市间竞争日趋激烈，各地普遍存在产业同构现象，尤其是制造业同构现象非常明显。总体来看，长三角地区工业结构相似系数偏高、同构性特征明显，且经济发展阶段越相近，同构性就越显著，其中江苏与浙江的工业结构最为相近、上海和苏州次之，上海与浙江列第三。产业结构趋同导致在吸收外资方面竞争激烈，而这反过来又使同构现象在更高的产业层次上重演，直接导致长三角各种资源浪费。

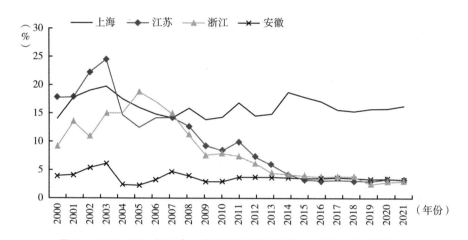

图 17　2000~2021 年三省一市实际使用外资额占固定资产投资额比重

资料来源：三省一市相关年份的统计年鉴、统计公报和商务委网站公开数据。

四　优化长三角地区投资的政策建议

（一）优化投资环境，激发社会投资动能

一是强化投融资体制改革，激发民间投资"新活力"。解决民间资本进入难题，进一步扩大民间投资。在重大工程和国家明确的重点建设领域，选择一批示范项目吸引民间资本参与，在招投标中对民间投资一视同仁，并尽

快推出以工代赈等措施。深化"放管服"改革，提高民间投资手续办理效率，将大项目纳入地方重点项目库并加强用地等保障；保护民间投资合法权益，严格履行政策承诺。鼓励金融机构采用续贷、展期等方式支持民间投资，对符合条件的项目提供政府性融资担保，抓紧推出面向民间投资的不动产投资信托基金项目，鼓励民营企业市场化债转股。加大向民间资本推介项目力度，依托各省市投资项目在线审批监管平台积极做好项目推介工作，进一步拓展民间资本投资空间。支持平台经济健康发展，支持民间资本开展创业投资。

二是优化外商投资服务，增强地区对外商的吸引力。深化"最多跑一次"改革，优化营商环境，进一步促进外商投资，优化管理和服务，全力打造长三角高质量外资集聚地。发挥上海市外资项目服务制度的作用，完善重大外资项目信息服务系统，提高协同服务效率；通过远程推介、集中签约、总部颁证、一站式外商投资促进服务等，吸引更多高质量外资项目落地。进一步开展对外资开放领域的先行先试，落实最新版全国和自贸试验区外商投资准入负面清单，加快推进金融、新能源汽车等领域开放；加大上海自贸试验区及临港新片区开放力度，争取在电信、科研和技术服务、教育、卫生等重点领域实现更大力度的开放。加大对知识产权侵权违法行为的惩治力度；支持外商投资企业依法平等参与标准制定和政府采购等。

三是坚持"走出去"战略，积极布局产业链，提升企业的国际竞争力。推进机制和方式创新，激发企业"走出去"。进一步完善现代产权制度和现代企业制度，增强企业拓展国际市场、参与国际竞争的内在动力。加大政策支持力度，形成"走出去"的合力。给予政府专项资金扶持，简化审批程序，加强金融服务，提供出入境检验、外汇管理等便利。引导全球布局，支持和引导企业积极参与共建"一带一路"，开展全球布局，培育国际经济合作和竞争新优势；融入全球产业链，引领全球价值链升级；开展"联盟"拓市，开拓"一带一路"市场。鼓励跨国经营方式创新，创新对外投资方式，鼓励企业发挥技术优势，以专利技术、高端服务等无形资产入股的方式开展跨国并购和绿地投资；创新本土化经营方式，推动本地化发展。

（二）依托重大项目，夯实有效投资"压舱石"

加快重大项目建设，落实重大项目年度投资目标，坚持"项目跟着规划走"，统筹推进重大项目布局。加快在建项目建设进度，依托重大项目成立工作专班，建立健全"精准对接"服务机制，形成以项目为中心的工作链，及时协调解决项目建设过程中的难点和堵点问题。加大计划新开工项目协调力度，优化特定政府投资项目审批程序。适度超前开展基础设施投资，在交通基础设施领域，通过长三角共建辐射全球航运枢纽，加快推进上海洋山深水港小洋山北作业区开发、大芦线东延伸、浦东国际机场四期扩建工程；在环境基础设施领域，全面提升生态环境质量和防御能力，积极推进黄浦江中上游堤防防洪能力提升工程、浦南东片南排海通道骨干河道整治工程、中心城区三大片区污水厂升级扩容和跨区域输送管网建设，以及完善生活垃圾分类处置体系。在新型基础设施领域，围绕新网络、新设施、新平台、新终端，加快拓展5G应用，布局工业互联网集群。加大重点项目储备力度，加强重大项目谋划论证，深化重大项目专项规划、建设方案等研究。向重大基础设施建设平台注入资本金，对承担功能性基础设施建设的国有平台公司，各级财政可根据项目情况和财力状况，注入一定的资本金，撬动更多的社会资本参与重大项目建设。

（三）聚焦高端产业，优化投资结构和产业结构

一是联动长三角打造世界级产业集群。强化技术创新协同，以企业需求为导向开展长三角联合技术攻关，集中突破一批关键技术；提升产业链协作水平，推进集成电路、生物医药、人工智能三大先导产业以及智能机器人、新型电力装备、节能与新能源汽车、新型显示等重点产业优势互补、紧密协作和联动发展，形成联动长三角、服务全国、辐射全球的高端产业增长极，共建若干万亿级的世界级产业集群；加快G60科创走廊产业联盟和合作园区建设，深入推进沪西五区与长三角G60科创走廊产业高质量一体化发展，率先推动产业链补链固链强链和科技成果转移转化；加快沿沪宁产业创新带

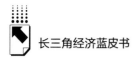
建设，推进区域联动一体协作，强化高端产业和新型基础设施融通互动。

二是加大重点领域投资，加大产业链供应链断点与薄弱领域和战略性新兴产业领域投资，积极发展新经济、培育新增长点。加大"新基建"投资，推动数字经济发展；推动互联网、大数据、人工智能与实体经济深度融合，推动产业数字化转型升级。实施制造业"提质扩量增效"投资专项行动，加大"3+6"产业投资。加速谋划未来产业新赛道，加快布局未来产业，培育壮大地区经济新增长点，形成发展新动能。加快推进企业技术改造，实施重点领域补短板产品和关键共性技术攻关项目，提升地区科技创新能力。大力发展现代生活服务业，助力人民生活水平提升。大力发展生产性服务业，推动制造业与服务业双向融合发展。

（四）推进区域一体化建设，提升资源配置效率

一是进一步依托长三角开发区协同发展联盟、长三角一体化对外投资合作发展联盟、长三角自贸试验区智库合作联盟及长三角自由贸易试验区联盟，提升地区投融资和对外开放的一体化程度，增强长三角地区对各类资源的吸引力。

二是推动长三角区域资本市场一体化建设，促进资本跨区域有序自由流动。推进长三角统一金融服务平台的建设，支持金融机构运用再贷款、再贴现等工具，加大对"三农"、从事污染防治的企业、科创类企业、高端制造业企业、小微企业和民营企业等的信贷投放力度。完善区域性股权市场，依法合规加大企业债券、绿色债券、自贸区债券、创新创业债券发行力度。推动建立统一的抵押质押制度，推进区域异地存储、信用担保等业务同城化。联合共建金融风险监测防控体系，共同防范化解区域金融风险。充分发挥长三角一体化发展投资基金和长三角地区协同优势产业基金作为政府信用平台的优势，引导和撬动三省一市的社会资本依托项目在区域内流动和优化配置。支持符合监管政策的地方法人银行在上海设立营运中心。支持上交所在长三角设立服务基地，搭建企业上市服务平台。

三是高水平建设长三角一体化示范区，用好长三角一体化示范区财政

专项资金，加快示范区生态绿色高质量发展重点项目建设；推动建设市域铁路示范区线、"水乡客厅"、元荡淀山湖岸线贯通工程，加快推进轨道交通 17 号线西延伸、2 号线西延伸等项目建设，推进华为青浦研发基地等一批标志性产业项目建设。优化区域产业布局，避免区域产业同质化竞争，提高资源配置效率；发挥上海的龙头带动作用，苏浙皖各展所长，形成分工合理、优势互补、各具特色的空间格局，提高资源配置效率。

参考文献

上海市政府：《上海市先进制造业发展"十四五"规划》，2021 年 7 月 5 日。
《长三角需突破城市核心区"再发展"瓶颈，投资热点或偏向"另类资产"》，腾讯网，2021 年 4 月 15 日。
谷川联行：《长三角外商投资环境白皮书》，2021 年 12 月 23 日。
中国科技发展战略研究小组、中国科学院大学中国创新创业管理研究中心：《中国区域创新能力评价报告 2021》，科学技术文献出版社，2022。

B.8
长三角地区外贸发展报告（2022）

赵晓涛*

摘　要： 2021 年长三角地区外贸发展水平持续提高，进出口规模实现较快增长。出口产品结构方面，高新技术产品出口占比增加。出口产品的空间分布方面，安徽出口增长强劲，长三角地区出口趋于均衡。2022 年，长三角出口受到国际经济周期影响，面临需求转弱、汇率风险加大等不利因素的挑战，需要进一步通过出口结构升级、紧抓"RCEP"签署窗口期、扩大"制度型"开放等实现外贸提质增效。

关键词： 外贸发展　产业结构　区域结构

　　新冠肺炎疫情突袭而至对我国出口贸易产生了较大影响，但是随着我国疫情防控形势向好，供应链恢复。同期世界尤其是西方发达国家疫情大流行，正常产品生产受到严重冲击，为了应对疫情以美国、日本和欧洲为首的发达国家和地区采取了极度宽松的货币政策与普惠性补贴行为，以维持本国居民的购买需求，但也导致全世界范围内除中国以外的国家和地区均在一定程度上出现了产能需求缺口。在产能需求缺口的刺激下，长三角出口得以迅速恢复，并出现快速增长势头，出口总额屡创新高，并且随着战略新兴产业的发力，贸易结构进一步优化。

---

　　* 赵晓涛，经济学博士，上海社会科学院应用经济研究所助理研究员，研究方向为国际经济。

一 2021年长三角地区外贸发展情况

（一）长三角外贸进出口概况

如表1所示，2021年我国进出口较2020年大幅增长，从4.65万亿美元增加到6.05万亿美元，同比增长29.9%。同期，长三角地区进出口从1.71万亿美元增长到2.18万亿美元，同比增长27.4%。分省市看，2021年上海进出口达到0.63万亿美元，增速达到25.1%；江苏进出口达到0.81万亿美元，增速达到25.5%；浙江进出口达到0.64万亿美元，增速达到31.4%；安徽进出口达到0.11万亿美元，增速达到36.7%。其中，2021年安徽进出口增速最高，上海、江苏和浙江的进出口增速均超过25%。

表1 2017～2021年长三角及全国进出口统计

单位：亿美元

年份	全国	上海	江苏	安徽	浙江
2017	41071.38	4761.23	5911.39	550.00	3778.00
2018	46224.44	5156.49	6640.43	627.80	4324.00
2019	45778.91	4938.03	6294.70	687.00	4472.00
2020	46559.13	5031.89	6427.75	784.60	4879.00
2021	60502.19	6294.00	8068.70	1072.00	6410.00

资料来源：各省市统计年鉴。

如表2所示，2021年我国出口较2020年大幅增长，从2.61万亿美元增加到3.36万亿美元，同比增长28.7%。同期，长三角地区出口从1.01万亿美元增长到1.26万亿美元，同比增长24.7%。分省市看，2021年上海出口达到0.24万亿美元，增速为20%；江苏出口达到0.49万亿美元，增速为22.5%；浙江出口0.46万亿美元，增速达24.3%；安徽出口达到0.06万亿美元，增速为37.0%。其中，2021年安徽出口增速最高，上海、江苏和浙江的出口增速均超过20%。

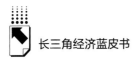

表2　2017~2021年长三角及全国出口统计

单位：亿美元

年份	全国	长三角	上海	江苏	浙江	安徽
2017	22600	8900	2000	3700	2900	310
2018	24800	9600	2100	4000	3200	360
2019	25000	10000	2100	4100	3500	410
2020	26100	10100	2000	4000	3700	460
2021	33600	12600	2400	4900	4600	630

资料来源：各省市统计年鉴。

如表3所示，2021年我国出口较2020年大幅增长，从2.07万亿美元增加到2.69万亿美元，同比增长30.0%。同期，长三角地区出口从0.71万亿美元增长到0.91万亿美元，同比增长28.2%。分省市看，2021年上海出口达到0.39万亿美元，增速为26.6%；江苏出口达到0.30万亿美元，增速为23.2%；浙江出口达到0.17万亿美元，增速为40.4%；安徽出口达到0.04万亿美元，增速为24.1%。其中，浙江进口增速最高，上海、江苏和安徽进口增速低于全国平均水平。

表3　2017~2021年长三角及全国进口统计

单位：亿美元

年份	全国	上海	江苏	安徽	浙江
2017	18437	2824	2278	227	910
2018	21357	3084	2599	256	1113
2019	20784	2948	2346	283	1126
2020	20659	3050	2464	352	1246
2021	26871	3860	3033	437	1749

资料来源：各省市统计年鉴。

（二）长三角地区外商投资概况

如表4所示，2021年我国外商投资总额快速增加，较2020年有大幅增长，从 13.64 万亿美元增加到 17.96 万亿美元，同比增长 31.7%。同期，长三角地区外商投资总额从 3.31 万亿美元增长到 3.64 万亿美元，同比增长 10.0%。分省市看，2021 年上海外商投资总额达到 1.22 万亿美元，增速达到 17.6%；江苏外商投资总额达到 1.43 万亿美元，增速为 4.5%；浙江外商投资总额达到 0.67 万亿美元，增速为 13.2%；安徽外商投资总额达到 0.32 万亿美元，增速为 0.6%，其中，2021 年上海外商投资总额增长最快。

表4 2015~2021 年长三角地区及全国外商投资总额统计

单位：亿美元

年份	全国	上海	江苏	浙江	安徽
2015	45390	6612.73	7821.54	2918.13	1064.86
2016	51240	7342.46	8798.68	3198.70	672.56
2017	68992	7982.39	9658.19	3734.15	866.41
2018	77737	8849.11	10560.42	4457.88	1129.84
2019	88400	9552.29	11735.15	5006.93	1656.43
2020	136437	10333.95	13697.29	5892.64	3227.04
2021	179571	12155.00	14308.59	6673.22	3247.65

资料来源：各省市统计年鉴。

从外商投资企业注册数来看，如表5所示，2021 年我国外商投资企业注册数稳步增加，较 2020 年有所增长，从 63.5 万家增加到 66.4 万家。同期，长三角地区外商投资企业注册数从 20.8 万家增长到 21.6 万家。分省市看，2021 年上海外商投资企业注册数达到 9.7 万家，江苏达到 6.5 万家，浙江达到 4.6 万家，安徽达到 0.85 万家。综合表4和表5可知，近年来外商投资单个规模逐渐变大、质量有所提高。2015 年全国平均单个企业外商投资额为 943 万美元。2021 年全国平均单个企业外商投资额为 2706 万美元。其中，上海平均单个企业外商投资额为 1249 万美元，江苏为 2213 万美元，浙江为 1453 万美元，安徽为 3825 万美元。

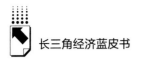

表5　2015~2021年长三角地区及全国外商投资企业注册数统计

单位：家

年份	全国	上海	江苏	浙江	安徽
2015	481179	74885	53551	32778	5063
2016	505151	79410	55938	34442	5549
2017	539345	84007	58577	37422	6135
2018	593276	87300	59308	40191	6611
2019	627223	90757	62360	43121	7903
2020	635402	92922	63031	44024	8281
2021	663562	97342	64643	45922	8490

资料来源：各省市统计年鉴。

（三）长三角地区出口的发展趋势

1. 长三角地区出口趋势

中国加入世界贸易组织后，出口快速增长，长三角地区出口保持快速增长态势。如图1所示，2000年中国出口总额为2500亿美元，2021年中国出口总额超过3.4万亿美元，同期长三角地区出口额从720亿美元增长到1.3万亿美元。其中，上海2000年出口250亿美元，2021年增加到2400亿美元；江苏2000年出口260亿美元，2021年增加到5000亿美元；浙江2000年出口190亿美元，2021年增加到4600亿美元；安徽2000年出口20亿美元，2021年增加到630亿美元。长三角地区出口保持稳定增长，是我国对外贸易最重要的支柱型地区之一。

2. 长三角地区出口产业结构

产能逐步向东盟国家转移，产业结构优化。当前，长三角地区作为中国东部的发达地区，人均GDP突破1.5万美元大关，发展水平较高。在长三角地区，由于用工成本上升、污染程度较高、利润率较低等，部分产业逐步丧失竞争优势。这一部分产能正逐步向人均GDP更低、发展相对落后的印尼、越南等东盟国家转移，如印染、纺织、衣帽、制鞋等外向型传统劳动密集型产业。越南已经取代中国成为阿迪达斯的第一供应国。通过产

144

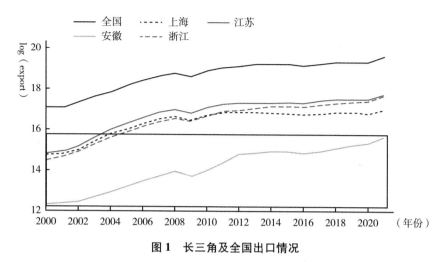

图1 长三角及全国出口情况

资料来源：各省市统计年鉴。

能的转移，长三角地区着力于更高附加值的产品生产，从而优化产业结构。

半导体、新材料、新能源等支柱产业在国际市场上的优势增强。战略性新兴产业是长三角地区重点发展的支柱产业。通过外商投资与自主研发相结合，长三角地区在新能源汽车和半导体芯片产业上形成了优势。以新能源汽车产业为例，比亚迪在合肥、特斯拉在上海，二者在全球新能源汽车销售方面占据龙头位置，加上蔚来等一众厂商，长三角地区的新能源汽车制造及出口将进一步形成新优势。

3.传统优势产业稳步发展

长三角地区的传统优势出口产业是机电制造业。机电制造业对产业链配套和技术水平有较高的要求，受益于长三角地区产业协同发展的红利，机电产品在中国加入 WTO 以来就成为长三角地区出口中独具优势的拳头产品。随着技术进步，机电制造业朝着信息化、集成化、智能化的方向发展。机电制造业基于高新技术与传统机电制造相结合，通过新一轮的行业洗牌，形成了新的竞争优势。虽然受到国际局势和疫情的不利影响，但我国尤其是长三角地区的机电制造业通过新一轮信息技术升级，在国际市场上竞争优势明

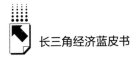

显，出口增长强劲，占比超过我国主要出口产品的50%。

4.疫情下长三角供应链"韧性"凸显

战略性供应链产业链往往是国际贸易生产和商品运输活动的基石，为此供应链冲击可能会严重阻碍外贸活动的正常开展。长三角地区受到疫情多点散发、全球经济环境不确定性加剧等因素影响，关键战略性供应链产业链也受到了一定冲击，但战略性供应链产业链呈现出较强的韧性。长三角地区应从以下几个方面着手保障战略性供应链产业链企业正常运转。一是针对重点企业和重点园区实施清单管理。重点企业是产业链供应链的核心，进一步细化重点企业"白名单"，保障其发挥以点带链、以链带面的龙头作用。优先聚焦国计民生重点领域，如集中资源优先保障基础工业产品、重大装备制造、核心出口产品等，稳定长三角地区出口大局。二是完善政企协作机制，在长三角及周边地区实施跨市联动协调机制。要保障产业链供应链顺畅运转，做好服务，建立应急渠道，健全跨长三角的区域联动协调机制，在更大范围内解决产业链供应链断点问题。三是优化出口商报关审批流程，利用信息化手段创新直达机制，精简流程、材料和压减周期，让出口商受益从而保证出口通道畅通。

二 2021年长三角地区外贸出口结构

（一）长三角地区高级技术产品出口

长三角地区作为中国产业结构升级的战略高地和外贸出口的支柱地区，产业结构升级和战略性新兴产业发展促进了外贸出口的高质量增长。从2015~2021年高新技术产品出口增速来看，上海平均增速为1.7%，浙江平均增速为16.6%，江苏平均增速为5.3%，安徽平均增速为17.5%，上海和江苏由于出口基数较大，增速低于浙江和安徽两省。2021年上海和江苏两省市的高新技术产品出口额超过1.7万亿元，占全国的27.4%，体现了长三角地区高新技术产品出口的"压舱石"作用。从长三角地区高新技术产品的平均增速可以看出，近年来长三角地区增速远高于全国平均水平，长三角地区的产业结构升级显著促进了外贸出口的高质量发展。

表6 长三角地区及全国高新技术产品出口增速

单位：%

年份	上海	浙江	江苏	安徽	长三角	全国
2015	-2.1	10.0	1.3	10.8	5.0	0.4
2016	-1.4	6.5	-5.2	-10.4	-2.6	-2.1
2017	9.2	13.6	21.2	27.1	17.8	13.3
2018	0.8	11.5	8.5	31.1	13.0	9.3
2019	-1.7	14.0	-1.8	6.7	4.3	2.1
2020	2.4	26.4	2.8	19.4	12.8	6.5
2021	4.7	34.3	10.4	37.5	21.7	17.9

资料来源：各省市统计年鉴。

（二）长三角地区地级市出口情况

一直以来，长三角地区的外贸出口都具有明显的头部效应，即少数处于核心地区的重点城市是长三角地区外贸出口的主体，同时发挥着对外围城市的拉动作用。2021年，上海、苏州、宁波、无锡、杭州、南京是长三角地区出口的前六强，上海出口1.4万亿元人民币，苏州出口1.3万亿元人民币，宁波出口6000亿元人民币，无锡出口3800亿元人民币，杭州出口3400亿元人民币，南京出口3000亿元人民币，前六强出口占长三角地区出口的约70%。六大中心城市利用区位、政策、资金等优势，吸引整个长三角其他外围城市的生产要素聚集，进一步提高了长三角地区出口产品的竞争力，有助于优化资源配置。近年来随着国家将安徽纳入长三角地区发展战略规划，合肥作为安徽省省会城市紧抓国家产业转型和长三角战略规划的战略机遇，积极发展芯片、新能源汽车等高科技产业，在国际上形成了一定的竞争优势，在长三角地区有望成为新的中心城市，合肥在2009年出口仅260亿元，而2021年出口额达到了1400亿元，出口快速增长。

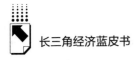

表7 2021年长三角地区主要城市出口情况统计

城市	出口	排名	城市	出口	排名
上海市	1.40E+08	1	芜湖市	3.10E+06	21
苏州市	1.30E+08	2	连云港市	2.70E+06	22
宁波市	6.00E+07	3	丽水市	2.70E+06	23
无锡市	3.80E+07	4	衢州市	2.40E+06	24
杭州市	3.40E+07	5	淮安市	2.30E+06	25
南京市	3.00E+07	6	宿迁市	2.00E+06	26
绍兴市	2.30E+07	7	马鞍山市	1.80E+06	27
嘉兴市	2.10E+07	8	滁州市	1.60E+06	28
常州市	1.70E+07	9	宣城市	1.20E+06	29
南通市	1.70E+07	10	阜阳市	916256	30
温州市	1.70E+07	11	安庆市	856041	31
台州市	1.60E+07	12	黄山市	680099	32
合肥市	1.40E+07	13	宿州市	608628	33
湖州市	8.40E+06	14	铜陵市	591087	34
徐州市	7.80E+06	15	亳州市	580752	35
泰州市	6.60E+06	16	六安市	545202	36
扬州市	5.80E+06	17	淮北市	508760	37
镇江市	5.40E+06	18	淮南市	389809	38
舟山市	5.00E+06	19	池州市	142318	39
盐城市	4.40E+06	20			

注：出口单位为万元，由科学计数法表示。
资料来源：各省市统计年鉴。

（三）长三角地区工业品出口情况

在出口结构升级方面，长三角地区的工业基础优于全国平均水平，具有较强的出口结构升级动能。同时长三角地区以新能源、新材料、半导体为代表的战略性新兴产业发展，结合机电制造业等产业优势，能够辐射带动周边乃至全国贸易结构升级。如表 8 所示，2015 年长三角地区出口产品中工业品占比为 0.965，其中安徽为 0.944，浙江为 0.969，江苏为 0.984，而全国平均水平为 0.949；2021 年长三角地区出口产品中工业品占比为 0.975，其中安徽为 0.968，浙江为 0.973，江苏为 0.985，而全国平均水平为 0.955，说明长三角贸易结构进一步优化。

表 8　长三角及全国出口产品中工业品占比变化

区域	2015 年	2021 年
安徽	0.944	0.968
浙江	0.969	0.973
江苏	0.984	0.985
长三角地区	0.965	0.975
全国平均水平	0.949	0.955

资料来源：各省市统计年鉴。

三　2022年长三角外贸形势

一方面，2022 年全球经济面临高涨的通货膨胀，从货币政策来看，主要发达经济体的央行都采取紧缩的货币政策，提高存贷款利率，缩减量化宽松规模，从而使得整体出口需求端减弱。同时，美国对中国的战略性高科技产业的围堵也会影响长三角地区的高新技术产业出口。另一方面，我国经济长期向好的发展态势没有变，长三角地区科技与产业创新进一步加快，产业结构升级成果进一步体现，为制度型开放提供了契机，叠加 RECP 框架协议签署的战略窗口期，有助于进一步利用海外资源，引导优势企业"走出去"、优质企业"走进来"，为长三角出口高质量发展提供了有力的支持。

（一）全球经济周期

1. 通胀与缩表加息

2022 年以来，随着各国防疫政策退出，叠加 2020~2021 年发达国家货

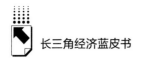

币政策过度宽松导致的通货膨胀、全球地缘政治动荡等不利因素，全球经济即将转入衰退周期，外需转弱是未来一段时期的基本特征。2022年美国通胀水平达到历史新高，美联储启动加息缩表，全球经济进入紧缩周期，这将直接导致外需呈断崖式下跌，同时随着外国防疫政策的退出，其本国及其周边供应链将逐步恢复正常，我国部分不具有比较优势的产业将在国际竞争中逐步被淘汰，长三角地区外贸出口难以维持火爆行情。

全球经济呈现明显的衰退、复苏、繁荣、萧条的周期性规律，而全球性经济周期过程与美联储的操作是高度同频的。一方面，2008年国际金融危机并没有使得市场充分出清，而流动性扩张缓解了危机，但也加剧了全球经济结构性错配。另一方面，为了应对疫情，美联储一次性降息至0且宣布"无限量化宽松"。截至2021年底，美联储维持了长达2年的绝对零利率，并且新购美元资产超过4万亿美元，释放了大量的市场流动性。2021年5月开始美国通胀率居高不下，CPI突破历史高位，2022年美联储启动缩表加息，以期降低通胀率，维持美元地位。美联储将逐步提高利率。基于以上判断，2022年以后全球资产价格将出现持续性跳水，美元指数加速提高。这加大了全球经济衰退周期对中国外贸的影响，并将通过海外订单需求的下降和汇率风险的加剧来影响长三角地区的外贸。

2. 国外需求衰减

为应对疫情的影响，以美国为首的发达国家政府通过举债的方式向民众进行"直升机撒钱式"补贴，而国外疫情失控使得相关供应链断裂，造成的产能缺口主要由中国尤其是长三角地区出口增加来填补。然而，随着各国宽松货币政策和政府补贴的退出，民众的消费需求下降。随着美联储缩表加息，全球资本市场价格大跳水，各国存放在资本市场的相关企业年金、养老金和个人的资产性收入锐减，这也进一步削弱了民众的消费需求。高通胀和资产性收入下降导致民众收入减少，从而不得不削减支出，最终通过国际订单锐减来影响长三角地区的外贸。

3. 汇率波动加大

外贸企业面临的汇率风险一直是影响其出口决策的重要因素，而美联储在资本市场端的缩表加息操作，各国的汇率普遍出现大幅的变化。现有研究表明，汇率的风险每扩大 1 个标准差，单个贸易商的出口额将降低 1.13%。美联储的缩表加息操作导致以美元为核心的外贸外汇结算体系的风险加剧，长三角地区的外贸企业不得不通过减少出口来降低汇率损失风险。

4. 全球供应链问题改善

2021 年 10 月，全球制造业 PMI 中的供应商交付指数降至 34.8，创历史新低。理论上，由供应链中断以及经济复苏引起的需求增加都会延长交货时间。欧央行对全球 PMI 供应商交货时间的分解结果表明，尽管需求因素发挥了主要作用，但供应链中断使过去六个月交货时间延长 1/3，并且影响不断加深。这与同期纽约联储公布的全球供应链压力指数走势较为一致，2021 年 10 月升至 4.37，创历史新高。虽然两项指标在 11~12 月均有改善迹象，但仍然明显偏离常态水平，反映供应链问题依然严峻。另外，需要指出的是，发达经济体供应商交付时间远超新兴经济体，表现出明显的异质性，这可能与发达经济体需求恢复速度明显快于新兴经济体有关。与供应链中断最相关的因素包括物流受阻、半导体短缺及劳动力短缺。这些因素主要通过两个渠道来推动中国出口额增长。一是凸显了中国供应链的较强韧性，出口增加；二是推高物价，提升价格因素对出口额的贡献。欧央行指出供应链中断问题在 2022 年下半年逐渐改善，但不排除疫情反复情况下，供应链进一步中断的风险。2021 年杜克大学的 CFO 调查显示，大部分受访者认为供应链问题在 2022 年下半年以后改善的可能性较大。由此，随着供应链问题逐步缓解，长三角出口动能可能转弱。

（二）美国对中国战略产业围堵

从美国将华为和中兴等中国公司列入实体名单并实行半导体芯片禁运等制裁措施开始，中美科技竞争日趋激烈。美国对中国的战略性新兴产业的围堵，将严重影响长三角半导体、新能源、新材料等战略性新兴产业在国际市场的出口。2022 年，美国越来越多的相关法案通过，从供应链、知识产权、补贴等方面对初具竞争优势的长三角地区战略性新兴产业进行恶意围堵，阻

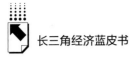

碍了长三角地区以半导体和新能源为代表的战略性新兴产业走向国际市场的步伐。

（三）RCEP 签署窗口期

多哈回合谈判停滞后，区域自由贸易协定成为主流。目前，由东盟发起，中国、日本、韩国及新西兰等国积极参与的大型自贸协议《区域全面经济伙伴关系协定》（RCEP）是促进各国经济增长、推进更加开放融合的亚太经济的新机遇。2019 年 11 月，《区域全面经济伙伴关系协定》（RCEP）完成了整体谈判，并于 2022 年 1 月正式生效。因此中国应充分抓住 RECP 带来的机遇积极融入东盟国家经济发展中，与东盟国家在进出口、基础设施、制造业、服务业、金融业等多维度开展合作是长三角经济稳定增长的核心。东盟是我国第一大贸易伙伴，占我国进出口比重达到 14.9%。其中，对东盟出口额 16935.4 亿元，增长 15.7%，占比为 15.2%；从东盟进口额 12564.3 亿元，增长 4.5%，占比为 14.5%。我国对东盟的马来西亚、印度尼西亚、泰国、新加坡的出口增速较高，其是我国重要的外贸伙伴。RCEP 是全球涵盖人口最多、覆盖区域最广的自贸协定。RCEP 成员国总人口超过 21 亿，GDP 超过 30 万亿美元，核心经济指标占全球的 30% 左右。RCEP 区域内关税水平整体降低有助于企业经营成本下降，增强区域内商贸发展的动力，减少企业经营风险，促进区域内贸易发展，凸显贸易创造效应和贸易转移效应，从而推动长三角地区经济增长。市场准入门槛降低，投资空间进一步拓展，资本、服务、技术等要素流动顺畅，资源得以优化配置，RCEP 使得作为区域经济龙头的长三角地区能够逐步成为产业链和价值链的"雁头"，从而实现经济高质量发展。长三角地区的生产资料主要出口至东盟。未来东盟生产的持续修复，将带动中国生产资料出口。生产资料价格与能源成本的相关性最强。预计未来走强的上游能源价格将驱动生产资料价格提升，从而抬高出口额。由商务部和上海市人民政府主办，中国国际进口博览局、国家会展中心（上海）承办的进口博览会是世界上第一个以进口为主题的国家级展会。办好进口博览会，向东盟、"一带一路"倡议和 CPTPP

协议涉及国家分享中国发展红利，是上海乃至长三角地区促进中国、东盟等国家经济融合发展的重要路径。

（四）上海自贸区"制度型"开放

2018 年 11 月，中央经济工作会议提出要推动由商品和要素流动型开放向规则等制度型开放转变，这是在中央文件中首次出现"制度型开放"。2019 年 3 月在全国两会上，李克强总理在作政府工作报告时指出，要继续推动商品和要素的流动型开放，更加注重规则等制度型开放。2019 年 4 月，习近平总书记在第二届"一带一路"国际合作高峰论坛开幕式上的发言中指出，要加强制度性、结构性安排，促进更高水平对外开放。这标志着中国的对外开放进入了制度型开放新阶段。上海自贸区作为我国最高水平的自贸区，应该成为新时代深化改革开放的试验田，在制度型开放进程中发挥龙头和示范作用，成为推动长三角外贸稳经济的重要载体。上海浦东自贸区具有政策创新和空间资源的双重优势，是联通国内国际两个市场的重要枢纽。尤其需要加速推进境外人民币汇率结算，切实降低企业的汇兑风险与成本，提升我国出口商在国际市场上的竞争力。上海自贸区在发挥外贸稳经济的根本性任务方面要促进国内大循环，围绕企业、要素、产业、市场和政府五个维度推动体制改革，为长三角地区乃至国内大循环清除路障；畅通国内国际双循环，依托要素禀赋使自贸区制度开放走在前列，通过国际化的市场准入标准、统一的法律法规、高效透明的行政服务吸引外资进入长三角地区先进制造业，推动从商品和要素流动型开放转向规则、规制、管理、标准等制度型开放，成为我国"引进来""走出去"的纽带。具体而言，上海自贸区将进一步完善负面清单管理模式。负面清单条款数目缩减固然重要，但形成完整、透明、有效的负面清单管理模式才是高水平投资规则的核心。上海自贸区应在负面清单透明度、市场准入可预期性、商事登记制度、国家安全审查、公平竞争审查等方面进一步探索系统集成，完善负面清单管理模式，并形成可复制、可推广的制度性公共产品。上海自贸区应利用增设新片区和建设"特殊经济功能区"的契机，对标国际自由贸易港的通行做法，在进一

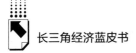

步提升高水平贸易便利化程度的基础上，大胆探索贸易自由化的措施和做法，重点研究贸易、运输、投资、资金、人员和数据等的自由流动，探索转口贸易、离岸贸易、数字贸易、离岸金融等，及时总结相关经验，最终形成相关的制度和规则。对接中美、中欧经贸谈判，"成熟一项、借鉴一项"。上海自贸区应针对 CPTPP、USMCA 等高水平经贸协议中的"边境后"议题和措施，在知识产权保护、竞争中性、技术转让、环境保护等领域进行力度更大的压力测试，并提炼出相应的制度和规则。上海自贸区应基于中国与其他国家达成的多边和双边经贸协议，对标高水平投资贸易规则和标准，全面梳理现有的法律法规和规章制度，向国家相关部门提出立、改、废、行的建议；同时，在上级部门的支持下，率先落实党的十九大提出的"赋予自由贸易试验区更大改革自主权"，进一步完善投资与贸易开放事权的赋权并与法制建设相衔接，在《中国（上海）自由贸易试验区条例》的修订完善中加以体现。制度型开放既包括加快国内的制度、规则与国际通行规则或先进标准接轨，也包括更积极地参与制定国际经贸规则和国际经济治理。在中国的一些优势领域，如跨境电商、移动支付等，上海自贸区应尽快总结经验，参与制定上述领域的国际经贸合作新规则或产业发展新标准，贡献"中国智慧"，提出"中国议题""中国方案"。

（五）优势企业"走出去"，优质外资"请进来"

在逆全球化、主要经济体市场趋于饱和情况下，积极引导长三角地区优质企业在"一带一路"沿线国家和地区投资，使企业成为新经济增长的引领者和重构价值链分工体系的主导者。习近平总书记在推进"一带一路"建设工作 5 周年座谈会上指出，未来"一带一路"建设要聚焦重点，向高质量发展转变。作为"一带一路"建设的实施载体，企业对外投资布局行为是宏观层面"一带一路"建设朝高质量发展的有力保障。因此，企业构建以沿线国家和地区为重点的对外投资布局的驱动机制是亟待探索的重要议题。引导优势企业"走出去"是长三角地区进一步优化产业结构、推进经济高质量发展、稳经济大盘的重要手段。随着中国尤其是长三角地区经济实力的显著增强，我国从资本输入国向资本输出国转变，培育跨国企业是中国的资本和产能进行全球布局的必然。在长三角部分企业面临劳动力成本上涨等压力下，引导优势企业进行跨国布局，利用国际上更具竞争力的资源，是相关产业应对各种挑战，实现高质量发展，稳定经济大盘的重要举措。引导产业资本整合全球范围内的原料、品牌、技术和市场渠道等资源，实现价值链的高端突破，使"中国制造"转型为"中国智造"。

扩大开放与引进优质外资是推动长三角经济持续增长的重要引擎，是提升长三角地区经济发展质量的主要途径。外资高新技术企业有助于把国际先进的经营理念带入中国，其为保持市场领先地位，采取高投入、高研发投入、高风险、高利润模式，成为长三角制造业企业示范；新技术、新制造、新产业的引入，有助于长三角地区引进、培育、完善高科技产业的全球供应链；外资企业具有成熟的国际市场销售渠道和完整的国际产业链条，在进入中国市场后自然也会带入这些国际资源，促进产业国际化，提升中国高端制造业的国际竞争力。外资企业将进一步发挥在我国高端制造领域的催化、倒逼、示范引领等作用，促进我国产业转型升级。将优质外资"请进来"的主要举措是加大对制造业重大外资项目的要素保障力度，在自贸区内积极落实外商投资准入前国民待遇及负面清单管理制度，引导外资更多地投向高端制造领域，全面贯彻落实《外商投资法》。

产业篇

Industry Reports

B.9

2021~2022年长三角地区数字经济
发展分析与展望

徐丽梅[*]

摘 要: 2021年长三角地区数字经济进一步发展。从数字经济基础部分的发展来看,四个省市的电子信息产业都保持了较快的增长速度,尤其是安徽省的增速快于其他三个省市,安徽省新一代信息技术产业产值增长达到31.2%。同时,长三角地区的软件和信息服务业的增速普遍快于信息制造业,尤其是上海市的软件和信息技术服务行业效益较高,以较少的企业数量实现了较高的业务收入和利润。从数字经济与产业融合部分的发展来看,2021年,长三角四个省市的产业数字化规模都超过了1万亿元,其中浙江、江苏和上海排全国数字经济总体指数前五位。2022年,长三角地区的数字经济政策环境进一步优化,数字基础设施进一步完善,数字化转型步伐加快,长三角数字

---

* 徐丽梅,博士,上海社会科学院应用经济研究所副研究员,研究方向为区域经济、数字经济。

一体化发展持续深入。

关键词： 长三角地区　数字经济　数字化转型　长三角一体化

2021 年，全球经济持续受到疫情的影响，增长速度放缓。而疫情期间在线产品和服务的需求增加，中国数字经济进一步发展。中国信息通信研究院（以下简称"中国信通院"）的研究报告显示，2021 年，中国数字经济规模达到 45.5 万亿元，同比名义增长 16.2%，占 GDP 比重达到 39.8%。作为我国重要的经济区域之一——长江三角洲地区（以下简称"长三角"）2021 年数字经济也进一步发展。

一　长三角地区数字经济①发展现状

长三角地区数字经济发展一直在全国处于领先地位。近些年，长三角数字经济规模占全国的 30%以上，占长三角地区的比重超过 40%，有的地区如上海该比重甚至超过 50%。随着数字技术进步及数字化转型升级，2021 年长三角地区数字经济进一步发展，各省市的数字经济发展呈现出不同的特点。

（一）上海市

上海具有良好的工业基础，资金和人才集聚优势明显，能够为数字经济发展提供良好的生态环境。中国信通院发布的《中国数字经济发展报告（2022 年）》显示，2021 年北京、上海两个直辖市的数字经济占比均超过50%。另有数据显示，2021 年，上海市工业增加值首次突破万亿元大关，

---

① 我们沿用对"数字经济"概念的一般认识和上年对"数字经济"的定义，将数字经济分为数字经济基础部分（数字产业部分）和数字经济与产业融合部分（产业数字部分）。

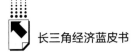

达到 1.07 万亿元；软件和信息服务业营业收入超过 1.26 万亿元，同比增长超 15%，为全市经济增长贡献 40%；在线新经济主要企业营业收入同比增长 40%。① 可见，上海市数字经济的部分领域增速显著。

为继续促进数字经济发展，上海颁布了《上海市数字经济发展"十四五"规划》，提出到 2025 年底，上海数字经济发展水平稳居全国前列，增加值力争达到 3 万亿元，占全市比重超过 60%。上海明确提出"数字经济核心竞争力不断提升"，数字经济核心产业增加值占全市比重达到 15% 左右，规模以上制造业企业数字化转型比例达到 80% 左右，数字经济新动能和经济贡献度跃上新台阶。

（二）江苏省

近年来江苏省数字经济不断发展。2021 年，江苏省数字经济规模超过 5 万亿元，占全国的比重达 11.8%，数字经济核心产业增加值占地区生产总值的比重为 10.3%，两化融合发展水平连续 7 年保持全国第一。②

产业数字化转型是江苏省加快发展数字经济的主战场。2021 年底江苏省启动了制造业智能化改造和数字化转型三年行动计划，对产业数字化转型进行再部署，大力实施智能制造工程，开展工业互联网平台、标杆工厂和"互联网+先进制造业"特色基地创建等，一大批企业"上云"。目前，江苏省有智能制造示范工厂 138 家，其中 9 家企业获评首批国家智能制造示范工厂，"上云"企业累计达 38.2 万家。③ 江苏南京的软件和信息服务业、无锡的物联网两个数字经济产业集群获评国家先进制造业集群，集成电路、软件等数字经济核心产业发展水平稳居全国第一方阵。

江苏省不断加快新型数字基础设施建设，截至 2021 年 9 月底，江苏 5G 基站总数达到 10.2 万个，排全国第二。5G 信号覆盖 100% 的县城城区、

---

① 《产业经济现 4 个破万亿，上海加快布局新赛道》，新华社，2022 年 2 月 27 日。
② 《数字经济赋能江苏高质量发展》，《新华日报》2022 年 8 月 30 日。
③ 《数字经济赋能江苏高质量发展》，《新华日报》2022 年 8 月 30 日。

99%的乡镇镇区,网络基础能力居全国前列。[①] 江苏还实施了"一市一重点平台、一行业一重点平台"培育计划,支持领军平台为工业大数据、工业App和数字化转型解决方案等赋能,累计培育国家"双跨"平台4个、特色专业型平台37个、省级平台109个,为"智改数转"提供坚实的支撑。[②]

(三)浙江省

《浙江省数字经济发展白皮书(2022年)》显示,2021年,浙江全省数字经济增加值达到3.57万亿元,较"十三五"初期实现翻番,占GDP比重达到48.6%。数字经济核心产业增加值达到8348.3亿元,五年年均增长13.3%,两倍于GDP年均增速,数字经济在地区经济中的支柱地位凸显。

浙江省的数字经济发展具有以下特点。一是数字科创动能更加强劲,截至2021年,全省有数字经济高新技术企业1.1万家、科技型中小企业1.8万家,均为2017年的3.4倍;规模以上数字经济核心产业研发强度达到7.3%,是全社会研发投入强度的2.5倍。二是数字产业集群做大做强,2021年,全省规模以上电子信息制造业营业收入达到15916亿元,软件业务收入达到8303亿元;数字安防和网络通信、集成电路、高端软件、智能计算、智能光伏、数字内容六大千亿级数字产业集群的主导地位明显。三是产业数字变革全面深化,浙江利用数字化新技术全链条改造制造业、服务业、农业,产业数字化水平居全国前列。制造业数字化转型步伐加快,累计认定未来工厂32家、智能工厂(数字化车间)423家;获批共建长三角工业互联网一体化发展示范区,培育上云企业47万家。四是数字治理能力显著提升,"掌上办事""掌上办公""掌上治理"之省建设成效显著,"浙里办""浙政钉"成为标志性成果,全省已申请

---

① 《江苏5G基站总数全国排名第二》,南京本地宝,2021年10月22日。
② 《奋力推动产业数字化转型走在前列》,《新华日报》2022年7月19日。

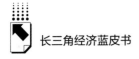

政务服务事项"一网通办"率达到85%。五是数字基础设施优化升级，截至2021年底，全省建成开通5G基站10.5万个，率先实现县城、乡镇全覆盖和行政村基本覆盖；累计建成各类数据中心202个，数量居全国前列。

（四）安徽省

据有关数据，2021年，安徽省数字经济规模达1.3万亿元，占GDP比重约为30.6%，数字经济增速排全国第10位。2021年，安徽省新型显示器件、集成电路、人工智能等国家级战略性新兴产业集群实现营业收入3681亿元。[①]

在电子信息产业方面，近五年来，安徽省电子信息制造业规模以上工业增加值年均增速超过20%，营业收入总量跃居全国同行业第10位。软件和信息服务业增长更为显著，营业收入年均增长约30%。2021年1~8月，安徽省软件服务业实现主营业务收入624.2亿元，同比增长24.1%；完成软件业务收入388亿元，同比增长30.5%。

安徽注重完善数字基础设施。在5G新基建方面，截至2021年9月底，安徽省已建成5G基站47848个；建设5G典型应用场景285个，涵盖智能制造、智慧家电、智能网联汽车等近20个行业，实现5G技术在重点行业全覆盖应用。建立"5G+工业互联网"场景应用项目库，入库项目53个，总投资7.5亿元。[②]

在企业数字化、网络化、智能化转型方面，安徽围绕"上云用数赋智"，大力推动企业数字化转型。截至2021年10月已有超过1.6万家企业与云资源深度对接，[③]安徽省产业数字化成效显著。

---

① 《数字经济加快发展 安徽如何布棋落子?》，新华财经，2022年9月19日。
② 《安徽数字经济规模逾万亿元 已建成5G基站4.7万余个》，中国新闻网，2021年10月26日。
③ 《安徽数字经济规模逾万亿元》，中国新闻网，2021年10月25日。

二 数字经济的产业环境与基础设施

（一）产业环境

2021 年，长三角各地政府制定了新的产业政策，推动数字经济进一步发展。上海、江苏和浙江均制定了数字经济发展"十四五"规划，上海还制定了《推进上海生活数字化转型 构建高品质数字生活行动方案（2021—2023 年）》《推进上海经济数字化转型 赋能高质量发展行动方案（2021—2023 年）》，不仅从经济层面推动产业数字化转型发展，而且注重人们生活方式的数字化和智慧化。浙江制定了《浙江省数字经济促进条例》，从数字基础设施、数据资源、数字产业化、产业数字化、治理数字化等方面提出数字经济发展的目标和措施。安徽制定了《安徽省大数据发展条例》，从数据资源、开发应用、促进措施、安全管理、法律责任等多方面对大数据发展做出规划，从而更好地促进数字经济发展。这些政策和规划有效支持和推动了数字经济的进一步深入发展。表 1 是长三角四个地区 2021 年出台的数字经济相关政策文件。

表 1 2021 年长三角出台的数字经济相关政策文件

地区	时间	政策文件
上海市	2021 年 1 月	《关于全面推进上海城市数字化转型的意见》
	2021 年 7 月	《推进上海生活数字化转型 构建高品质数字生活行动方案（2021—2023 年）》
	2021 年 7 月	《推进上海经济数字化转型 赋能高质量发展行动方案（2021—2023 年）》
	2021 年 10 月	《上海市全面推进城市数字化转型"十四五"规划》
江苏省	2021 年 8 月	《江苏省"十四五"数字经济发展规划》
浙江省	2021 年 6 月	《浙江省数字经济发展"十四五"规划》
	2021 年 6 月	《浙江省推进数字经济发展 2021 年工作要点》
	2021 年 6 月	《浙江省数字经济促进条例》
安徽省	2021 年 3 月	《安徽省大数据发展条例》

资料来源：根据相关政府网站资料整理。

2019 年以来，为贯彻落实中央政策，加快建设智慧政府，全国各地大力发展政务服务平台，以提高为民服务水平。据统计，截至 2021 年 12 月，我国共有政府网站 14566 个，主要包括政府门户网站和部门网站。① 从长三角地区的政府网站数量来看，2021 年安徽省最多，达到 843 个；其次是江苏省，有 661 个，较上年有所增长；再次是浙江省，有 558 个，较上年有所减少；最后是上海市，有 67 个，与上年持平，如图 1 所示。

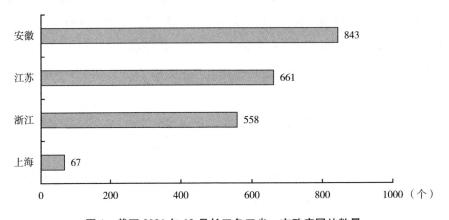

图 1 截至 2021 年 12 月长三角三省一市政府网站数量

资料来源：中国互联网络信息中心：第 49 次《中国互联网络发展状况统计报告》。

此外，产业环境建设也体现在政府服务功能强化上，长三角各地都有政府机构微博，图 2 是人民网数据舆情中心测评的 2021 年长三角四个省市政府机构微博的竞争力指数。竞争力指数是基于传播力、服务力和互动力计算而得，其中传播力是基于微博阅读数、活跃账号数和活跃账号率。从竞争力指数来看，江苏最高，达到 80.29；其后依次是浙江和安徽，分别为 79.32、78.03；最后是上海，为 70.39。从传播力来看，如同上年，安徽省仍然是四个省市中政府机构微博传播力得分最高的，达到 80.77；其次是浙江和江苏，分别为 75.95 和 71.05；最后是上海，为 63.4。政府机构微博的使用情

---

① 《2021 年中国政府网站总体发展状况及发展趋势分析》，智研咨询产业研究，2022 年 4 月 22 日。

况显示了政府在数字化时代利用数字技术和网络手段来加强与民众信息沟通的能力。可以看出，江苏的政府机构微博竞争力最强，安徽的政府机构微博传播力最强；而上海政府机构微博竞争力和传播力都是四个省市中最弱的。上海政府机构微博的绝对数量不及其他三个省市，因此尚不能简单地认为上海的政府机构微博建设不足。

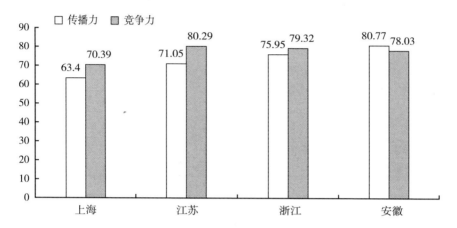

图2　2021年长三角三省一市政府机构微博情况

资料来源：人民网数据舆情中心：《2021年度政务微博影响力报告》。

（二）基础设施

数字基础设施是数字经济发展的基础。近几年长三角地区不断推进数字基础设施和网络设施建设，为数字经济发展提供了良好的条件。表2是2020年长三角各省市互联网宽带接入用户及移动互联网用户情况，① 可以看出，长三角地区互联网宽带接入用户占全国的20.08%，移动互联网用户占全国的17.68%。考虑到长三角地区人口占全国人口的比重为16%左右，则2021年长三角地区互联网基础设施水平高于全国平均水平。

从长三角内部来看，按照人口平均，江苏省平均互联网宽带接入最高，

---

① 数据来自国家统计局网站和《中国统计年鉴》，目前只能获得2020年的数据。

达 0.45，而上海最低，仅为 0.27；如果比较平均移动互联网，则上海最高，为 1.35；安徽最低，仅为 0.82。可见，尽管长三角总体互联网设施水平处于全国领先，但其内部各地具有不同特点。上海的移动互联网设施优势突出，江苏的互联网宽带接入情况更佳。

表 2 2020 年长三角互联网基础设施情况

地 区	互联网宽带接入 用户（万户）	移动互联网 用户（万户）	平均互联网 宽带接入	平均移动 互联网
上 海	919.0	3365.7	0.27	1.35
江 苏	3756.8	8428.7	0.45	0.99
浙 江	2938.8	7041.1	0.42	1.09
安 徽	2093.0	5010.5	0.42	0.82
长三角合计	9707.61	23845.9	—	—
全国合计	48354.95	134851.9	—	—
长三角占全国比例（%）	20.08	17.68	—	—

资料来源：《中国统计年鉴 2021》。

网页数和域名数也可以反映长三角各地数字基础设施完善程度。如图 3 所示，2020 年，网页数最多的是浙江省，有 3704249.3 万个；最低的是安徽省，有 275910.1 万个，但是长三角网页数占全国的比重达到 15.9%；域名数最多的是江苏省，有 206.7 万个；最低的是上海市，有 140.7 万个，长三角域名数占全国的比重为 24.2%。可见，相较于全国，长三角的网页数量相对较低。

专栏 1：2021 年上海新一代信息基础设施发展十件大事

上海获评全国首批"千兆城市"：2021 年 12 月 24 日，工业和信息化部正式宣布上海等 15 个省（自治区、直辖市）的 29 个城市达到了千兆城市评价标准，建成了全国首批"千兆城市"。

上海市人民政府分别与中国电信、中国移动、中国联通签署"十四五"战略合作协议：通过"十四五"战略合作协议的签署，深化上海与中国电

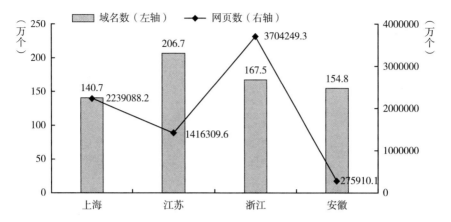

图3　2020年长三角三省一市的网页数和域名数

资料来源:《中国统计年鉴2021》。

信、中国移动、中国联通合作对接,共同夯实城市数字底座,共同发展新应用新业态,加强科技创新突破。

实施"为困难家庭免费升级百兆宽带"实事项目:为践行"人民城市人民建、人民城市为人民"的重要理念,加快建设"双千兆宽带城市",让更多家庭尽快享受到百兆宽带,享受到上海信息化快速发展的红利,"为困难家庭免费升级百兆宽带"实事项目被列为2021年上海市为民办实事项目,共有92万户上网困难家庭受益。

开展5G+医疗健康应用试点项目申报工作:2021年,为充分发挥5G技术特点,丰富5G在医疗健康行业应用场景,市经济信息化委联合市卫生健康委组织开展了上海市5G+医疗健康应用试点项目遴选工作,认定了两批5G+医疗健康应用试点项目。

试点打造全国首个人工智能公共算力服务平台:以"提供普惠算力资源、扶持国产算法框架、打造算法孵化平台、创新数据应用模式"为目标,统筹推进本市人工智能计算公共服务平台建设。

举办第四届"绽放杯"5G应用征集上海大赛:2021年,第四届"绽放杯"5G应用征集大赛上海分赛成功举办。大赛面向生活、产业、党建和城市治理几大应用板块,涵盖智慧党建、智能制造、智慧枢纽、金融服务、智

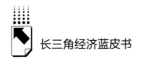

慧医疗等 10 条赛道，向社会各界征集 5G 创新应用。来自上海的参赛项目共斩获全国总决赛二等奖 3 项、三等奖 2 项、优秀奖 4 项。

举办 2021 "IPv6+" 创新城市高峰论坛：2021 年 9 月 10 日，"IPv6+" 创新城市高峰论坛在上海、北京两地顺利举办。会上发布了《上海 IPv6 创新发展白皮书》、启动了 "IPv6+" 创新之城，并揭牌 "IPv6+" 联合创新中心。

举办首届 "光华杯" 千兆光网应用创新大赛：2021 年 9 月 28 日，由中国信息通信研究院联合市经济信息化委、上海市通信管理局主办的首届 "光华杯" 千兆光网应用创新大赛启动仪式在北京国家会议中心举行。

《上海市移动通信用户感知度测评报告（2020）》发布：2021 年 3 月，为持续提高各类移动通信用户的感知度与体验度，提升网络供给能力和网络服务质量，中国社会科学院、上海市人民政府、上海研究院和上海泰峰检测认证有限公司发布《上海市移动通信用户感知度测评报告（2020）》。

发布《上海市新一代信息基础设施发展 "十四五" 规划》：《上海市新一代信息基础设施发展 "十四五" 规划》提出，"十四五" 期间，上海将构建以泛在智能、融合高效、绿色开放为显著特征的国际一流新一代信息基础设施体系。

三 长三角地区数字经济基础部分的发展

数字经济的基础部分主要是指传统意义上的电子信息产业，包括电子信息制造业、软件和信息技术服务业两部分。作为国民经济的支柱产业，2021 年，长三角地区电子信息产业对经济增长的贡献率超过了 10%。

（一）电子信息制造业

2021 年，长三角地区电子信息制造业总体保持增长态势，但各省市的发展特点不同。

2021 年，上海市新一代信息技术产业总产值为 5422.21 亿元，仅比上年增长 0.9%，占 GDP 比重达到 12.5%。重点领域之一的集成电路产业依然保持了较快增长态势，集成电路产量为 364.95 亿块，增长 19.8%。①

2021 年，江苏省规模以上工业中数字产品制造业增加值比上年增长 19.7%，高于规模以上工业 6.9 个百分点。智能制造、新型材料、新型交通运输设备和高端电子信息领域的新产品产量实现较快增长，新能源汽车、城市轨道车辆、3D 打印设备、集成电路、服务器等产量比上年分别增长 198%、5.9%、64.3%、39.1%、67.3%。②

2021 年浙江省数字经济核心制造业增加值增长 20.0%，增速比规模以上工业高出 7.1 个百分点。高新技术产业、战略性新兴产业、人工智能产业和高新技术产业增加值分别增长 17.1%、17.0%、16.8% 和 14.0%。在战略性新兴产业中，新一代信息技术产业增加值增长 18.7%。③

2021 年，安徽省新一代信息技术产业产值增长 31.2%，计算机、通信和其他电子设备制造业增长 33.2%，工业产品中微型计算机设备和移动通信手持机产量分别增长 19.1% 和 5.7%。④

表 3 是 2021 年长三角三省一市电子信息制造业主要产品产量/产值及其增长情况。

表 3　2021 年长三角三省一市电子信息制造业主要产品产量/产值及增长速度

地区	产品名称	单位	产量/产值	比上年增长(%)
上海	智能电视	万台	153.5	0.1
	智能手机	万台	2892.2	−24.1
	服务器	万台	35.0	27.7
	笔记本计算机	万台	1950.0	31.9
	工业机器人	万台	7.2	34.6
	集成电路圆片	亿块	365.0	19.8

① 《2021 年上海市国民经济和社会发展统计公报》。
② 《2021 年江苏省国民经济和社会发展统计公报》。
③ 《2021 年浙江省国民经济和社会发展统计公报》。
④ 《2021 年安徽省国民经济和社会发展统计公报》。

续表

地区	产品名称	单位	产量/产值	比上年增长(%)
江苏	微型电子计算机	万台	5472.2	10.4
	光纤	万千米	14074.1	6.8
	智能手机	万台	3406.2	-30.1
	集成电路	亿块	1186.1	39.1
	智能电视	万台	450.0	-3.5
浙江	微型计算机设备	万台	190.7	38.4
	集成电路	亿块	229.7	43.6
	电子元件	亿只	1607.9	45.0
	智能手机	万台	2936.1	-13.0
	工业机器人	套	23363.0	29.6
	3D打印设备	台	1898.0	258.8
	光电子器件	亿只	655.8	14.8
安徽	移动通信手持机	万台	96.6	5.7
	工业机器人	套	12906.0	-4.0
	微型计算机设备	万台	3694.8	19.1

资料来源：2021年各省市国民经济和社会发展统计公报。

（二）软件和信息技术服务业

2021年，长三角地区软件和信息技术服务业快速增长，软件服务收入增长速度超过了9%，部分行业增长尤为明显，如江苏省规模以上服务业中互联网和相关服务业营业收入比上年增长27.5%；安徽省信息传输、软件和信息技术服务业增加值达964亿元，增长10.6%。[①] 综合来看，2021年长三角地区的软件和信息技术服务业发展呈现出与前两年相似的特点。

首先，从产业结构角度看，长三角地区软件和信息技术服务业呈现快速增长态势。例如，2021年上海市软件和信息技术服务业营业收入同比增长超15%，对全市GDP增长贡献40%。[②] 2021年1~5月，浙江省实现软件业

[①] 2021年各省市国民经济和社会发展统计公报。
[②] 《产业经济现4个破万亿，上海加快布局新赛道》，新华社，2022年2月27日。

务收入 3069.9 亿元，同比增长 15.0%。杭州市规模以上信息传输、软件和信息技术服务业实现营业收入 10889 亿元，占规模以上服务业的 63.3%，增长 17.7%；互联网和相关服务实现营业收入 4653 亿元，增长 15.8%。① 安徽省信息传输、软件和信息技术服务业增长 10.6%，其中物联网技术服务、互联网生活服务平台等新兴领域营业收入分别增长 54.8%、38.2%。②

其次，从全国角度看，长三角地区软件和信息技术服务业增速全国领先。一是长三角地区的软件业务收入排全国前列。根据 2021 年软件和信息技术服务业统计公报，江苏、浙江和上海三个省市进入全国软件业务收入前十名，软件业务收入累计增速都超过 10%，分别为 11.5%、18.0% 和 19.1%（见图 4）。二是长三角地区软件企业的效益较高，软件企业数量占全国的 27%，软件服务业收入和利润总额分别占全国的 30.9% 和 38.7%（见表 4），可见长三角地区以较少数量的企业实现了较高的收入和利润水平，软件企业效益较高。

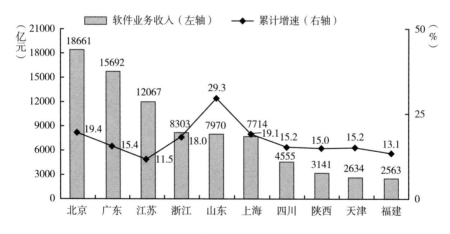

图 4 2021 年我国前十位省市软件业务收入情况

资料来源：中国工业和信息化部网站：http://www.miit.gov.cn/。

① 浙江政务服务网。
② 安徽省统计局，2021 年全省经济运行情况。

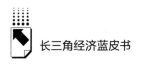

表4　2021年1～11月长三角地区软件和信息技术服务业收入情况

地　区	企业数（家）	软件服务业收入		利润总额	
		本期累计（万元）	同比增减（%）	本期累计（万元）	同比增减（%）
全　国	40527	731416260	12.5	90088179	7.1
上　海	1750	61185953	11.2	8175771	8.0
江　苏	6183	96958486	10.9	10439187	4.2
浙　江	2200	63243696	15.8	15670026	11.2
安　徽	823	4702206	9.1	592907	-0.5
长三角合计	10956	226090341	—	34877891	22.9
长三角占全国比重（%）	27.0	30.9	—	38.7	—

资料来源：中国工业和信息化部网站，http：//www.miit.gov.cn/n11293472/index.html。

第三，从长三角内部的地域结构看，三省一市软件和信息技术服务业发展差异较大。根据工业和信息化部2021年1～11月的统计数据，在软件服务业收入增长方面，只有浙江一省超过全国平均水平，其他省市都低于全国平均水平。在利润总额增长方面，只有浙江和上海超过了全国平均水平，江苏和安徽都低于全国平均水平，安徽的利润总额增速甚至为负。也可以看到，上海市的软件和信息技术服务业发展质量较高，相对于长三角其他省份，上海以较少的企业数量实现了较高的业务收入和利润。

专栏2：安徽省加快推动新一代信息技术产业发展

近年来，安徽省坚持把新一代信息技术产业作为战略性新兴产业发展的重点，逐步形成"芯屏器合""大智移云"产业体系，成为在全国具有重要影响力的新一代信息技术创新策源地和产业聚集地。2021年上半年，全省新一代信息技术产业产值增长45.5%，占全部规模以上工业的比重为8%左右；合肥集成电路、新型显示器材、人工智能产业和铜陵先进结构材料产业均入选国家第一批战略性新兴产业集群；全省26个重大新兴产业基地中，涉及新一代信息技术产业的有 11 个，分布在合肥、芜湖、蚌埠、滁州等地。

根据《新一代信息技术产业"双招双引"实施方案》，安徽聚焦"8+1"重点领域，加快发展集成电路、新型显示、智能终端、工业互联网、5G/6G、空天信息、云计算和大数据、软件和信息技术服务等 8 个新兴产业，超前布局量子科技 1 个未来产业。安徽省将锚定"万亿级"目标，聚焦核心竞争力提升，布局优势资源，强化多链协同，推动新一代信息技术产业更好更快发展。

此外，安徽省人民政府印发《加快发展数字经济行动方案（2022—2024 年）》，提出"数字产业能级提升行动"，推进新一代信息技术、人工智能等产业补链延链固链强链。大力发展新型显示、集成电路、整机终端等，到 2024 年电子信息制造业规模力争突破 6000 亿元。加快发展软件和信息技术服务业，到 2024 年软件和信息技术服务业主营业务收入达 2500 亿元。支持数字产业集群发展，中国声谷营业收入力争超过 3500 亿元。

四　长三角地区数字经济与产业融合部分的发展

2021 年，随着产业数字化的推进，长三角地区数字经济与产业融合发展仍然处于全国领先地位。

由于数字经济与产业融合的部分没有具体的统计数据，下文将根据相关的研究资料，利用数字化指数对长三角地区数字经济与产业融合部分作一分析。

（一）总体数字指数

根据国家工业信息安全发展研究中心编制的《全国数字经济发展指数（2021）》，截至 2021 年 12 月，我国数字经济持续稳步增长，全国数字经济发展指数为 130.9，环比增长 2.4%，同比增长 15.3%。

2021 年，长三角地区数字经济发展水平在全国名列前茅。江苏、浙江和上海均排全国前 5 名，数字经济发展指数分别为 199.5、189.9、185.0，

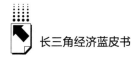
分别排全国第 3、第 4 和第 5 位，排名居广东和北京之后，广东和北京的数字经济发展指数都超过了 200。安徽是长三角地区数字经济总体发展水平较落后的，数字经济发展指数仅为 116，排全国前 20 名。

从数字经济的具体发展来看，根据中国信通院发布的《中国数字经济发展报告（2022 年）》，2021 年，江苏、浙江、上海和安徽的产业数字化规模都超过了 1 万亿元。从数字经济占 GDP 比重来看，上海、浙江、江苏等省市的数字经济占比都超过了全国平均水平；从数字经济发展速度看，浙江、安徽等省市的数字经济增速都超过了全国平均水平。

（二）数字产业化

数字产业化是将数字化的知识和信息转化为生产要素，通过信息技术创新和管理创新形成数字产品和服务，如电子信息制造业、软件服务业、互联网服务业等都是基于数字技术的产业。根据中国信通院的《中国数字经济发展报告（2022 年）》，2021 年我国数字产业化增加值规模达 8.4 万亿元，比上年增长 11.9%，占 GDP 比重为 7.3%。

就各省市而言，根据《全国数字经济发展指数（2021）》，2021 年，广东省是我国数字产业化水平最高的省份，数字产业化指数达到 109.3；其次是北京市，数字产业化指数为 108.4，这两个地区是我国仅有的数字产业化指数超过 100 的地区。长三角地区数字产业化指数最高的省份是江苏省，为 99.9；其次是上海市，数字产业化指数为 93.7；排第三的是浙江省，数字产业化指数低于 90，为 86.3；排第四的是安徽省，数字产业化指数仅为 43.6，与前三个省市的差距较大（见图 5）。这一部分的具体发展情况在前文已有论述。

（三）产业数字化

产业数字化一般是指运用新一代数字与通信技术对传统产业链进行数字化升级、改造和转型的过程，从而达到数据赋能、价值释放的目的。2021年，我国产业数字化水平最高的是浙江省，产业数字化指数达到 78.4；其

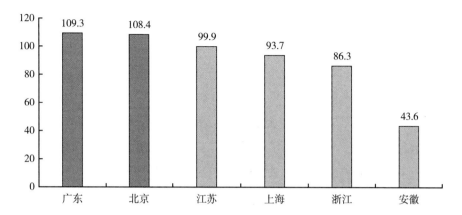

图5 2021年部分地区数字产业化指数

资料来源：国家工业信息安全发展研究中心：《全国数字经济发展指数（2021）》。

次是江苏省，产业数字化指数为75.1，远高于广东和北京；上海的产业数字化指数为64.0，不及浙江和江苏；安徽的产业数字化指数只有51.5，更是远远低于上述地区（见图6）。产业数字化是通过数字化改造对传统产业赋能的过程，可以看出，浙江和江苏有较好的工业基础，在传统产业的数字化改造方面大有潜力，而安徽的数字化转型还有较大的提升空间。

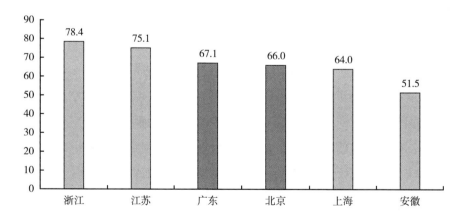

图6 2021年部分地区产业数字化指数

资料来源：国家工业信息安全发展研究中心：《全国数字经济发展指数（2021）》。

从各地的具体情况来看，近几年江苏加快推进产业数字化进程，2021年底至2022年初，进一步部署了产业数字化政策，支持制造业企业智能化改造和数字化转型，《江苏省制造业智能化改造和数字化转型三年行动计划（2022—2024年）》聚焦重点先进制造业集群和重点产业链，大力实施"十大工程"，加快推动企业"智改数转"，深入推动数字化转型发展。浙江早在2017年就启动了数字经济"一号工程"，2021年实施了36个产业集群新智造和33家"未来工厂"试点，从数字化智能工厂到"未来工厂"、从企业上云到"产业大脑"，积极打造"浙江制造"。上海一直重视产业数字化，2021年1月发布《关于全面推进上海城市数字化转型的意见》，提出加快推动数字产业化、产业数字化，放大数字经济的辐射带动作用，助力"五型经济"发展。2021年，上海制造业数字化发展水平居全国第一梯队；工业互联网平台普及率19.1%，居全国第1；工业云平台使用率61.1%，居全国第3；数字化研发设计工具普及率87.7%，居全国第2。[①] 安徽也努力推进传统产业改造和新兴产业壮大，大力推动制造业向智能化、数字化转型。

（四）数字化治理

数字化治理是指利用以大数据、人工智能、云计算、区块链等为代表的数字技术，重塑政府治理流程、提升治理的精准化与高效化水平，主要体现在数字政府建设、新型智慧城市建设等方面。2021年，上海数字化治理指数居全国首位，达到27.3，不仅高于北京和广东，而且高于长三角其他省市。浙江数字化治理指数为25.2，江苏为24.5，数字化治理水平低于上海；安徽数字化治理指数只有20.9，远远低于长三角其他省市（见图7）。可以看出，上海的数字化治理水平在全国范围内也算比较突出的，而安徽省的数字化治理水平则有较大提升空间。

---

① 资料来源：上海公布2021年工业互联网促制造业数字化转型十件大事，质科院深度参与其中六件。

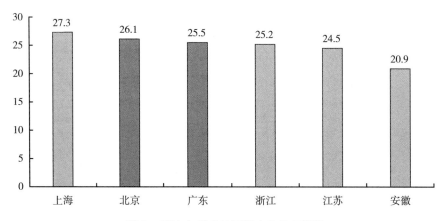

图 7　2021 年部分地区数字化治理指数

资料来源：国家工业信息安全发展研究中心：《全国数字经济发展指数（2021）》。

在具体工作的推进上，上海是在省级政府层面率先提出建设"智慧政府"的城市，"一网通办"接入事项达 2000 多个，近 50 个部门的 180 个系统接入"一网统管"；对于市民而言，一部手机就可以行遍全城。上海也因此在 2020 年全球智慧城市大会上，从全球 350 个城市中脱颖而出，获得世界智慧城市大奖。2021 年以来浙江以建设"经济调节 e 本账"应用为核心，加快构建定量闭环的治理体系，推动跨部门业务协同、数据共享，构建政府、企业、行业大协同机制。2021 年 6 月，浙江印发《浙江省数字政府建设"十四五"规划》，提出到 2025 年，形成比较成熟完备的数字政府体系，基本建成"整体智治、唯实惟先"的现代政府。江苏省的数字政务建设也不断取得突破。江苏制定了实施数字政府建设 22 条意见，扎实推进"一网通办""一网统管"，并着力打造"苏服办"，目前已汇聚各类政务事项 190 万项，92.5%的审批事项可网上办理。2021 年 8 月，《江苏省"十四五"数字政府建设规划》发布，提出到 2025 年基本建成基于数字和网络空间的唯实领先的数字政府。安徽省以"互联网+政务服务"和"互联网+监管"为抓手，持续推进"一网一门一次"改革，不断提高政府效能，探索推出"慧办事、慧审批、慧监管"的智慧政务新模式，省级政府网上政务服务能力居全国前列。

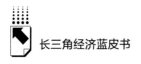

专栏3 长三角三省一市"十四五"期间智慧政府建设目标

地区	文件	"十四五"期间智慧政府建设目标
上海	《上海市全面推进城市数字化转型"十四五"规划》	到2025年,上海全面推进城市数字化转型取得显著成效,对标打造国际一流、国内领先的数字化标杆城市,基本构建起以底座、中枢、平台互联互通的城市数基,经济、生活、治理数字化"三位一体"的城市数体,政府、市场、社会"多元共治"的城市数治为主要内容的城市数字化总体架构,国际数字之都建设形成基本框架,为2035年建成具有世界影响力的国际数字之都奠定坚实的基础
浙江	《浙江省数字政府建设"十四五"规划》	到2025年,形成比较成熟完备的数字政府实践体系、理论体系、制度体系,基本建成"整体智治、唯实惟先"的现代政府,省域治理现代化先行示范作用显现
江苏	《江苏省"十四五"数字政府建设规划》	到2025年,基本建成基于数字和网络空间的唯实领先的数字政府,适应在率先实现社会主义现代化上走在前列的要求,"用数据服务、用数据治理、用数据决策、用数据创新"形成常态,政府效能显著提升,数字化、智能化、一体化水平居全国前列
安徽	《安徽省"数字政府"建设规划(2020—2025年)》	到2022年底,建成政府对外服务一体化、内部协同一体化、线上线下一体化的线上政府。基础支撑和数据资源体系更加完备,政府治理能力和治理水平显著提升,营商环境大幅改善,进入全国"数字政府"建设第一梯队

五 2022年长三角地区数字经济发展形势

2021年,长三角地区面临疫情冲击,数字经济进一步发展。2022年,长三角地区数字经济呈现出以下新的发展面貌。

(一)数字经济政策环境进一步优化

疫情给世界经济造成很大的负面冲击,但与此同时,数字经济发展的重要性也日益凸显。各地政府更加重视数字经济的发展,不断出台新的政策,为数字经济深入发展创造良好的政策环境。2022年,上海出台了《上海市培育"元宇宙"新赛道行动方案(2022—2025年)》,加强元宇宙新赛道布局，培育壮大发展新动能。在《上海市数字经济发展"十四五"规划》中提出新的发展目标，到 2025 年底，上海数字经济发展水平稳居全国前列，增加值力争达到 3 万亿元，占全市生产总值的比重高于 60%，国际数字之都形成基本框架体系。江苏不断完善数字经济发展环境，2022 年 7 月出台《江苏省数字经济促进条例》，依法健全机制、完善政策，加强数据资源利用和保护，推动制造业数字化。江苏分别于 2022 年 1 月和 4 月出台《江苏省制造业智能化改造和数字化转型三年行动计划（2022—2024 年）》和《关于全面提升江苏数字经济发展水平的指导意见》，全面推进经济社会数字化转型，培育数字经济新优势。安徽省印发《加快发展数字经济行动方案（2022—2024 年）》，实施数字科创行动、产业数字化转型行动、数字产业能级提升行动、数字基础设施建设行动和数据价值提升行动，提出到 2024 年力争产业数字化转型迈上新台阶、数字产业化水平显著提升、数字基础设施不断完善等。2022 年长三角地区的数字经济发展环境进一步改善。

（二）数字基础设施进一步完善

近几年长三角各地积极推进数字基础设施建设。2021 年 8 月，《长三角区域一体化发展信息化专题组三年行动计划（2021—2023 年）》提出，将合力构建形成数字基础设施共建共享、数字产业联动互补、数字智治高效协同的"数字长三角"发展新格局。截至 2022 年 7 月，长三角三省一市累计建成 5G 基站 44.53 万个，约占全国的 1/4，投资超过 2000 亿元。同时，推进 5G 创新应用项目超 5000 个，组织实施"5G+工业互联网"融合应用项目 1352 个；培育了 177 个省（市）级工业互联网重点平台；工信部新一代信息技术与制造业融合发展示范项目 51 个，占全国的 26.3%；工业互联网平台创新领航应用案例 49 个，占全国的 35%。与此同时，为推动国家算力枢纽长三角节点建设，上海超算中心、无锡超算中心、昆山超算中心、乌镇之光（桐乡）超算中心及合肥先进计算中心等相继建成。[①] 2022 年 2 月，《长

[①] 《完善基础设施体系　打造数字经济高地——长三角携手迈向"数三角"》，浙江省人民政府网站，2022 年 8 月 10 日。

三角数字干线发展规划纲要》出台，为共同推进生活数字化、治理数字化，协同打造一流新型基础设施的数字创新发展带做出规范，并且提出"完善信息基础设施，加强智能基础设施建设，打造数字新基建现代化建设新高地"的目标。总之，数字基础设施不断完善，为长三角地区数字经济发展提供了良好的基础条件。

（三）数字化转型步伐加快，产业数字化向纵深发展

近几年，数字化转型几乎成为必然趋势。长三角各地积极推动数字化转型，进而推动经济高质量发展。上海于 2020 年底公布了《关于全面推进上海城市数字化转型的意见》，提出要坚持整体性转变，推动"经济、生活、治理"全面数字化转型。2022 年 7 月上海出台《上海市培育"元宇宙"新赛道行动方案（2022—2025 年）》，提出培育 10 家以上具有国际竞争力的创新型头部企业和"链主"企业，打造 100 家以上掌握核心技术、高能级、高成长的专精特新企业。企业数字化转型努力接轨数字经济最前沿。2022 年 1 月，江苏出台的《江苏省制造业智能化改造和数字化转型三年行动计划（2022—2014 年）》提出，要实现制造业数字化、网络化、智能化水平显著提升，制造业综合实力显著增强，率先建成全国制造业高质量发展示范区，与此同时，将实施数字核心产业加速、制造业数字化转型、数字政府加速建设等七个专项行动。浙江省出台了《浙江省人民政府关于深化数字政府建设的实施意见》，提出全面推进政府数字化履职能力体系建设的 6 个方面举措、24 项具体任务，以推动数字政府建设。安徽加快建设合肥国家级互联网骨干直联点，加强 5G 网络建设，力争每万人拥有 5G 基站超过 19 个，同时加快全国一体化算力网络长三角国家枢纽节点芜湖数据中心集群建设，推进合肥先进计算中心二期建设等，为数字化转型做好保障。[①] 可见，各地政府不仅出台支持政策，而且在实际工作中积极推动数字化转型发展。

---

① 《我省加快发展数字经济》，安徽省人民政府网站，2022 年 9 月 19 日。

（四）长三角数字一体化继续深入发展

2019 年党中央和国务院印发的《长江三角洲区域一体化发展规划纲要》提出"共同打造数字长三角"；2021 年《长三角区域一体化发展信息化专题组三年行动计划（2021—2023 年）》提出要通过三年努力使长三角区域新一代数字基础设施建设水平全球领先。长三角数字一体化发展不断推进。在迈向更高质量一体化的过程中，长三角积极培育数字产业集群，加快构建协同创新体系。相关数据显示，长三角集成电路产业规模占全国的 60%，生物医药和人工智能产业规模均占全国的 1/3，新能源汽车产量约占全国的 38%，信息技术和高科技产业在全国占有重要地位。与此同时，长三角不断推进数字基础设施建设，在 5G 网络全面覆盖的基础上，三省一市联合启动建设长三角算力枢纽节点，如长三角生态绿色一体化发展示范区、安徽芜湖设立国家数据中心集群。[①] 据悉，未来长三角三省一市将加快推进 5G 基站建设，深化 5G 在 15 个重点领域的融合应用，打造和推广一批 5G+示范应用范例，遴选一批优秀工业互联网应用解决方案，形成一批可复制、可推广的典型模式和应用场景。长三角还将推进省市数据交易机构合作，建立合规、高效的数据要素流通和交易制度；联合开展"长三角信息消费示范城市行"活动，促进信息消费。在高质量一体化发展的背景下，长三角数字一体化发展不断深入。

专栏 4：长三角省市数字化转型路线图

1. 上海：聚力推进城市数字化转型

聚力推进城市数字化转型，加快建设具有世界影响力的国际数字之都。

加快推动经济数字化，支持数字技术创新，促进数字经济和实体经济融合发展。

推动数字技术对传统产业进行全方位、全链条改造。

---

① 《数字化新亮点频现　长三角迈向更高质量一体化》，新华网，2022 年 8 月 31 日。

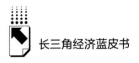

加快推动生活数字化，深入推进教育数字化转型试点，促进数字教育资源和重点应用场景共建共享。

加快推动治理数字化，推进"一网通办"迭代升级，布局全域应用场景。

2. 江苏："智改数转"

把做强做优做大数字经济作为江苏转型发展的关键。

把智能化改造、数字化转型（"智改数转"）作为重要抓手，加快工业设备和业务系统上云。

培育一批智能制造示范工厂、工业互联网平台和"互联网+先进制造业"特色基地，积极创建国家级"5G+工业互联网"融合应用先导区。

支持5000家以上规上工业企业实施"智改数转"，鼓励优秀外资企业、民营企业、大型平台输出"智慧脑"，带动中小企业开展"智改数转"，让广大企业真正"敢转""愿转""会转"，加快形成"雁阵"效应。

聚焦16个先进制造业集群，持续实施"产业强链"和"百企引航、千企升级"行动。

深入推动产业转型升级优化布局，抢抓战略性新兴产业发展的新"窗口期"。

3. 浙江：数字经济"一号工程"

做大做强数字安防、集成电路、智能计算和智能光伏等产业，推进类脑智能、量子信息等未来产业发展。

迭代升级数字化改革，完善数字化改革体系架构。

充分发挥数字化改革的牵引撬动作用，主动作为、积极变革，推动体制机制实现系统重塑。

4. 安徽：实施二产"提质扩量增效"行动计划

深化数字赋能，推广应用工业机器人8000台，新增智能工厂、数字化车间200个，滚动实施亿元以上技改项目1200项。

按照"4116"目标，推动新一代信息技术、汽车及零部件、装备制造、新材料4个优势产业向万亿级迈进。

推进工业互联网赋能增效，加快"双跨"平台培育和引进，扩容升级"羚羊"综合服务平台。

资料来源：腾讯网。

B.10
2021~2022年长三角地区工业发展报告

张美星*

摘　要： 2021年，面对世纪疫情和百年变局交织的严峻形势，长三角地区积极应对各种风险挑战，经济运行稳定恢复、稳中向好。工业经济快速复苏，投资增长步伐加快，经济效益分化明显，工业资产快速积累。从重点行业发展水平看，计算机、通信和其他电子设备制造业稳步增长，逆转上年下降趋势，集成电路等工业产品产量大幅增长；化学原料和化学制品制造业保持绝对领先优势；各省市电气机械和器材制造业均实现较快增长；汽车制造业效益快速复苏，新能源汽车产量接近翻倍。2022年是党的二十大召开之年，也是全面落实省第十四次党代会精神的开局之年。长三角地区将站在更高的起点推进经济高质量发展，培育壮大先进制造业集群，加快促成产业链区域化。

关键词： 长三角地区　制造业　经济效益

2021年是党和国家历史上具有里程碑意义的一年。在中国共产党成立一百周年之际，第一个百年奋斗目标已经实现，开启向第二个百年奋斗目标进军新征程，沉着应对百年变局和世纪疫情，构建新发展格局迈出新步伐，高质量发展取得新成效，国家战略科技力量加快壮大，产业链韧性得到提升，实现"十四五"良好开局。2021年中国经济持续复苏、平稳运行，实

---
* 张美星，经济学博士，上海社会科学院信息研究所助理研究员，研究方向为科技创新、宏观经济发展。

现了 8.1% 的经济增速，GDP 突破 110 万亿元大关。长三角地区经济总量继续保持全国 1/4 的比重，是中国经济重要的增长极和最具活力的区域之一。当前，长三角地区着力打造优势产业集群，围绕集成电路、生物医药、人工智能等战略性新兴产业和先进制造业，不断提升在全球价值链中的地位。本报告将在分析长三角地区工业经济运行概况的基础上，全面分析工业生产、投资、效益等发展情况，深入研究地区及各省市重点行业发展态势，进一步对工业发展趋势进行展望。

一 2021年长三角工业经济运行概况

（一）工业经济快速复苏

2021 年长三角地区经济快速增长，实现生产总值 276054.3 亿元，同比增长 12.8%，较全国增速高 4.7 个百分点，与上年相比大幅上升近 10 个百分点，经济韧性和活跃度领跑全国。2021 年长三角地区继续保持全国 24% 的经济总量占比，经济发展的重要性不言而喻。区域内三省一市经济总量差距明显，从地区生产总值上看，江苏位居长三角地区第 1、全国第 2，仅次于广东，2021 年地区生产总值达到 116364.2 亿元；浙江位居长三角地区第 2、全国第 4，GDP 排在山东之后，2021 年地区生产总值为 73516 亿元；上海、安徽 GDP 差距不大，均在 4.3 万亿元左右，分列长三角地区第 3、第 4 位。从增速上看，长三角地区三省一市齐头并进，增速均在 8% 以上，其中江苏增速最快，达到 8.6%，位居末尾的上海增速也仅较江苏慢 0.5 个百分点。在城市层面上，2021 年上海作为当之无愧的长三角龙头，经济总量突破 4 万亿元，在全国 24 个万亿级城市中，长三角占 8 席，包括上海、杭州、南京、合肥、苏州、宁波、无锡及南通，成为全国万亿级城市分布最集中的区域。此外，长三角还有 10 个城市入围 2021 年全国城市经济总量 50 强，分别是常州、徐州、温州、绍兴、扬州、盐城、嘉兴、泰州、台州、金华。

2021 年，长三角地区实现工业增加值 89200.5 亿元，同比增长 12%，增

速是上年的近3倍，增长迅速，与全国总体增长速度相比高2.4个百分点，具
有较明显的领先优势。2021年长三角地区工业增加值占全国的26%，与上年
持平。分省市看，2021年长三角三省一市工业增加值增速较上年均有显著跃
升，实现快速增长。在工业增加值方面，江苏居长三角地区首位，以46911亿
元的工业增加值遥遥领先；其他省市工业增加值均未超过2万亿元，其中浙江
位列第二，但工业增加值仅为江苏的四成左右；2021年上海工业增加值规模
首次突破万亿元，列长三角地区末位。增速方面，三省一市中除安徽外工业
增加值增速均在10%以上，其中江苏、浙江基本持平，分别为12.8%、12.9%，
列第四的安徽工业增加值增速仅为8.9%，但较上年仍增长3.8个百分点。

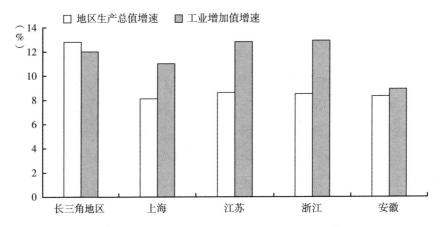

图1 2021年长三角地区生产总值与工业增加值增速

资料来源：国家统计局及各省市统计公报。

表1 2019~2021年长三角地区生产总值与工业增加值及其增速

单位：亿元，%

地　区	地区生产总值				工业增加值			
	规模	增速			规模	增速		
	2021年	2019年	2020年	2021年	2021年	2019年	2020年	2021年
长三角地区	276054.3	6.5	3.1	12.8	89200.5	5.6	4.1	12.0
上　海	43214.9	6.0	1.7	8.1	10718.7	0.4	1.4	11.0
江　苏	116364.2	6.1	3.7	8.6	46911.0	6.2	6.1	12.8

续表

地 区	地区生产总值				工业增加值			
	规模	增速			规模	增速		
	2021 年	2019 年	2020 年	2021 年	2021 年	2019 年	2020 年	2021 年
浙 江	73516.0	6.8	3.6	8.5	18870.7	6.6	5.4	12.9
安 徽	42959.2	7.5	3.9	8.3	12700.1	7.5	5.1	8.9

注：部分省份工业增加值数据由笔者根据最后公布年份数值及近年增速计算得到。
资料来源：国家统计局及各省市统计公报。

2021 年长三角地区规模以上工业企业营业收入实现快速增长，三省一市差异明显。2021 年，中国规模以上工业企业营业收入为 1083658.4 亿元，同比增长 2.1%。长三角地区完成规模以上工业企业营业收入 340562.44 亿元，较上年大幅增长 23.2%，增速较上年扩大 20.7 个百分点，占全国总营收的 31%，份额较上年提高 5 个百分点。分省市看，规模方面，江苏保持领先优势，2021 年实现规上工业企业营业收入 149920.66 亿元，占长三角地区的 44%，与上年基本持平；浙江位居第二，实现 100301.65 亿元营收；安徽、上海营业收入规模接近，均在 4.5 万亿元左右。从增速上看，2021 年三省一市均实现正增长，且增幅较大，浙江增长最快，达 29.1%，江苏、安徽增速均高于 20%，上海增长相对最慢，但也达到 16.1%，扭转上年下降趋势。

表 2　2017~2021 年长三角地区规模以上工业企业营业收入

单位：亿元，%

地 区	规模	增速				
	2021 年	2017 年	2018 年	2019 年	2020 年	2021 年
长三角地区	340562.44	11.6	7.6	2.4	2.5	23.2
上 海	44820.66	10.5	2.6	-2.6	-1.7	16.1
江 苏	149920.66	10.9	7.3	3.5	4.0	22.7
浙 江	100301.65	13.6	10.2	3.4	2.0	29.1
安 徽	45519.47	12.4	9.6	2.2	3.6	20.0

资料来源：国家统计局及各省市统计公报。

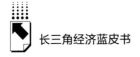

（二）投资增长步伐加快

2021 年，长三角地区固定资产投资增速整体较快，上海小幅回落。2021 年，全国全社会固定资产投资 552884 亿元，比上年增长 4.9%。其中，固定资产投资（不含农户）544547 亿元，增长 4.9%。[①] 长三角地区固定资产投资增速为 8.5%，较上年增长 5.1 个百分点，与全国总体水平相比高 3.6 个百分点。从三省一市数据来分析，2021 年浙江以 10.8% 的增速替代上海成为长三角地区固定资产投资增速最快的省市，安徽、上海分别以 9.4%、8.1% 的增速位列第 2、第 3，江苏虽较上年增速增加 5.5 个百分点，但仍居末位，与上年位次一致。三省一市中仅上海增速慢于上年，下滑 2.2 个百分点，江苏增幅最大。

长三角地区工业投资持续稳步发展，增速大幅提高。2021 年，全国第二产业投资 167395 亿元，增长 11.3%，工业投资比上年增长 11.4%，其中采矿业投资增长 10.9%，制造业投资增长 13.5%，电力、热力、燃气及水生产和供应业投资增长 1.1%。2021 年长三角地区工业投资增速为 12.9%，

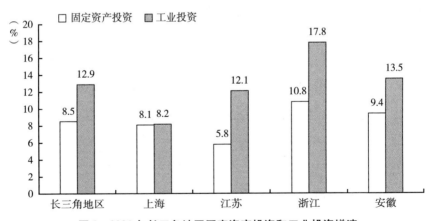

图 2　2021 年长三角地区固定资产投资和工业投资增速

资料来源：国家统计局及各省市统计公报。

---

① 《中华人民共和国 2021 年国民经济和社会发展统计公报》。

较上年快速增长 9.6 个百分点，领先全国整体水平 1.5 个百分点。从三省一市数据看，2021 年仅上海增速趋缓，仅为 8.2%，较上年回落 7.7 个百分点，其他三省均实现了不同程度的增长。其中 2021 年浙江工业投资增长最快，以 17.8% 的增速位列第 1；安徽工业投资增长较快，为 13.5%，位列长三角地区第 2，较上年大幅增长 17.8 个百分点；江苏、安徽两省工业投资增速由负转正。

表3　2018~2021 年长三角固定资产投资及工业投资增速

单位：%

地　区	固定资产投资				工业投资			
	2018 年	2019 年	2020 年	2021 年	2018 年	2019 年	2020 年	2021 年
长三角地区	7.4	7.4	3.4	8.5	120.0	6.5	3.3	12.9
上　海	5.2	5.1	10.3	8.1	17.7	11.3	15.9	8.2
江　苏	5.5	5.1	0.3	5.8	8.0	3.9	-5.1	12.1
浙　江	7.1	10.1	5.4	10.8	5.0	9.7	6.7	17.8
安　徽	11.8	9.2	5.1	9.4	24.8	8.7	-4.3	13.5

注：长三角地区部分省市工业投资增速为相应地区增速均值估算，固定资产投资增速为根据2017 年投资额数据及随后几年增速估算。

资料来源：国家统计局及各省市统计公报。

（三）经济效益分化明显

2021 年我国全年规模以上工业企业利润 87092 亿元，比上年增长 34.3%。分经济类型看，国有控股企业利润 22770 亿元，比上年增长 56.0%；股份制企业利润 62702 亿元，增长 40.2%，外商及港澳台商投资企业利润 22846 亿元，增长 21.1%；私营企业利润 29150 亿元，增长 27.6%。分门类看，采矿业利润 10391 亿元，比上年增长 190.7%；制造业利润 73612 亿元，增长 31.6%；电力、热力、燃气及水生产和供应业利润 3089 亿元，下降 41.9%。[①] 2021 年，全国规模以上工业企业亏损总额为 11814.4 亿元，同比增长 19.9%，增速较上年大幅度增加 17.1 个百分点。

---

① 《中华人民共和国 2021 年国民经济和社会发展统计公报》。

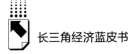

　　长三角地区规模以上工业企业利润总额大幅提升,各省市增速均有不同程度的提升。2021年长三角地区规模以上工业企业实现利润总额21848.7亿元,同比大幅增长21.3%,较上年增加12.3个百分点,占全国规上工业利润总额的25%,占比较上年收缩3个百分点。对三省一市数据进行分析,从利润总额看,江苏以9358.1亿元居长三角地区首位,浙江以6788.7亿元的利润总额排第2,上海、安徽位列第3、第4位,2021年分别实现规上工业企业利润额3032.0亿元、2669.9亿元;从利润总额增速来看,2021年长三角地区三省一市均实现了正增长,江苏规上工业企业利润总额同比增长27.1%,较上年增速增加17个百分点,增速和增长幅度均居地区内首位;其余省市中,浙江以22.4%增速位列第2,增幅较上年扩大7.7个百分点;上海规上工业企业利润总额同比增长7.9%,由负转正,较上年增速增加9.9个百分点。

　　2021年,长三角规上工业亏损企业亏损程度加深。长三角地区规上工业亏损企业亏损总额为2702.8亿元,占全国亏损总额的23%,占比较上年扩大2个百分点,亏损总额同比增长31.4%,较上年增加27.4个百分点。分省市看,2021年江苏规上工业亏损企业亏损总额居首位,达1251亿元;浙江位列第2,为606.8亿元;上海、安徽分列第3、第4位,分别为467亿元、378亿元。从亏损总额增速来看,三省一市亏损总额增速均有不同程度的加深。安徽规上工业亏损企业亏损总额增速2020年为-12.3%,2021年亏损幅度扩大超100个百分点,同比增长89.4%;浙江亏损总额增速为18.8%,较上年扩大10.5个百分点,为长三角地区亏损额同比增幅最小的省市。

表4　2019~2021长三角规模以上工业企业利润总额和亏损企业亏损总额

单位:亿元,%

地　区	利润总额				亏损企业亏损总额			
	规模	增速			规模	增速		
	2021年	2019年	2020年	2021年	2021年	2019年	2020年	2021年
长三角地区	21848.7	-4.1	9.0	21.3	2702.8	21.4	4.0	31.4
上　海	3032.0	-14.2	-2.0	7.9	467.0	10.6	15.8	34.7
江　苏	9358.1	-5.4	10.1	27.1	1251.0	30.2	3.0	25.1

续表

地　区	利润总额				亏损企业亏损总额			
	规模	增速			规模	增速		
	2021 年	2019 年	2020 年	2021 年	2021 年	2019 年	2020 年	2021 年
浙　江	6788.7	5.4	14.7	22.4	606.8	12.2	8.3	18.8
安　徽	2669.9	-3.7	5.1	16.4	378.0	20.2	-12.3	89.4

资料来源：国家统计局及各省市统计公报。

（四）工业资产快速积累

2021 年，长三角地区规模以上工业企业资产增长较快，显著高于全国平均水平。全国规模以上工业企业资产总计 1412880 亿元，同比增长 8.4%，增速较 2020 年提高 1.7 个百分点。长三角地区规模以上工业企业资产总计 360415.5 亿元，占全国总额的 25.5%，较上年比重扩大 0.5 个百分点，同比增长 14.3%，较上年大幅提高 4.6 个百分点，高于全国整体增速 5.9 个百分点。长三角地区三省一市中，从资产规模上看，江苏工业企业资产保持领先地位，2021 年共计 149340.8 亿元；浙江以 110368.5 亿元位居第 2，上海、安徽分列第 3、第 4 位，分别为 51746.2 亿元、48960.0 亿元。从规上工业企业资产增速来看，长三角地区三省一市均实现了不同程度的正增长，其中安徽以 17.4% 的增速领跑，较 2020 年提高 8 个百分点，提高幅度最大，浙江以 15.6% 的增速紧随其后，江苏、上海分别以 14.7%、7.9% 的增速列第 3、第 4 位。

表 5　2017~2021 年长三角规模以上工业企业资产总计

单位：亿元，%

地　区	规模	增速				
	2021 年	2017 年	2018 年	2019 年	2020 年	2021 年
长三角地区	360415.5	7.4	7.2	6.2	9.7	14.3
上　海	51746.2	6.6	3.4	3.5	6.9	7.9
江　苏	149340.8	7.4	6.6	5.4	8.6	14.7
浙　江	110368.5	7.7	8.5	8.5	11.5	15.6
安　徽	48960.0	7.9	10.9	6.8	9.4	17.4

资料来源：国家统计局及各省市统计公报。

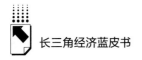
二 2021年长三角地区重要行业发展态势

（一）计算机、通信和其他电子设备制造业

我国计算机、通信和其他电子设备制造业主要分布在北京市、长三角以及珠三角地区，形成三大集聚核心，同时在其他地区形成多个散点。长三角地区作为重要的产业集聚区域，计算机、通信和其他电子设备制造业近年来稳步发展。2020 年长三角地区计算机、通信和其他电子设备制造业主营业务收入为 33743.98 亿元，同比增长 14.23%，大幅逆转上年下降趋势，增幅扩大 16.37 个百分点，占全国的 27%，占比较上年小幅提升。长三角地区 2020 年利润总额为 1554.51 亿元，同比大幅增长 21.34%，同样逆转上年负增长态势，占全国的 24.9%，占比较上年下滑 8 个百分点左右，份额缩水。从分省市的主营业务收入来看，江苏居长三角地区首位，2020 年以 18450.07 亿元遥遥领先，浙江超过上海位居第二，实现 6172.65 亿元主营业务收入；从主营业务收入增速来看，三省一市均实现了正增长。安徽虽然主营收入最低，但增速最快，同比大幅增长 25.15%，浙江以微弱劣势紧随其后，增速为 23.49%，上海增速仅为 5.88%，排名最末。在利润总额方面，江苏以 803.69 亿元的绝对优势领跑，占长三角地区的比重超过 50%，浙江以 487.95 亿元列第二位，上海、安徽利润总额均在百亿元级，分别为 152.32 亿元、110.55 亿元。从利润增速来看，区域分化明显。上海、安徽较上年均出现不同程度的下滑，其中上海同比大幅下降 11.34%，安徽下降 4.67%；与之相对的，江苏大幅增长 33.75%，逆转上年下降超 20% 的颓势，浙江继续保持正增长，同比增长 24.33%，涨幅扩大 19.03 个百分点。

2021 年我国计算机、通信和其他电子设备制造业营业收入为 141285.3 亿元，同比增长 14.7%，增速较上年提高 6.4 个百分点；实现利润总额共计 8283 亿元，同比大幅增长 38.9%，连续两年增速提升；亏损企业亏损总额为 1087 亿元，增速比上年同期上升了 9.4 个百分点。从产品产量来看，

2021年生产集成电路3594.3亿块，同比增长37.6%；生产程控交换机699.6万线，较2020年小幅下滑1%；生产手机166151.6万台，同比增长12.9%；生产微型计算机设备46692万台，同比大幅增长23.5%。

2021年，长三角地区计算机、通信和其他电子设备制造业加快发展，集成电路等工业产品产量大幅增长。分省市来看，2021年上海市规模以上计算机、通信和其他电子设备制造业总产值为5351.42亿元，较上年增长1.4%。工业产品方面，2021年生产笔记本计算机1949.96万台，增速31.9%；智能手机2892.24万台，同比下降24.1%；智能电视15351万台，同比增长0.1%；集成电路364.95亿块，增速为19.8%；集成电路圆片1117.3万片，同比增长23.2%。2021年江苏完成集成电路1186.1亿块，大幅增长39.1%；微型电子计算机5472.2万台，同比增长10.4%；移动通信手持机4045.5万台，大幅下滑26.8%。2021年浙江计算机、通信和其他电子设备制造业快速发展，增加值同比增长22.7%，完成集成电路229.7亿块，比上年增长43.6%；完成电子元件1607.9亿只，比上年增长45%；完成微型计算机设备190.7万台，大幅增长38.4%；完成移动通信手持机3214.5万台，比上年下滑11.2%。2021年安徽省计算机、通信和其他电子设备制造业增加值同比增长33.2%，较上年提高近10个百分点；全年生产工业机器人12906套，同比下降4%；微型计算机设备3694.8万台，同比大幅增加19.1%；移动通信手持机96.6万台，同比增加5.7%。

表6　2018~2020年长三角计算机、通信和其他电子设备制造业发展指标

单位：亿元

地　区	主营业务收入			利润总额		
	2018年	2019年	2020年	2018年	2019年	2020年
长三角地区	30186.7	29540.99	33743.98	1490.7	1281.11	1554.51
上　海	5675.3	5320.54	5633.25	152.4	171.81	152.32
江　苏	17448.3	16434.93	18450.07	820.0	600.87	803.69
浙　江	4449.9	4998.41	6172.65	372.8	392.47	487.95
安　徽	2613.2	2787.11	3488.01	145.5	115.96	110.55

资料来源：2018~2020年长三角成员地区统计年鉴。

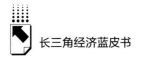

（二）化学原料和化学制品制造业

长三角地区是我国化学原料和化学制品制造业分布最为集中的地区，化学原料和化学制品制造业也是长三角地区重要的支柱产业，特别是在杭州市、宁波市、绍兴市、合肥市等城市的集聚度较高。2020 年，长三角地区化学原料和化学制品制造业完成 19768.3 亿元主营业务收入、1776.3 亿元利润总额，具有绝对领先优势。其中主营业务收入占全国的 31%，利润总额占全国的 40%，利润占比较上年收缩 6 个百分点。在增速方面，长三角地区 2020 年主营业务收入下滑 5.13%，利润总额小幅增长 0.81%。分省市看，江苏仍以 8659.7 亿元的主营业务收入遥遥领先，分别居第 3 和第 4 位的上海和安徽主营业务收入仅为江苏的 38% 和 25%，省市间存在明显差距；江苏、浙江利润总额均超 600 亿元，上海实现 332.6 亿元利润总额，安徽以 152.1 亿元的利润总额位列最后。从主营业务收入增速方面看，安徽、上海实现小幅正增长，分别同比增长 2.59%、0.58%，而江苏、浙江分别下降 7.79%、6.87%，江苏连续两年下滑；在利润总额增速方面，安徽最快，增长 7.73%，而浙江、上海均有不同程度的下滑，分别下降 3.32%、1.04%，江苏则逆转上年下跌趋势，2020 年同比增长 4.37%。

2021 年，我国化学原料和化学制品制造业增加值同比增长 7.7%，增速较上年增加 4.3 个百分点；实现营业收入 63809.8 亿元，同比小幅增长 1.1%；完成利润总额 4439.6 亿元，同比增长 4.3%。从工业产品产量看，2021 年中国生产硫酸 9382.7 万吨，同比增长 1.6%；烧碱产量为 3891.3 万吨，同比增长 5.9%。

2021 年，长三角地区化学原料和化学制品制造业的区域分化度较高。分省市看，2021 年上海市化学原料和化学制品制造业总产值为 3601.79 亿元，较上年增长 7.1%；完成营业收入 4116.01 亿元，较上年增长 23.5%；实现利润总额 434.64 亿元，同比大幅增长 32.1%。江苏 2021 年全年生产硫酸 331.3 万吨，同比增长 31%；生产纯碱 474 万吨，较上年下降 2.1%；生产乙烯 243.7 万吨，比上年增长 10.6%；生产化肥 178.3 万吨，下降

10.6%。浙江完成硫酸320.6万吨，同比增长16.9%；盐酸49万吨，同比下降14.5%；烧碱223.1万吨，较上年增长7.1%；纯碱27.6万吨，同比下滑6.8%；纯苯65.9万吨，下降4.2%；完成浓硝酸13.8万吨，较上年大幅下跌26.2%；完成合成氨62.8万吨，较上年增长2.8%；生产化学农药原药23.7万吨，同比增长23.4%。安徽在工业产品产量方面，完成硫酸697.8万吨，同比增长3.5%；生产烧碱75.1万吨，同比下滑12.2%；生产纯碱83.3万吨，同比下滑6.2%；生产合成氨303.8万吨，同比减少6.9%；生产化学农药22.4万吨，大幅度增长39.1%。

表7　2018~2020年长三角化学原料和化学制品制造业发展指标

单位：亿元

地 区	主营业务收入			利润总额		
	2018年	2019年	2020年	2018年	2019年	2020年
长三角地区	24405.9	20838.3	19768.3	2060.2	1762.1	1776.3
上　海	3360.8	3306.9	3326.1	420.6	336.1	332.6
江　苏	12318.1	9391.2	8659.7	910.9	644.9	673.1
浙　江	6635.1	6011.5	5598.6	540.1	639.8	618.5
安　徽	2091.9	2128.7	2183.9	188.6	141.2	152.1

资料来源：2018~2020年长三角成员地区统计年鉴。

（三）电气机械和器材制造业

2020年，长三角地区电气机械和器材制造业完成主营业务收入28542.2亿元，较上年增长9.1%，占全国的41%，领先优势明显；实现利润总额1645.33亿元，同比增长9.6%，占全国的38.5%。分省市看，江苏省电气机械和器材制造业发展水平遥遥领先，2020年实现主营业务收入13467.1亿元，列长三角地区首位，浙江、安徽、上海分别以8656.3亿元、3798.3亿元、2620.6亿元分列第2、第3、第4位。从主营业务收入增速来看，江苏以11.6%的增长速度登顶，浙江同比增速9.6%，列第二位，上海、安徽增速均为3.5%左右。在利润总额方面，江苏利润总额最高，达到712.13亿

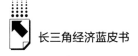

元,同比增长 12.1%;浙江利润总额增长较快,2020 年实现利润 542.61 亿元,同比增长 16.6%。

2021 年我国电气机械和器材制造业完成主营业务收入 69306.6 亿元,同比上涨 2.2%;增加值同比增长 16.8%,较上年增幅扩大 7.9 个百分点;实现利润总额 4275.5 亿元,同比增长 6.9%。产品产量方面,2021 年生产家用电冰箱 8992.1 万台,同比下降 0.3%;生产彩色电视机 18496.5 万台,同比下降 5.8%;生产房间空气调节器 21835.7 万台,较上年增长 3.8%。

2021 年长三角地区各省市电气机械和器材制造业实现较快增长。分省市分析,2021 年上海电气机械和器材制造业总产值完成 2618.39 亿元,同比增长 15.1%;完成主营业务收入 3086.7 亿元,同比增长 20.6%,较上年增速提高 12.5 个百分点;实现利润总额 195.52 亿元,同比大幅提升 15.8%。产品产量方面,2021 年上海生产房间空气调节器 261.04 万台,较上年增长 12.9%。2021 年江苏完成彩色电视机 753.6 万台,同比下滑 5.4;完成家用电冰箱 1372.1 万台,同比增长 8.5%;完成房间空气调节器 596.1 万台,较上年大幅增长 46.4%。2021 年浙江省生产房间空气调节器 1763.5 万台,较上年增长 15.6%;完成家用电冰箱 537593 万台,同比下滑 9.4%;完成家用电风扇 21161622.3 万台,同比大幅增长 30.4%;完成家用洗衣机 861907.2 万台,下降 5.1%。2021 年安徽省电气机械和器材制造业增加值增长 11.3%,完成家用洗衣机 2627.4 万台,同比增长 10.4%;完成家用电冰箱 2381.4 万台,同比下降 2.3%;完成房间空气调节器 3385.5 万台,较上年增长 7.8%;完成彩色电视机 1224.8 万台,同比小幅增长 0.03%。

表 8 2018~2020 年长三角电气机械和器材制造业发展指标

单位:亿元

地 区	主营业务收入			利润总额		
	2018 年	2019 年	2020 年	2018 年	2019 年	2020 年
长三角地区	26969.2	26174.2	28542.2	1706.9	1501.8	1645.33
上 海	2394.8	2527.1	2620.6	183.3	174.6	175.54
江 苏	13620.9	12072.2	13467.1	867.7	635.3	712.13

地　区	主营业务收入			利润总额		
	2018 年	2019 年	2020 年	2018 年	2019 年	2020 年
浙　江	7263.7	7896.9	8656.3	379.0	465.2	542.61
安　徽	3689.8	3678.0	3798.3	276.9	226.7	215.05

资料来源：2018~2020 年长三角成员地区统计年鉴。

（四）汽车制造业

长三角地区汽车制造业主要分布在沪杭甬、苏锡常、浙西南等。过去十年间，长三角地区汽车产量所占份额持续提升。疫情以来，汽车产业链供应链出现诸多问题，各地针对性的政策措施陆续出台，建立长三角产业链供应链互保机制，保供强链，加快促成汽车产业链区域化，产业快速复苏。2020年长三角地区汽车制造业完成主营业务收入 22869.7 亿元，同比增长2.15%，占全国的 28%，份额与上年持平；实现利润总额 1575.1 亿元，占全国的 31%，占比较上年小幅下降近 3 个百分点。分省市看，上海、江苏主营业务收入均超过 7000 亿元，列长三角地区前两位，安徽主营业务收入增速最快，2020 年同比增长 14.15%，三省一市中仅上海主营业务收入下降2.5%。从利润总额分析，2020 年上海、浙江分别以 599.09 亿元、514.33亿元排名前两位，其中上海同比大幅下降 24.6%。虽然安徽利润总额不足百亿元，仅 89.74 亿元，但同比增加 53.9%，增长势头迅猛。

2021 年我国汽车制造业完成主营业务收入 81703.9 亿元，同比增长0.2%；增加值同比增长 5.5%，较上年回落 1.1 个百分点；实现利润总额5093.6 亿元，同比小幅下滑 0.6%。产品产量方面，2021 年生产汽车2652.8 万辆，同比增长 4.8%；生产基本型乘用车（轿车）976.5 万辆，同比增长 5.7%；生产运动型多用途乘用车（SUV）973.6 万辆，较上年增长 7.6%。

2021 年，长三角地区汽车制造业的生产重心进一步转移至新能源汽车，产量接近翻倍。分省市看，2021 年上海汽车制造业总产值为 7585.55 亿元，同比大幅增长 21.1%，增速较上年提高 11.8 个百分点；完成营业收入 8685.06 亿元，较上年增长 12.3%；实现利润总额 598.73 亿元，同比小幅下降 0.6%；产品产量方面，生产汽车 283.32 万辆，同比增长 7%。其中包括轿车 145.16 万辆，较上年小幅增加 0.5%；新能源汽车 63.19 万辆，是上年产量的 1.6 倍。2021 年江苏汽车制造业增加值增长 14.7%，生产汽车 77.6 万辆，同比增长 2.5%。其中包括轿车 34.1 万辆，较上年增长 12.3%；新能源汽车 22.5 万辆，是上年产量的 1.98 倍。2021 年浙江汽车制造业增加值增长 10%，全年生产汽车 104.4 万辆，同比增长 18%；其中新能源汽车 18 万辆，是上年产量 1.5 倍。2021 年安徽汽车制造业增加值同比增长 17.4%，较上年增长 2.1%；产品产量方面，全年生产企业 150.3 万辆，同比大幅增长 29.5%；其中新能源汽车 25.2 万辆，较上年增长 127%。

表 9　2018~2020 年长三角汽车制造业发展指标

单位：亿元

地　区	主营业务收入			利润总额		
	2018 年	2019 年	2020 年	2018 年	2019 年	2020 年
长三角地区	23127.3	22389.4	22869.7	2319.1	1746.3	1575.10
上　海	8334.2	7923.4	7727.8	1077.7	795.0	599.09
江　苏	7023.0	6842.2	7016.0	655.1	440.2	371.94
浙　江	5360.9	5176.2	5331.9	509.7	452.8	514.33
安　徽	2409.2	2447.6	2794.0	76.6	58.3	89.74

资料来源：2018~2020 年长三角成员地区统计年鉴。

三　2022 年长三角地区工业发展展望①

2022 年，上海全力推进三大产业"上海方案"。加快培育壮大新动能，强化新赛道布局。增强集成电路产业自主创新能力，实施国产设备、零部

———————————

① 主要依据长三角地区各省市 2022 年政府工作报告。

件、材料、设计软件等补链强链固链计划,高标准建设电子化学品专区。提升生物医药产业链协同水平,加快打通临床研究及应用的通道,推动创新药、高端医疗器械研发攻关和产业化。促进人工智能深度赋能实体经济,实施新一代人工智能算法创新行动,布局一批智能终端产品和机场、建筑、能源等场景应用。瞄准产业链高端和核心环节,启动一批产业基础再造工程项目,推进智能汽车创新发展和燃料电池汽车示范应用,拓展碳纤维及其复合材料等先进材料市场化应用,布局电子信息和民用航空、空间信息、船舶海工等高端装备重大项目,加快建设生命健康、时尚消费品等特色产业集聚区。

2022年江苏将积极推进数字产业化、产业数字化。加快发展数字经济,不断提升产业现代化水平。打好产业基础高级化、产业链现代化攻坚战,不断提升制造业的核心竞争力。聚焦16个先进制造业集群,持续实施"产业强链""百企引航、千企升级"行动计划,部署实施一批产业基础再造和产业链现代化重大项目,培育发展一批具有创新引领力和产业生态主导力的领航企业,努力打造新型电力和新能源装备、物联网、工程机械、高端新材料等世界级先进制造业集群。深入推动产业转型升级优化布局。抢抓战略性新兴产业发展的新"窗口期",加快培育生物医药、人工智能、集成电路等国家级战略性新兴产业集群和创新型产业集群,推动车联网、信息技术应用创新和区块链等新技术场景化应用。

浙江将加快提升制造业的核心竞争力。完善制造业高质量发展政策体系,集中力量实施新一轮制造业"腾笼换鸟、凤凰涅槃"攻坚行动,力争规上工业增加值增长6%以上。强化龙头企业的引领带动作用,深入实施"凤凰"、"雄鹰"、"雏鹰"、"放水养鱼"和单项冠军培育行动。强化链条式培育,推进创新链产业链融合发展,实施强链补链固链项目60项以上。加快集群式发展,培育20个左右"新星"产业群,积极创建国家战略性新兴产业集群。用好国家增值税留抵退税政策,重点支持企业技术改造,实现技改投资增长10%以上。强化先进制造业与现代服务业融合发展,做优科技服务、现代物流、创意设计等生产性服务业,助推制造业向价值链高端攀

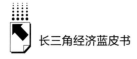

升。推进建筑业高质量发展。

安徽省着力实施第二产业提质扩量增效行动计划，提升制造业的核心竞争力。实施优质企业引育行动，实施产业链供应链生态建设工程，构建"龙头企业+中小企业"生态圈，坚持高端引领、龙头带动，推动制造业提升发展质量、扩大发展总量、增强发展效益，为经济高质量发展提供坚实的支撑。实施重点领域补短板产品、关键共性技术攻关和"工业强基"项目，深化数字赋能，推广应用工业机器人8000台，新增200个智能工厂、数字化车间，滚动实施1200项亿元以上技改项目。着力增强发展动能，推进工业互联网赋能增效，加快"双跨"平台培育和引进，扩容升级"羚羊"综合服务平台，推动更多科研人员、技术人员成为平台服务商，为各类中小企业精准提供数字化解决方案。

参考文献

方超、张家振：《汽车产业十年"蝶变"：长三角地区何以"汽"势如虹?》，《中国经营报》2022年10月17日。

方超、张家振：《长三角经济复苏提速 工业"压舱石"作用凸显》，《中国经营报》2022年8月15日。

何书瑶、连俊翔：《产业创新能力 长三角谁是魁首》，《解放日报》2022年10月19日。

B.11
2021~2022年长三角地区金融业
发展报告

张 彦[*]

摘 要: 2021年，长三角金融业保持稳定发展，社会融资增量小幅增长，保险业发展水平稳中有升。其中，银行业存贷款余额保持较快增长；证券业融资额和交易额小幅下降；保费收入增速下降，保费支出增速明显上升。展望2022年，长三角金融业将在稳健的货币政策基调下，通过加强基础制度建设、优化业务结构、运用数字化技术、防范行业风险等措施来实现高质量发展。

关键词: 金融发展 业务结构 区域结构 长三角地区

2021年，在复杂严峻的疫情形势和震荡波动的全球经济环境下，长三角三省一市克服重重困难，通过推动行业结构调整和转型升级，在实现稳定发展的同时，积极推动实体经济发展。

一 2021年长三角地区金融业发展情况

（一）金融发展水平保持稳定

2021年我国金融发展水平（FIR）[①] 为3.82，较上年小幅下降0.1。长

---

* 张彦，经济学博士，上海社会科学院应用经济研究所助理研究员，研究方向为区域金融。
① 金融机构各项存贷款之和与GDP之比。

三角金融发展水平不变，保持在 4.02，比全国金融发展水平高 0.2 个点。分省市来看，上海金融发展水平最高，为 6.29；安徽金融发展水平相对较低，为 2.92。2017~2021 年，长三角金融发展水平明显提升，从 3.53 提升至 4.02，大于同期全国金融发展水平增幅。比较 2017~2021 年各省市金融发展水平的变化，浙江和江苏的增幅较大，分别提高了 0.76 个和 0.54 个点；上海小幅增加 0.33 个点，安徽略有降低，下降了 0.02 个点。

表1　2017~2021 年长三角金融发展水平

区　域	2017 年	2018 年	2019 年	2020 年	2021 年
上　海	5.96	5.95	5.57	6.21	6.29
江　苏	2.70	2.83	2.93	3.26	3.24
浙　江	3.82	3.96	4.06	4.58	4.58
安　徽	2.94	3.02	2.69	2.91	2.92
长三角	3.53	3.64	3.62	4.02	4.02
全　国	3.57	3.60	3.60	3.91	3.82

资料来源：2017~2021 年各省市统计公报，2021 年各省市金融运行报告。

（二）社会融资规模小幅增长

2021 年我国社会融资规模实现较快增长，全年增量为 28.54 万亿元，同比下降 5.5%。长三角社会融资增量占全国的 31.6%，2021 年全年增量为 9.03 万亿元，同比增长 5.1%，高于全国增幅 10.6 个百分点。其中，人民币贷款作为长三角社会融资的最主要渠道，同比增加 6.22 万亿元，增幅为 9.1%；企业债券融资同比增加 1.48 万亿元，增幅为 11.3%；股票融资同比增加 0.41 万亿元，增幅为 16.1%。分省市来看，江苏和浙江社会融资增加额较大，分别为 3.45 万亿元和 3.4 万亿元，上海和安徽增加额相对较小，分别为 1.21 万亿元和 0.97 万亿元；从增幅来看，上海最高，为 11.1%，江苏较低，为 2.5%。从融资结构看，各省市人民币贷款增长较快，其中上海增幅最大，为 49.7%；安徽的企业债券融资和股票融资增长较快，同比分别增长 49.8% 和 140.8%。

表2　2021年长三角各省市社会融资增量变化

单位：万亿元，%

项　目	社会融资规模		人民币贷款		企业债券融资		股票融资	
	增加额	同比增长	增加额	同比增长	增加额	同比增长	增加额	同比增长
上　海	1.21	11.1	1.03	49.7	0.10	−38.3	0.12	−17.7
江　苏	3.45	2.5	2.34	11.0	0.68	16.2	0.12	35.5
浙　江	3.40	5.8	2.19	0.4	0.61	16.8	0.12	28.3
安　徽	0.97	5.0	0.66	−8.7	0.09	49.8	0.04	140.8
长三角	9.03	5.1	6.22	9.1	1.48	11.3	0.41	16.1
全　国	28.54	−5.5	19.62	1.6	3.28	−25.3	1.21	35.4
长三角占比	31.60	—	31.70	—	45.00	—	33.70	—

资料来源：中国人民银行网站。

（三）保险业发展水平上升

2021年，长三角地区保险深度为3.72%，较上年下降0.39个百分点；保险密度为4339元/人，较上年上升189元/人；2021年长三角地区保险深度比全国低0.21个百分点，保险密度比全国高于1160元/人。分省市来看，2021年上海的保险深度和保险密度均最高，分别比长三角总体水平高0.84个百分点和3578元/人；安徽的保险深度和保险密度均最低，分别比长三角总体水平低0.51个百分点和2082元/人。

表3　2019~2021年长三角地区保险业发展水平

单位：%，元/人

区　域	保险深度			保险密度		
	2019年	2020年	2021年	2019年	2020年	2021年
上　海	4.51	4.89	4.56	7084	7499	7917
江　苏	3.76	4.03	3.48	4647	4738	4763
浙　江	4.21	3.97	3.89	4491	3836	4373
安　徽	3.63	3.78	3.21	2119	2300	2257
长三角	3.82	4.11	3.72	3993	4150	4339
全　国	4.30	4.57	3.93	3046	3206	3179

资料来源：2019~2021年各省市统计公报，各省市保监局网站。

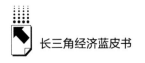

二 2021年长三角地区金融各行业发展情况

（一）银行业

1. 各项存款余额适度增长

2021年，长三角地区各项存款余额为61万亿元，同比增长11.5%，增速较上年下降3.3个百分点，增速高于全国2.2个百分点。各项存款余额占全国的比重为25.5%，比2019年高1.5个百分点。

分省市来看，存款余额从大到小分别是江苏、上海、浙江、安徽，占长三角比重分别为32.2%、28.8%、28.0%、11%。存款余额增速从高到低分别是上海、浙江、安徽、江苏，同比分别增长12.8%、12.2%、10.6%、10.1%。

2019~2021年长三角金融机构各项存款余额增速总体呈现上升态势，上升了1.5个百分点。同期，安徽增速提高幅度较大，为3.6个百分点；其次是上海，提高3.1个百分点；再次是江苏，提高1.1个百分点；而浙江增速降低了0.5个百分点。

表4 长三角地区金融机构各项存款余额及增速

单位：万亿元，%

地　区	存款余额			同比增长		
	2019年	2020年	2021年	2019年	2020年	2021年
上　海	13.3	15.6	17.6	9.7	17.4	12.8
江　苏	15.7	17.8	19.6	9.0	13.3	10.1
浙　江	13.1	15.2	17.1	12.7	15.9	12.2
安　徽	5.5	6.0	6.7	7.0	10.4	10.6
长三角	47.6	54.7	61.0	9.9	14.8	11.5
全　国	198.2	218.4	238.6	8.6	10.2	9.3
长三角占比	24.0	25.0	25.5	1.4	4.6	2.3

资料来源：2017~2021年各省市统计公报，2021年各省市金融运行报告。

2021 年，长三角地区金融机构的住户存款余额占比为 40.8%，非金融企业存款余额占比为 35.4%。长三角地区非金融企业存款占比较相对高，比全国平均水平高 4.8 个百分点；住户存款余额占比相对较低，较全国平均水平低 2.5 个百分点。分省市看，住户存款余额占比从高到低依次是安徽、江苏、浙江、上海；非金融企业存款余额占比从高到低依次是上海、江苏、浙江、安徽。

表5　长三角地区金融机构存款余额结构

单位：%

区　域	住户存款余额	非金融企业存款余额
上　海	24.3	39.2
江　苏	38.2	37.4
浙　江	38.0	36.6
安　徽	51.5	26.6
长三角	40.8	35.4
全　国	43.3	30.6

资料来源：2017~2021 年各省市统计公报，2021 年各省市金融运行报告。

2. 各项贷款实现较快增长

2021 年，长三角地区各项贷款余额为 50.1 万亿元，同比增长 14.7%，增速较上年提高 0.2 个百分点，高于全国平均水平 3.4 个百分点。2021 年各项贷款余额占全国的 25.2%，较上年上升 0.7 个百分点。

分省市来看，各项贷款余额从高到低依次是江苏、浙江、上海、安徽，占长三角的比重分别为 36.0%、33.1%、19.2%、11.7%。从各项贷款余额增速来看，从高到低依次是浙江、江苏、上海、安徽，同比分别增长 15.4%、15.3%、13.5%、12.6%。

2019~2021 年，长三角各项贷款余额增速逐渐提高，从 2019 年的 13.5% 升至 2021 年的 14.7%，提高了 1.2 个百分点，同期全国平均增速下降了 0.6 个百分点。各省市方面，2019~2021 年上海增速提升幅度最大，为 4.5 个百分点；而安徽增速下降幅度较大，降低了 1.3 个百分点。

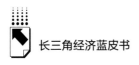

表 6　长三角地区金融机构各项贷款余额

单位：万亿元，%

地　区	各项贷款余额			同比增长		
	2019 年	2020 年	2021 年	2019 年	2020 年	2021 年
上　海	8.0	8.5	9.6	9.0	6.0	13.5
江　苏	13.5	15.7	18.1	14.7	15.9	15.3
浙　江	12.2	14.4	16.6	15.1	18.0	15.4
安　徽	4.5	5.2	5.9	13.9	16.0	12.6
长 三 角	38.2	43.7	50.1	13.5	14.5	14.7
全　国	158.6	178.4	198.5	11.9	12.5	11.3
长三角占比	24.1	24.5	25.2	1.6	2.0	3.4

资料来源：2017~2021 年各省市统计公报，2021 年各省市金融运行报告。

　　2021 年，长三角地区金融机构住户贷款占比为 37.6%，非金融企业及机关团体贷款占比为 61.1%。分省市看，住户贷款占比从高到低依次是浙江、安徽、江苏、上海；非金融企业及机关团体贷款占比从高到低依次是上海、江苏、安徽、浙江。长三角地区住户贷款占比高于全国平均水平 1.8 个百分点，非金融企业及机关团体贷款占比低于全国平均水平 0.7 个百分点。

表 7　2021 年长三角地区金融机构贷款结构

单位：%

区　域	住户贷款	非金融企业及机关团体贷款
上　海	29.7	64.6
江　苏	36.0	63.8
浙　江	42.3	57.3
安　徽	41.8	57.9
长 三 角	37.6	61.1
全　国	35.8	61.8

资料来源：2017~2021 年各省市统计公报，2021 年各省市金融运行报告。

（二）证券业

1. 上市公司与证券机构的数量上升

　　2021 年，长三角地区在上交所的上市公司共有 920 家，占上交所的 45.2%。

长三角地区的上市公司中，仅发A股、A（B）及H股、A股和B股、仅发B股的数量分别为854家、29家、33家和4家。浙江的上市公司数量最多，为296家；其次是上海（285家）、江苏（272家），安徽相对较少（67家）。

表8　2021年长三角在上交所的上市公司

单位：家，%

项　　目	仅发A股	A（B）及H股	A股和B股	仅发B股	合计
上　海	232	19	30	4	285
江　苏	266	5	1		272
浙　江	293	2	1		296
安　徽	63	3	1		67
长三角	854	29	33	4	920
全　国	1877	114	42	4	2037
长三角占比	45.5	25.4	78.6	100.0	45.2

资料来源：上海证券交易所统计月报，2021年12月。

2021年，长三角地区在上海证券交易所的会员数、营业部数、席位数分别为32个、3370个和10629个，占全国的比重分别为26.0%、28.5%和38.9%。其中，上海的会员数和席位数最多，分别为20个和7111个；浙江的营业部数量最多（1144个）。

表9　2021年长三角地区在上海证券交易所会员数、营业部数、席位数

单位：个，%

项　　目	会员数	营业部数	席位数		
			A股席位	B股席位	合计
上　海	20	865	7068	43	7111
江　苏	6	1018	2297	7	2304
浙　江	4	1144	974	7	981
安　徽	2	343	227	6	233
长三角	32	3370	10566	63	10629
全　国	123	11828	27109	200	27309
长三角占比	26.0	28.5	39.0	31.5	38.9

资料来源：上海证券交易所统计月报，2021年12月。

2. 证券融资额降低，增速波动明显

2021 年，长三角地区在深圳证券交易所集资 1684.4 亿元，占比为 21.7%。其中，江苏在深圳证券交易所集资额最大，为 659 亿元，占深交所的比重为 8.5%；其次是浙江，占深交所的比重为 6.3%；再次是安徽，占深交所的比重为 4.6%；上海在深交所的集资额相对较少，占深交所的比重为 2.4%。

2017~2021 年，长三角在深圳证券交易所集资增速波动明显，但是 2019~2020 年集资额增速较快。2017 年和 2018 年的集资额分别同比下降 23% 和 63%，2019 年和 2010 年分别同比上升 41.6% 和 40.0%，2021 年同比减少 6.9%。2017~2021 各省市集资额增长率波动差异明显，江苏集资额增长率大幅上升，从 2017 年的下降 36.3% 升至 2021 年的增长 113.1%。安徽在深交所的集资额增长率下降，从 2017 年的增长 110.7% 降至 2021 年的增长 97.6%。

表 10　2017~2021 年深圳证券市场各省市股票集资（增发）情况

单位：亿元，%

区　域	2017 年	2018 年	2019 年	2020 年	2021 年	
					集资额	增长率
上　海	−73.1	−85.6	251.6	701.6	184.5	−44.5
江　苏	−36.3	−50.5	−24.8	3.4	659.0	113.1
浙　江	−38.1	−50.5	74.5	47.5	486.0	−50.8
安　徽	110.7	−85.2	135.9	−36.3	355.0	97.6
长三角	−23.0	−63.0	41.6	40.0	1684.4	−6.9
深交所集资总额	−26.3	−49.6	29.0	10.8	7755.6	37.6

资料来源：深圳证券交易所统计月报，2021 年 12 月。

长三角在深交所的创业板集资额为 2026.1 亿元，占全国的比重较高，为 32%；而主板集资额为 846.8 亿元，占深交所的比重较低，为 18.4%。各省市中，江苏创业板集资额占深交所的比重较高，为 16.4%；浙江主板集资额占深交所的比重较高，为 8.7%。

表11　2021年深圳证券市场各省市股票集资（增发）结构

地　　区	总集资			主板		创业板	
	只数	金额（亿元）	占比（%）	金额（亿元）	占比（%）	金额（亿元）	占比（%）
上　　海	22	184.5	2.4	33.9	0.7	150.5	4.8
江　　苏	50	659.0	8.5	141.6	3.1	517.4	16.4
浙　　江	67	486.0	6.3	397.4	8.7	264.1	8.4
安　　徽	24	355.0	4.6	274.0	6.0	81.0	2.6
长三角	163.0	1684.4	21.7	846.8	18.4	2026.1	32.0
全　　国	511.0	7755.6	100.0	4593.0	100.0	3162.5	100.0

资料来源：深圳证券交易所统计月报，2021年12月。

3. 证券交易额占有全国较大比重，但是近年来小幅降低

2021年长三角地区在深圳证券交易所证券总交易额140.1万亿元，占比为43.2%。其中，2021年上海的证券交易额明显较大，为65.3万亿元，占深交所的比重为20.1%；浙江和江苏的证券交易额也具有相当规模，占深交所的比重分别为10.7%和10.6%；安徽的证券交易额较小，占深交所的比重仅为1.8%。

2017~2021年，长三角在深交所的证券交易额占比呈现明显提升趋势，从2017年的35.3%升至2021年的43.2%，提高了7.9个百分点。其中，上海的交易额占比提升幅度最大，从15.5%升至20.1%，上升了4.6个百分点；安徽的交易额占比上升幅度较小，从1.7%降至1.8%，仅提高了0.1个百分点。

2021年，长三角在深交所证券交易中股票交易占比最高，为72.5%；其次是债券交易，占比25.9%；基金交易占比较小，为1.6%。与全国平均水平相比，长三角在深交所的股票交易占比较全国平均水平低1.2个百分点；而债券交易占比较全国平均水平高1.2个百分点；基金交易占比高于全国平均水平0.1个百分点。各省市中，股票交易占比最高的是浙江，为85.6%；债券交易占比最高的是上海，为34.9%；基金交易占比最高的是江苏，为2.3%。

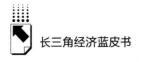

表 12　2017~2021 年各省市在深圳证券交易所交易额占比变化

单位：万亿元，%

项　　目	2017 年	2018 年	2019 年	2020 年	2021 年	
					交易额	全国占比
上　海	15.5	15.3	15.0	15.5	65.3	20.1
江　苏	8.2	8.2	8.4	8.4	34.3	10.6
浙　江	9.9	9.3	9.7	9.7	34.8	10.7
安　徽	1.7	1.6	1.6	1.5	5.7	1.8
长三角	35.3	34.4	34.7	33.6	140.1	43.2

资料来源：深圳证券交易所统计月报，2021 年 12 月。

表 13　2021 年深圳证券市场各省市证券交易结构

单位：%

区　域	股票交易占比	基金交易占比	债券交易占比
上　海	63.5	1.5	34.9
江　苏	75.3	2.3	22.3
浙　江	85.6	1.1	13.3
安　徽	79.1	1.1	19.9
长三角	72.5	1.6	25.9
全　国	73.7	1.5	24.7

资料来源：深圳证券交易所统计月报，2021 年 12 月。

（三）保险业

1. 保费收入增速明显放缓

2021 年长三角地区保费收入 10261.7 亿元，同比增长 1.1%，增速比上年下降了 6.4 个百分点。2021 年长三角保费收入约占全国的 1/5 强（22.9%），比上年提高了 0.5 个百分点。与全国平均水平比较，长三角的保费收入增速较快，2021 年高于全国 1.9 个百分点。分省市比较，江苏的保费收入规模最大，安徽相对较小；上海保费收入增速最快，为 5.7%，江苏居中，为 0.9%，浙江和安徽保费收入均为负增长，分别为-0.3% 和-1.7%。

2019~2021 年，长三角保费收入增速不断下降，下降了 14 个百分点。同期，上海的增速下降幅度最大，从 22.4%降至 5.7%，降低了 16.7 个百分点；江苏的增速降幅较小，从 13.0%降至 0.9%，下降了 12.1 个百分点。

表14　2019~2021 年长三角地区保费收入

单位：亿元，%

项　目	保费收入			同比增长		
	2019 年	2020 年	2021 年	2019 年	2020 年	2021 年
上　海	1720.0	1865.0	1970.9	22.4	8.4	5.7
江　苏	3750.2	4015.1	4051.1	13.0	7.1	0.9
浙　江	2627.0	2868.0	2860.0	15.6	9.2	-0.3
安　徽	1348.6	1403.5	1379.7	11.5	4.1	-1.7
长三角	9445.9	10151.6	10261.7	15.1	7.5	1.1
全　国	42645.0	45257.3	44900.0	12.2	6.1	-0.8
长三角占比	22.1	22.4	22.9	2.9	1.4	1.9

资料来源：2019~2021 年各省市统计公报，各省市保监局网站。

2021 年长三角保费收入中，财产险收入 2884 亿元，占比为 28.1%，同比下降 3.8%；人身险收入 7377.9 亿元，占比为 71.9%，同比增长 3.1%。与全国比较，财产险收入占比较高（+2.1 个百分点），人身险收入占比相对较低（-2.1 个百分点）。分省市比较，江苏的人身险收入占比最高，为 75.3%；浙江的财产险收入占比较高，为 32.2%；江苏的财产险收入增速最高，为 0.9%；上海的人身险收入增速最高，为 13.9%。

表15　长三角地区保费收入结构

单位：亿元，%

地　区	财产险			人身险		
	金额	同比增长	占比	金额	同比增长	占比
上　海	524.0	-11.8	26.6	1447.0	13.9	73.4
江　苏	1002.2	0.9	24.7	3049.0	0.9	75.3
浙　江	921.0	-2.0	32.2	1939.0	0.6	67.8

续表

地　区	财产险			人身险		
	金额	同比增长	占比	金额	同比增长	占比
安　徽	436.8	−7.3	31.7	942.9	1.1	68.3
长三角	2884.0	−3.8	28.1	7377.9	3.1	71.9
全　国	11671.0	−2.2	26.0	33229.0	−0.3	74.0

资料来源：2019~2021年各省市统计公报，各省市保监局网站。

2. 赔付支出扩大、增速上升

2021年长三角地区保险赔付支出3542.1亿元，同比增长14.3%，增速比上年提高9.3个百分点。分省市比较，赔付支出规模从高到低依次是江苏、浙江、上海、安徽；增速从高到低依次为上海、江苏、浙江、安徽。2021年长三角保险赔付支出的增速高于全国2.1个百分点，占全国的比重为22.7%，较上年提高了0.4个百分点。

2019~2021年，长三角地区保险赔付支出增速小幅上升了7.4个百分点，赔付支出占全国比重基本稳定。同期，江苏的保险赔付支出增速上升明显，从0.2%升至16%，上升了15.8个百分点；浙江的保险赔付支出有所下降，从15.2%降至13.4%，降低了1.8个百分点。

表16　2019~2021年长三角地区保险赔付支出

单位：亿元，%

地　区	保费支出额			同比增长		
	2019年	2020年	2021年	2019年	2020年	2021年
上　海	655.0	631.0	738.0	12.6	−3.7	16.9
江　苏	998.6	1081.4	1254.8	0.2	8.3	16.0
浙　江	878.0	908.0	1030.0	15.2	3.4	13.4
安　徽	419.0	477.4	519.3	0.0	13.9	8.8
长三角	2950.6	3097.8	3542.1	6.9	5.0	14.3
全　国	12894.0	13907.1	15609.0	4.8	7.9	12.2
长三角占比	22.9	22.3	22.7	2.1	−2.9	2.1

资料来源：2019~2021年各省市统计公报，各省市保监局网站。

2021 年长三角地区保险赔付支出中，财产险和人身险的赔付支出分别为 1825.4 亿元和 1715.7 亿元，占比分别为 51.5%和 48.4%。和全国相比，长三角财产险赔付支出占比高 2.3 个百分点，人身险赔付支出占比较全国低 2.3 个百分点；财产险保费支出增速较全国高 4.4 个百分点，人身险保费支出增速较全国高 12.4 个百分点。分省市看，财产险赔付支出占比从高到低依次为浙江、安徽、江苏、上海，增速从高到低依次为江苏、浙江、安徽、上海；人身险赔付支出占比从高到低依次为上海、江苏、安徽、浙江，增速从高到低依次为上海、浙江、江苏、安徽。

表 17　长三角地区保险赔付支出结构

单位：亿元，%

地　区	财产险			人身险		
	金额	同比增长	占比	金额	同比增长	占比
上　海	287.0	3.2	38.9	451.0	28.1	61.1
江　苏	625.8	11.1	49.9	629.0	21.4	50.1
浙　江	619.0	7.1	60.1	410.0	24.2	39.8
安　徽	293.6	5.0	56.5	225.7	14.1	43.5
长三角	1825.4	14.9	51.5	1715.7	26.3	48.4
全　国	7687.0	10.5	49.2	7921.0	13.9	50.7

资料来源：2019~2021 年各省市统计公报，各省市保监局网站。

三　2022年长三角金融业发展展望

2022 年，全球经济增长面临下降风险，国际货币基金组织 2022 年 7 月发布的《世界经济展望》中将全球经济增速预计值下调为 3.2%。为防范通胀风险，美联储的货币政策进一步收紧，短期内给我国带来一定的资本外流压力，对人民币汇率和资本市场平稳运行带来扰动。从国内来看，中国人民银行按照"疫情要防住、经济要稳住、发展要安全"的要求，加大稳健货币政策实施力度，综合采取降准、结构性工具、降息等各类措施，保持

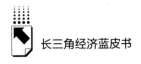

流动性的合理充足,为实体经济发展提供有力支持。我国综合利率水平将保持在低位运行,汇率水平稳定,有利于长期资本流入,促进金融业健康发展。

(一)银行业

1. 优化信贷结构,助力实体经济发展

2022年长三角银行业认真贯彻灵活适度的稳健货币政策,在保持信贷总量稳定增长的同时积极推动信贷结构优化,大力支持高端制造业、普惠小微企业、科技创新、乡村振兴、绿色低碳等重点领域和薄弱环节发展,助力实体经济增长。

2. 拓展中间业务,全面推动转型发展

目前我国银行业的中间业务仍然以银行卡、结算等传统业务为主,理财、托管、投行类等中间业务有待进一步发展。其中,财富管理业务发展前景广阔。作为我国经济最发达的区域之一,长三角地区银行业将顺应经济结构转型和金融供给侧结构性改革深化趋势,加快发展财富管理业务,更好地服务实体经济发展。

3. 数字化推动银行业走向高质量发展模式

金融机构更加重视数字技术的应用,将大数据分析、人工智能、深度学习等技术手段运用于业务经营、数据治理、金融科技、风险管理、组织架构等领域,构建更稳定、可持续的银行数字化发展新模式,更好地根据客户偏好提供差异化产品与服务。

(二)证券业

1. 加强市场制度建设,促进市场规范发展

注册制改革由点到面的逐步深入,对我国资本市场的基础性制度建设提出了更高的要求。资本市场在发行、交易、信息披露、退市等环节的制度都需要进一步优化和创新,重点是加强资本市场诚信体系建设,夯实信用基础,营造公平、透明、法治的市场环境。

2. 创新子市场建设，提升市场功能

规范区域性股权交易市场和柜台交易市场的发展，大力发展创业投资和风险投资，为中小企业提供丰富的融资渠道，降低股权融资成本。加快金融衍生品市场发展，通过简化市场审批流程等，更好地发挥市场机制的作用。提供更高效便捷、专业化的产品和服务，为风险管理提供多元化的金融工具。

3. 加快对外开放，促进市场国际化

发挥外资券商在资产管理、机构服务、交易业务和财富管理领域的专业优势，带动我国证券业的专业化和创新化发展。进一步拓宽境外投资者进入股票、债券市场的渠道，提升外资参与便利度，以开放促改革。

4. 加大执法力度，降低市场风险

2020年11月2日，中央全面深化改革委员会第十六次会议审议通过了《关于依法从严打击证券违法活动的意见》，提出在构建新发展格局的过程中加快健全有利于全面从严打击证券违法活动的司法体系，健全证券执法体制，通过强化制度供给全面提升依法治市效能将是下一阶段的核心工作。

（三）保险业

1. 发展新兴业务，加快行业转型升级

长三角保险业规模不小，但是业务结构有待优化，主要体现在投资型保险、车险等传统主流险种发展已达到或接近全球最高水平，而保障属性更强、技术含量更高的保险业务品种占比较低，如健康保险、养老保险、责任保险、政策性保险等的缺口较大。未来长三角保险业应聚焦国家发展战略，大力发展普惠型农业农村保险、商业健康养老保险、巨灾保险和责任保险等，切实推进行业转型升级。

2. 运用数字化技术，构建新型保险业发展模式

2022年1月，中国银保监会印发《关于银行业保险业数字化转型的指导意见》，提出全面推进保险业数字化转型。通过云计算、区块链、大数据

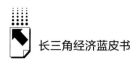

等数字化技术的运用，切实提升保险机构的服务能力，逐步实现保险定价精准化、服务供给定制化、营销渠道场景化、风险管理智能化。保险企业合作共建智慧健康、智慧养老、智慧保障与智慧财富生态圈。

3.提高风险防控能力，促进行业高质量发展

长三角保险业需要将强化风险防控作为重要任务来抓，进一步完善行业准入和退出机制，严格保险公司股东资质高审核，将不合格资本排除在保险市场之外。针对不正当竞争、侵害消费者权益等违规风险事件，加大处罚力度；针对互联网平台企业扰乱保险秩序行为进行重点专项整治，促进市场公平竞争。

参考文献

《2022年第二季度中国货币政策执行报告》，中国人民银行网站，2022年8月10日。

《全球经济金融展望报告（2022年第3季度）》，中国银行研究院网站，2022年7月5日。

《中国银行全球银行业展望报告（2022年第3季度）》，中国银行研究院网站，2022年7月5日。

《2022年度中国银行业发展报告》，中国银行业协会网站，2022年9月1日。

中国证券业协会：《中国证券业发展报告（2022）》，中国财政经济出版社，2022。

《2022年上半年互联网财产保险发展分析报告》，中国保险业协会网站，2022年9月27日。

王方圆：《强化风险保障功能　保险业坚持普惠发展理念》，《中国证券报》2022年9月5日。

B.12

2021~2022年长三角地区交通运输业
发展分析与展望

王晓娟[*]

摘　要： 受疫情影响，2021年长三角交通运输业发展较为迟缓，但作为
"十四五"规划的开局之年、长三角交通运输业更高质量一体化
发展的发力之年，长三角地区在交通重大项目建设、港口一体化
和机场一体化建设方面都取得了突破性进展。本报告从交通运输
业总体情况和运输结构入手，首先分析了2021年长三角地区交
通运输业的基本特征和发展趋势；其次，结合最新的统计数据对
长三角港口群和长三角机场群发展特征和发展趋势进行了详细的
分析与展望。

关键词： 长三角地区　交通运输业　港口一体化　机场一体化

"十三五"期间，长三角地区交通互联互通水平不断提高，沪苏通铁路
建成通车，沪通二期、沪苏湖铁路开工建设。"十四五"规划和2035年远
景目标纲要提出，长三角地区要构建多层级、一体化综合交通枢纽体系，优
化枢纽场站布局、促进集约综合开发，完善集疏运系统，发展旅客联程运输
和货物多式联运，推广全程"一站式""一单制"服务。"十四五"时期铁
路建设投资预计达1万亿元左右。2021年是我国"十四五"规划的开局之
年，也是进一步加快建设交通强国的开局之年。长三角各地在交通运输投资

* 王晓娟，上海社会科学院应用经济研究所副研究员，主要研究领域：区域经济发展。

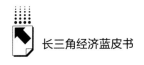

和建设方面都取得了长足发展。《长江三角洲地区多层次轨道交通规划》《长江三角洲地区民航协同发展战略规划》相继印发,区域合作进一步向港口污染防治协同治理、运输信用一体化、智慧高速公路、公路水路设施互联互通等领域拓展。

一　2021年长三角交通运输总体运行情况

2021年全年我国完成交通固定资产投资3.6万亿元,比上年增长4.1%。在投资的支撑带动下,交通基础设施建设稳步推进,综合立体交通网络加快完善。无论是我国高效率的交通基础设施还是普通干线交通网结构都在不断优化,我国交通水平逐步提升。2021年是长三角区域一体化发展战略实施三周年,长三角交通一体化在区域协同管理、跨区域重大设施规划建设统筹、运输服务一体化等方面取得显著成效。面临新的更高发展要求,长三角三省一市交通运输部门抓住高效协同发展的关键,2021年开通了6条毗邻公交线路,累计达到61条,跨省融合持续深化,三省一市逐步在加快省际毗邻区融通的项目计划、资金支撑、要素保障、土地政策等领域形成发展合力。区域内聚集了36个沿海内河主要港口、23个民用机场、上百条高等级公路和10多条铁路干线,基本形成了交通网络骨架。区域内形成"公铁水空"立体交通格局,区域交通一体化程度不断提升,且区域内的可达性发展更加均衡,外围城市的可达性迅速提升。

(一)交通运输总量

疫情对长三角交通运输业的发展造成冲击。但随着疫情防控形势向好,长三角各地复工复产有序推进,交通需求逐步回升。2021年,长三角地区各地货运量和客运量同比均明显增长,其中货运量率先恢复,全年实现全社会货运量117.9亿吨,较2020年增加了6.8%,高于疫情前水平(2018年货运量为103.03亿吨);客运量完成了15.23亿人次,较2020年增长了12.8%,但仍低于疫情前水平(2018年客运量达到30.89亿人次)。

表 1　2021 年长三角地区各种运输方式完成运输量

地　区	客运量（万人次）	货运量（万吨）	货物周转量（亿吨公里）	旅客周转量（亿人公里）
上　海	11125	154793	34074.60	134.65
江　苏	67295	294678	11788.60	991.53
浙　江	46355	328041	12937.51	713.62
安　徽	27563	401415	11068.04	753.60
合　计	152338	1178927	69868.75	2593.40

资料来源：国家统计局。

上海着力拓展城市新空间，推进 5 项交通重大工程开工建设，2021 年总投资超过 1000 亿元。两港大道快速化、崧泽高架西延伸等重点交通项目相继建成。重点区域转型发展步伐加快。推进北外滩建设，世界会客厅项目建成迎宾。2021 年上海全年实现交通运输、仓储和邮政业增加值 1843.46 亿元，比上年增长 13.5%。全年各种运输方式完成货物运输量 155211.94 万吨，比上年增长 11.5%。旅客发送量 14047.06 万人次，增长 17.3%。全年完成港口货物吞吐量 77635.43 万吨，比上年增长 8.3%；集装箱吞吐量 4703.33 万国际标准箱，增长 8.1%。集装箱水水中转比例达 49.6%，国际中转比例 13.0%，分别比上年减少 2.0 个百分点和提高 0.7 个百分点。上海浦东、虹桥两大国际机场全年共起降航班 57.47 万架次，增长 5.4%；实现进出港旅客 6541.41 万人次，增长 6.1%。其中，国内航线进出港旅客 6373.62 万人次，增长 12.9%；国际及地区航线进出港旅客 167.79 万人次，下降 67.7%。轨道交通 14 号线、18 号线（御桥站—长江南路站）建成试运行，S7 公路（月罗—宝钱段）、北横通道西段、江浦路越江等项目建成通车。至 2021 年末，全市轨道交通运营线路 20 条，长度达到 831 公里，运营车站 508 个。地面公交运营车辆达 1.76 万辆。其中，国 V 及以上和零排放公交车 1.67 万辆，占全部公交运营车辆的 94.4%。公交运营线路达 1596 条，线网长度 9243 公里；运营出租车 3.53 万辆，全年载客车次 2.02 亿次。全年公共交通客运总量 51.06 亿人次，日均 1398.79

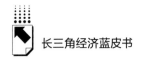
万人次，比上年增长20.6%。其中，轨道交通客运量35.72亿人次，增长26.1%；公共汽电车客运量14.95亿人次，增长9.5%；轮渡客运量3889.49万人次，增长3.1%。①

江苏交通运输业总体平稳发展。2021年，江苏交通完成基础设施建设投资1780亿元，同比增长7.7%，创历史新高。全省综合交通网络总里程达18.71万公里。苏锡常南部高速、宜长高速江苏段、五峰山长江大桥南北公路接线、宁合高速扩容工程建成通车，机场建设和港口建设也都取得了突破性进展。连云港花果山机场建成运营、南京禄口机场入境航班专用航站区建成投运，9个运输机场改扩建后全部实现一类口岸开放。2021年江苏全省铁公水空管等五种运输方式完成货物运输量比上年增长6.5%，货物周转量增长7.8%；旅客运输量下降22.5%，旅客周转量增长5.1%。全省机场飞机起降43.7万架次，比上年下降1.8%；旅客吞吐量3941.4万人次，增长0.5%；货邮吞吐量65.3万吨，下降2.8%。全省港口完成货物吞吐量32.1亿吨，比上年增长8.2%，其中外贸货物吞吐量5.9亿吨，增长6.6%；集装箱吞吐量2180.1万国际标准箱，增长15%。2021年末，全省公路里程15.9万公里，比上年末增加414公里，其中，高速公路里程5028公里。铁路营业里程4221.9公里，其中，高速铁路里程2212公里，比上年增加191公里；铁路正线延展长度7591.7公里，比上年增加366.3公里。民用汽车保有量2187万辆，比上年末增长7%，净增142.6万辆。私人汽车保有量1862.7万辆，比上年末增长6.6%，净增114.8万辆。其中，私人轿车保有量1253.5万辆，增长5.5%，净增90.5万辆。②

浙江省加快综合交通投资和重大项目建设，全面梳理27个促开工、96个百大续建项目清单，实施投资预警预报五色图等"赛马亮灯"机制。杭绍甬高速宁波段二期等10个项目顺利开工，自主建设运营的第一条电气化铁

① 《2021年上海市国民经济和社会发展统计公报》。
② 《2021年江苏省国民经济和社会发展统计公报》。

路——金台铁路、杭州二绕重要组成部分——钱江通道北接线建成通车。2021年,浙江省交通运输、仓储和邮政业增加值2252亿元,比上年增长10.3%。2021年末全省公路总里程12.39万公里,其中,高速公路5184公里,实现陆域县县通高速。共有民航机场7个,全年旅客吞吐量5183万人次,其中发送量2659万人次。铁路、公路和水运货物周转量12936亿吨公里,比上年提高5.0%;旅客周转量714亿人公里,增长5.9%。全省港口货物吞吐量19.3亿吨,增长4.0%,其中,沿海港口货物吞吐量14.9亿吨,增长5.4%。宁波舟山港货物吞吐量12.2亿吨,连续13年居全球第一,集装箱吞吐量3108万标箱,连续4年全球居第3,继上海港、新加坡港之后,跻身"3000万俱乐部"港口。①

安徽省2021年交通领域年度重大项目开工数、在建规模等均创"十三五"以来之最,交通建设投资再攀历史新高。固蚌、池祁高速池州至石台段、芜黄3条高速公路建成通车,"县县通高速"全面实现。通用航空发展以最短时间获批改革试点,成为长三角第1个、全国第3个低空空域全域开放省份。全年完成投资945亿元,是年度目标的1.26倍,同比增长13.2%。全年新增高速公路通车里程242公里,总里程突破5000公里大关,达到5146公里。全年货物运输量40.1亿吨,比上年增长7.2%。货物运输周转量11023.9亿吨公里,增长8%。全年港口货物吞吐量5.8亿吨,增长7.8%。全年旅客运输量2.8亿人次,下降15%。旅客运输周转量784.7亿人公里,增长7.7%。全省民航机场旅客吞吐量1100.1万人次,增长6.5%,其中合肥新桥机场旅客吞吐量879.5万人次,增长2.3%。② 安徽省建成省会到市、市到县一级公路联通工程109公里,全年新增一级公路通车里程398公里,总里程突破6000公里大关,达到6171公里。耿楼复线船闸、水阳江航道建成投运。引江济淮航运工程和阜阳、池州、安庆等机场改扩建工程加快推进,交通经济效能持续释放。

---

① 《2021年浙江省国民经济和社会发展统计公报》。
② 《2021年安徽省国民经济和社会发展统计公报》。

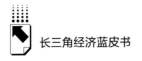

（二）交通运输结构

长三角地区高铁网络已覆盖苏浙皖沪三省一市范围内除舟山外所有地级以上城市，形成以上海、南京、杭州、合肥为中心，地级市3小时覆盖、省内地级市2小时覆盖、相邻地级市1小时覆盖的高铁出行圈，为区域经济社会一体化发展提供了有力支撑。2021年长三角以更高质量交通运输一体化为主线，在各种运输方式协调发展、线网深度互联、枢纽能级提升、运输无缝衔接、创新智慧引领、协调联动机制等领域取得突破，互联互通水平不断提高。从货物运输和旅客运输数据看，2021年长三角地区三省一市全年货物运输主要指标较上年明显趋好，而旅客运输相较于疫情前仍有较大差距。

1. 货物运输结构

从货运量看，公路运输仍旧是长三角地区最主要的运输方式。2021年，长三角地区货运物流总需求较2020年有所增加，其中铁路货运量增幅最大。具体来说，公路运输量为712304万吨，同比增长8.%，占全国的18.20%；铁路运输量为23219万吨，同比增长89%，占全国的4.86%；水路运输量为443402万吨，同比增长6.8%，占全国的53.81%。水路运输量占比持续增加，占到全国的一半以上，具有绝对优势。

表2　2021年长三角地区主要交通方式货运量结构

单位：万吨，%

项　目	公路	铁路	水路
上　海	52899	513	101380
江　苏	186708	9738	98232
浙　江	213653	5177	109210
安　徽	259044	7791	134580
长三角合计	712304	23219	443402
全国	3913889	477372	823973
长三角占比	18.20	4.86	53.81

资料来源：国家统计局。

从货物周转量看，2021 年长三角公路货物周转量为 11089.96 亿吨公里，同比增长 62%，占全国的 16.05%；铁路货物周转量为 1474.38 亿吨公里，占全国的 4.44%；水路货物周转量为 57304.39 亿吨公里，同比增长 16.8%，占全国的 49.58%。

表 3　2021 年长三角地区主要交通方式货物周转量结构

单位：亿吨公里，%

项　　目	公路	铁路	水路
上　海	1037.32	18.94	33018.33
江　苏	3687.79	357.51	7743.29
浙　江	2636.97	271.30	10029.51
安　徽	3727.88	826.90	6513.26
长三角合计	11089.96	1474.38	57304.39
全国	69087.65	33238.00	115577.51
长三角占比	16.05	4.44	49.58

资料来源：国家统计局。

2. 旅客运输结构

与货运量逐步回升相比，2021 年长三角地区客运量仍处于低位。疫情对人们出行工具的选择也产生了较大的影响，从长三角地区 2021 年的旅客运输结构看，虽然公路出行仍然是最主要的出行方式，但其重要性不断下降，2021 年铁路旅客运输量有较大幅度的回升，而公路旅客运输量持续下降，且下降幅度较大。具体来看，2021 年长三角地区公路客运量为 85799 万人次，同比下降 33%，占全国的 16.87%；铁路客运量为 60032 万人次，同比增长 23.67%，占全国的 22.99%；水路客运量为 6508 万人次，同比增长 22.1%，占全国的 39.84%。城际高速网络完善，高铁正成为长三角区域重要的出行工具。

从旅客周转量看，2021 年长三角各省市共完成公路旅客周转量 675.94 亿人公里，同比下降 19%，较 2018 年下降了将近 58%，占全国的 18.63%；完成铁路旅客周转量为 1910.77 亿人公里，同比增长 7.3%，较 2018 年下降了19.7%，占全国的 19.97%；完成水路旅客周转量为 6.69 亿人公里，同比增长3.4%，占全国的 20.21%。

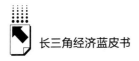
表4 2021年长三角地区主要交通方式客运量结构

单位：万人次，%

地　区	公路	铁路	水路
上　海	1480	9284	361
江　苏	43789	21367	2140
浙　江	24246	18263	3846
安　徽	16284	11118	161
长三角合计	85799	60032	6508
全国	508693	261170.56	16337
长三角占比	16.87	22.99	39.84

资料来源：国家统计局。

表5 2021年长三角地区主要交通方式旅客周转量结构

单位：亿人公里，%

地　区	公路	铁路	水路
上　海	49.68	84.27	0.71
江　苏	301.58	689.12	0.83
浙　江	176.87	531.81	4.94
安　徽	147.81	605.57	0.21
长三角合计	675.94	1910.77	6.69
全国	3627.54	9567.81	33.11
长三角占比	18.63	19.97	20.21

资料来源：国家统计局。

（三）交通固定资产投资

2021年，《长江三角洲地区多层次轨道交通规划》《长江三角洲地区民航协同发展战略规划》相继印发，区域合作进一步向港口污染防治协同治理、运输信用一体化、智慧高速公路、公路水路设施互联互通等领域拓展；"轨道上的长三角"格局凸显，沪苏通、盐通、连镇高铁开通运行，沪渝蓉高铁、沪乍杭铁路、上海示范区线等前期工作有序推进。

1. 交通固定资产投资整体情况

2021 年,全国完成公路水路交通固定资产投资 27508 亿元,比上年增长 6.3%。长三角地区交通固定资产投资持续增长,投资结构日趋优化,着力于互联互通,实施高速公路和铁路、港口、机场等重大交通项目,补齐交通基础设施短板,完善综合交通运输体系。2021 年长三角地区累计完成公路水路交通固定资产投资 4311.7 亿元,同比增长 16.11%,占全国的 15.67%。其中上海完成公路水路交通固定资产投资 182.8 亿元,较上年同期下降了 5.9%;江苏完成 1191 亿元,较上年同期增长 15.2%;浙江完成 2001 亿元,较上年同期增长 3.1%;安徽完成 937.2 亿元,较上年同期增长 12.2%。从内部横向比较看,2021 年浙江公路水路交通固定资产投资占比最大,占长三角地区的 46.4%。

表6 2021 年长三角地区公路水路交通固定资产投资完成情况

单位:万元,%

项目		全国	长三角	长三角占比	上海	江苏	浙江	安徽
合计	投资额	275083388	43116764	15.67	1828126	11908948	20007811	9371879
	同比增速	6.3	16.11	—	-5.9	15.2	3.1	12.2
公路建设	投资额	259953289	38049016	14.64	1535170	10107656	17994320	8411870
	同比增速	6.0	17.16	—	-4.6	15.5	3.7	16.3
内河建设	投资额	7431007	3000353	40.38	205042	1000872	837664	956775
	同比增速	5.5	4.07	—	-38.1	1.5	1.6	-14.2
沿海建设	投资额	7227432	1940286	26.85	0	770695	1169591	0
	同比增速	15.4	14.87	—	—	41.1	-3.7	—

资料来源:国家交通运输部网站。

长三角区域有需求、有条件、有能力、有使命推动交通"新基建"率先落地。2021 年是"十四五"规划的开局之年,在构建以国内大循环为主体、国内国际双循环相互促进的新发展格局下,区域一体化等国家战略加快落实,交通基础设施迎来了更大的发展契机。公路方面,开工建设沪渝高速

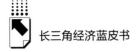

公路宣城至广德段、南京至和县高速公路安徽段、徐淮阜高速公路安徽段等，建成宜兴至长兴高速公路江苏段。加快建设沪武高速公路沪苏省际段改扩建工程上海段、宁宣杭高速公路江苏段和浙江段。铁路方面，2021年，长三角铁路建设投资超750亿元，计划开通新线里程833公里，长三角铁路建设"蹄疾步稳"，开工项目数再创新高，积极推进沪渝蓉高铁上海至南京至合肥段、沪渝蓉高铁合肥至武汉段、通苏嘉甬、合新高铁等11个项目，计划投产徐连高铁、嘉兴站改造工程、安九高铁、杭绍台铁路等6个重点项目，续建南沿江城际铁路、沪苏湖铁路等20个项目。同时，长三角地区持续推进世界级机场群和世界级港口群建设。其中包括落实南通新机场合作共建协议、沪苏城际轨道交通规划等。以长三角共建辐射全球的航运枢纽，提升整体竞争力和影响力为根本遵循，加快形成长三角世界级港口群一体化治理体系。

2. 各省市交通投资重点进展

2021年上海积极落地《上海市综合交通发展"十四五"规划》，一系列重大工程启动建设。加快推进虹桥国际开放枢纽建设，聚焦"一核两带"优化综合交通体系，沪苏湖铁路进沪通道取得突破性进展，机场联络线工程有序推进助力联通国际能力提升，商务区轨道交通、路网和公交体系进一步完善。进一步完善重大交通工程建设推进机制，大力推进"长三角高质量一体化发展""五个新城"相关交通基础设施建设，集中力量完善新城外部配套，加强对新城内部交通和慢行交通的指导，公布的重大交通工程正式项目有50项（市属项目36项，区属项目14项），重点推进松江南站、嘉闵线、S3等枢纽、轨道交通和高快速路建设，以及市域铁路嘉闵线、轨道交通13号线西延伸开工，助力新城产业、人口和城市功能集聚。

2021年，江苏省公铁水空累计完成投资1779.8亿元，同比增长7.7%，十年来完成基础设施投资11236亿元，截至2021年，全省综合交通网总规模达到18.7万公里，网络密度为182公里/百平方公里，跃居世界前列。2021年狠抓重点项目落地，连徐高铁、宁句城际建成并投入运营。苏锡常南部高速、宜长高速江苏段、五峰山长江大桥南北公路接线和宁合高速扩容工程建成通车，全省高速公路通车里程突破 5000 公里。连云港花果山机场建成运营、南京禄口机场入境航班专用航站区建成投运。南通通州湾新出海口吕四"2+2"码头开港。建成内河航道 56 公里、万吨级以上泊位 12 个。建成普通国省道 302 公里。完成新改建农村公路 2937 公里、改造桥梁 979 座。11 个县（市、区）和 3 个市入围"四好农村路"全国示范县、市域示范创建突出单位公示名单，数量居全国第一。现代交通物流体系加快构建。全年完成综合货运量 29.3 亿吨、货物周转量 11779 亿吨公里，同比分别增长 6.6%、8.2%。国际物流供应链保持稳定畅通。开通海安至越南河内、南京至荷兰蒂尔堡、南京至老挝万象等 6 条国际物流新通道，打造自贸区班列、徐工班列、跨境电商班列等特色班列，国际货运班列全年开行 1800 列，同比增长 29%，进出口货值达到 255.5 亿元人民币，同比增长 67.7%。①

浙江省完善规划政策体系，加快推动试点工作落地。一是以省委、省政府名义印发《浙江省综合立体交通网规划》，立足未来 30 年发展，紧密衔接国家综合立体网"6 轴、7 廊、8 通道"主骨架，实施 10 万亿元投资，加快构建"六纵六横"综合运输通道，一体推动"铁轨公水空管邮枢廊"九要素现代化，打造高品质 3 个"1 小时交通圈"和 2 个"123 快货物流圈"。二是构建综合交通运输"十四五"规划体系。立足未来 5 年，明确"123510"目标，争创交通运输现代化先行省，实施 2 万亿元综合交通投资，基本建成 3 个"1 小时交通圈"，在基础设施、现代物流、出行服务、高质量发展和整体智治上实现 5 个先行引领，打造世界一流强港、现代公路网、"枢纽上的城市"等十大标志性工程。同时，发布公路、水运、民航、枢纽、运输服务等 10 个专项规划，形成九要素协同推进体系。三是扎实推进 8 方面 60 项试点项目建设。坚持效果导向、闭环推进，重点建立"项目长"责任机制，每个试点项目明确一名分管领导牵头、一名中层负责人主

① 江苏省交通运输厅网站。

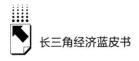

抓，形成"强省办统筹—指导单位把关—项目单位实施"三级责任体系；建立"清单式"落实机制，制定年度任务清单，打造数字化工作平台，逐一量化目标、细化节点。[①]

安徽省建立健全对标学习沪苏浙长效机制，提出对标建议 23 项，项目前期工作等 8 项对标成果相继落地。制订合肥机场"一枢纽一中心"等 7 个重大工程实施方案，签署公路水路省际通道中长期规划建设等 5 项区域合作协议，交通运输支撑皖北"四化同步"研究不断深化。互联互通水平持续提升，宁和高速以及宁洛、宣广高速改扩建工程开工建设，来六、黄千、宁安等项目加快推进，新开通 5 条省际毗邻公交线路。携手共建长三角世界级港口群，合肥至上海外贸定制直达航线、芜湖至日本快运航线、定埠至上海港航巴士相继开通，芜湖港—上海洋山港实现一体化运行，上港集团—安徽港航芜湖集装箱联合服务中心揭牌运营，完成集装箱吞吐量 204 万标箱，同比增长 5%。携手共建长三角世界级机场群，芜宣机场正式运营，芜湖专业航空货运枢纽港加快建设，合肥机场二期开工，合肥至伦敦、仁川 2 条国际货运航线开通，合肥国际货运集散中心建设加快。[②]

（四）交通运输里程

交通运输里程是区域交通运能的基础指标。截至 2020 年，长三角地区公路总里程达 53.06 万公里，同比增长 3.4%，其中高速公路总里程为 1.58 万公里，同比增长 3.5%，约占全国的 9.8%，占比较前几年小幅下降；铁路总里程为 1.31 万公里，同比增长 11.7%，占全国的 8.96%；内河航道总里程基本不变，为 4.14 万公里，占全国的 32.45%（见表 7）。

---

① 浙江省交通运输厅 2021 年工作总结和 2022 年工作计划。
② 安徽省交通运输厅网站。

表7　2019~2020年长三角地区主要交通里程

单位:公里,%

区　域	公路里程		高速公路里程		铁路里程		内河航道里程	
	2020年	2019年	2020年	2019年	2020年	2019年	2020年	2019年
上　海	12917	13045	845	845	491	467	1654	2028
江　苏	158101	159937	4925	4865	4174	3587	24372	24372
浙　江	123080	121813	5096	4643	3159	2842	9758	9767
安　徽	236483	218295	4904	4877	5287	4844	5651	5651
长三角	530581	513090	15770	15230	13111	11740	41435	41818
全　国	5198120	5012496	160980	149571	146330	139926	127686	127298
长三角占比	10.21	10.24	9.80	10.18	8.96	8.39	32.45	32.85

资料来源:2021年中国统计年鉴。

二　2021年长三角地区港口及航运中心建设情况

长三角港口群是中国沿海港口分布最密集、吞吐量最大的港口群,是我国水运业全力保障国内国际物流供应链稳定畅通、服务构建新发展格局的一个缩影。2021年,我国港口全年完成货物吞吐量155亿吨,同比增长6.8%,发挥了外贸运输"主力军"作用。2021年长三角地区港航部门积极优化航线布局,加强港口资源整合,推动信息资源共享。2021年,长三角地区港口货物吞吐量稳步增长,集装箱吞吐量首次突破1亿标箱,标志着长三角地区世界级港口群建设取得重要阶段性成果,上海国际航运中心服务能级进一步提升,实现"十四五"良好开局。

(一)港口总体发展情况

在长三角一体化和长江经济带发展等国家战略推动下,长三角港口正由城市港口、省市港口向港口群转变,长三角港口群间合作也从要素合作转向省级、跨省级行政区域港口资源整合,逐步形成港口一体化治理体系。加强区域协同,推动港口一体化,最大限度发挥区域资源合理配置优

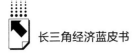

势，共同提升全球航运资源配置能力，是时代赋予长三角港口群的重大历史使命。

1. 港口基本情况

港口是位于海、江、河、湖、水库沿岸，具有水陆联运设备及条件以供船舶安全进出和停泊的运输枢纽。港口泊位数作为港航设施，可以反映出港口所能容纳装卸船只的数量，泊位数越多，装卸的船只及其货物越多，也是反映港口物流服务能力的基本条件。目前长三角区域内有 17 个亿吨大港，万吨级及以上泊位超 1000 个，除宁波舟山港和上海港外，苏州、镇江、南通、泰州、南京、连云港和江阴等城市的港口货物吞吐量初具规模。与港口经济有较强联系的沿海港口码头可分为生产用码头和非生产用码头，2020 年长三角地区生产用码头长度为 427444 米，其中内河生产用码头长度为 205096 米，沿海生产用码头长度为 222438 米；非生产用码头长度 36353 米，其中内河非生产用码头长度为 1509 米，沿海非生产用码头生产长度为 34844 米。生产用码头长度远大于非生产用码头。

表 8　2020 年内河主要规模以上港口生产用码头情况

区　域	总计			生产用			非生产用	
	码头长度（米）	泊位数（个）	万吨级泊位数（个）	码头长度（米）	泊位数（个）	万吨级泊位数（个）	码头长度（米）	泊位数（个）
安　庆	3924	39	—	3485	33	—	439	6
池　州	8385	79	—	8385	79	—	—	—
铜　陵	7414	74	3	7369	73	3	45	1
芜　湖	12515	115	12	12515	115	12	—	—
马鞍山	9793	117	1	9793	117	1	—	—
南　京	24263	187	58	24263	187	58	—	—
镇　江	24263	218	49	24143	216	49	120	2
泰　州	21158	148	62	21158	148	62	—	—
扬　州	9370	49	29	9370	49	29	—	—
江　阴	16514	107	39	16514	107	39	—	—
常　州	3746	27	9	3746	27	9	—	—
南　通	26515	156	65	25960	150	65	555	6

续表

区 域	总计			生产用			非生产用	
	码头长度（米）	泊位数（个）	万吨级泊位数（个）	码头长度（米）	泊位数（个）	万吨级泊位数（个）	码头长度（米）	泊位数（个）
上海（内河）	38745	759	—	38395	754	—	350	5
长三角	206605	2075	327	205096	2055	327	1509	20
全 国	1142202	17297	454	1102597	16681	454	39605	616
长三角占比	18.09	12.00	72.03	18.60	12.32	72.03	3.81	3.25

资料来源：2021年中国统计年鉴。

表9　2020年沿海主要规模以上港口码头情况

区 域	总计			生产用			非生产用	
	码头长度（米）	泊位数（个）	万吨级泊位数（个）	码头长度（米）	泊位数（个）	万吨级泊位数（个）	码头长度（米）	泊位数（个）
上 海	105814	1024	185	75817	560	185	29997	464
连云港	17494	76	62	17197	74	62	297	2
宁波—舟山	100955	699	196	96543	608	196	4412	91
台 州	15740	197	11	15740	197	11	—	—
温 州	17279	202	20	17141	201	20	138	1
长三角	257282	2198	474	222438	1640	474	34844	558
全 国	942866	6447	2138	882385	5461	2138	60481	986
长三角占比	27.29	34.09	22.17	25.21	30.03	22.17	57.61	56.59

资料来源：2021年中国统计年鉴。

2. 港口货物吞吐量

港口货物吞吐量是衡量港口生产能力的重要指标。2021年，全国规模以上港口完成货物吞吐量155.5亿吨，同比增长4.3%，其中，沿海港口完成94.9亿吨，内河港口完成货物吞吐量50.6亿吨。长三角地区主要港口共完成货物吞吐量51.08亿吨，同比增长2.83%，占全国规模以上港口货物吞吐量的比重为35.1%。长三角地区整合区域港口资源，推进港口群生产效率的提升，有力地支撑了沿海经济带和沿长江经济带等国家战略的顺利实施。2021年，上海市共完成货物吞吐量7.11亿吨，占全国的4.89%；浙江

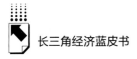

主要港口完成货物吞吐量 18.55 亿吨，占全国的 12.75%；江苏主要港口完成货物吞吐量 28.76 亿吨，占全国的 20.38%；安徽主要港口完成货物吞吐量 5.41 亿吨，占全国的 3.72%。

表10 2021年长三角主要港口货物吞吐量

单位：万吨，%

项 目		吞吐量	同比增速	占长三角主要港口的比重	占全国主要港口的比重
沿海	上 海	69827	7.3	10.76	4.49
	连云港	26918	11.3	4.15	1.73
	盐 城	11209	35.6	1.73	0.72
	嘉 兴	12691	8.3	1.96	0.82
	宁波—舟山港	122405	4.4	18.86	7.87
	台 州	5938	16.6	0.91	0.38
	温 州	7976	7.8	1.23	0.51
内 河	上 海	7143	19.1	1.10	0.46
	南 京	26855	6.9	4.14	1.73
	镇 江	23706	-32.4	3.65	1.52
	苏 州	56590	2.1	8.72	3.64
	南 通	30851	-0.5	4.75	1.98
	常 州	5202	-4.4	0.80	0.33
	江 阴	33757	36.6	5.20	2.17
	扬 州	10144	3.9	1.56	0.65
	泰 州	35291	17.2	5.44	2.27
	徐 州	4674	6.4	0.72	0.30
	无 锡	7308	6.0	1.13	0.47
	宿 迁	1860	-9.3	0.29	0.12
	淮 安	7373	3.1	1.14	0.47
	扬州内河	428	14.7	0.07	0.03
	镇江内河	958	-0.6	0.15	0.06
	苏州内河	17668	53.4	2.72	1.14
	常州内河	9053	92.5	1.39	0.58
	江苏其他	10991	16.3	1.69	0.71
	杭 州	14655	-4.9	2.26	0.94
	嘉兴内河	12637	-3.6	1.95	0.81

续表

项　目		吞吐量	同比增速	占长三角主要 港口的比重	占全国主要 港口的比重
内　河	湖　州	13108	7.3	2.02	0.84
	宁波内河	291	35.1	0.04	0.02
	绍　兴	2104	-13.7	0.32	0.14
	金　华	205	139.1	0.03	0.01
	青　田	291	23.0	0.04	0.02
	浙江其他	535	80.8	0.08	0.03
	马鞍山	11046	8.0	1.70	0.71
	芜　湖	13475	-0.5	2.08	0.87
	铜　陵	8498	0.8	1.31	0.55
	池　州	12602	24.3	1.94	0.81
	安　庆	2438	18.0	0.38	0.16
	阜　阳	264	-33.5	0.04	0.02
	合　肥	4282	18.6	0.66	0.28
	六　安	319	7.5	0.05	0.02
	滁　州	1204	-13.6	0.19	0.08
	淮　南	1139	14.9	0.18	0.07
	蚌　埠	1759	1.6	0.27	0.11
	亳　州	19	-62.4	0.00	0.00
	安徽其他	1280	4.5	0.20	0.08
长三角合计		648967	24.3	—	—
全　国		1554534	6.8	—	—

资料来源：中国交通运输部网站。

3. 港口外贸货物吞吐量

2021年，我国经济继续保持恢复态势，构建新发展格局迈出新步伐，主要经济指标保持了较快增长，特别是国内生产和消费需求为外贸稳增长提供了强有力的支撑。2021年，我国货物贸易进出口总值39.1万亿元，比2020年增长21.4%，按美元计算，首次突破6万亿美元关口。其中，出口21.73万亿元，增长21.2%；进口17.37万亿元，增长21.5%。与2019年相比，我国货物贸易进出口、出口、进口分别增长23.9%、26.1%、

21.2%。2021 年全国规模以上港口完成外贸货物吞吐量 46.97 亿吨,比上年增长 4.5%,其中,沿海港口完成外贸货物吞吐量 41.88 亿吨,比上年增长 4.6%;内河港口完成外贸货物吞吐量 5.09 亿吨,比上年增长 3.7%。

季节性因素、疫情等导致供给扰动,2021 年长三角地区主要港口外贸货物吞吐量波动较大。2021 年长三角地区实现货物贸易进出口总额 141090 亿元,比上年增长 19.1%。其中,上海市进出口总额为 40610 亿元,比上年增长 16.5%;浙江省进出口总额为 41429 亿元,比上年增长 22.4%;江苏省进出口总额为 52131 亿元,比上年增长 17.1%;安徽省进出口总额为 6920 亿元,比上年增长 26.9%。从港口数据看,2021 年长三角地区主要港口完成外贸货物吞吐量 16.19 亿吨,比上年增长 6.0%,占全国规模以上港口外贸货物吞吐量的比重为 34.5%。上海港完成外贸货物吞吐量 4.15 亿吨,比上年增长 6.8%。浙江省主要港口完成外贸货物吞吐量 5.95 亿吨,比上年增长 5.3%,其中杭州港外贸货物吞吐量比上年增长 396.4%,主要原因是杭州港外贸业务刚起步,外贸货物吞吐量基数较小。江苏省主要港口完成外贸货物吞吐量 5.96 亿吨,比上年增长 6.7%。安徽省主要港口完成外贸货物吞吐量 1500 万吨,比上年下降 5.3%。①

表 11　2021 年长三角主要港口外贸货物吞吐量

单位:万吨,%

项 目		吞吐量	同比增速	占长三角主要港口的比重	占全国主要港口的比重
沿海	上 海	41491	6.8	25.62	8.83
	连云港	13919	5.1	8.59	2.96
	盐 城	3029	53.4	1.87	0.64
	嘉 兴	1438	-3.0	0.89	0.31
	宁波—舟山	56179	4.7	34.69	11.96
	台 州	1146	103.8	0.71	0.24
	温 州	407	-17.7	0.25	0.09

① 资料来源:上海组合港管理委员会办公室,"2021 年长三角地区港口经济运行情况及形势分析"。

项　目		吞吐量	同比增速	占长三角主要港口的比重	占全国主要港口的比重
内河	南　京	3211	0.1	1.98	0.68
	镇　江	4892	12.3	3.02	1.04
	苏　州	17100	6.7	10.56	3.64
	南　通	5382	1.5	3.32	1.15
	常　州	1206	−12.8	0.74	0.26
	江　阴	6658	4.2	4.11	1.42
	扬　州	1269	22.8	0.78	0.27
	泰　州	2726	2.7	1.68	0.58
	无　锡	42	−77.5	0.03	0.01
	宿　迁	1	—	0.00	0.00
	苏州内河	62	−4.4	0.04	0.01
	江苏其他	1	11.0	0.00	0.00
	杭　州	8	396.4	0.00	0.00
	嘉兴内河	44	10.1	0.03	0.01
	湖　州	212	−2.0	0.13	0.05
	马鞍山	1063	−4.6	0.66	0.23
	芜　湖	315	−3.5	0.19	0.07
	铜　陵	29	−5.3	0.02	0.01
	池　州	21	−39.3	0.01	0.00
	安　庆	43	−12.5	0.03	0.01
	合　肥	49	2.5	0.03	0.01
	蚌　埠	2	−69.7	0.00	0.00
长三角合计		161945	−1.3	—	—
全　国		469736	4.5	—	—

资料来源：中国交通运输部网站。

4. 集装箱吞吐量

2021年全国规模以上港口完成集装箱吞吐量28272万TEU，比上年增长7.0%。其中，沿海港口完成集装箱吞吐量24932万TEU，比上年增长6.4%；内河港口完成集装箱吞吐量3340万TEU，比上年增长11.3%。

2021年长三角地区主要港口完成集装箱吞吐量10697万TEU，首次突

破 1 亿 TEU（其中宁波—舟山港首次突破 3000 万 TEU），比上年增长
8.2%，占全国规模以上港口集装箱吞吐量的比重为 37.8%。上海港完成集
装箱吞吐量 4703.3 万 TEU，比上年增长 8.1%，继续保持世界首位；浙江省
主要港口完成集装箱吞吐量 3610.5 万 TEU，比上年增长 8.5%；江苏省主要
港口完成集装箱吞吐量 2180.1 万 TEU，比上年增长 14.5%；安徽省主要港
口完成集装箱吞吐量 203.3 万 TEU，比上年增长 4.4%。①

表 12　2021 年长三角规模以上港口集装箱吞吐量

单位：万 TEU，%

地　区		吞吐量	同比增速	占长三角主要港口的比重	占全国主要港口的比重
沿海	上　海	4703	8.1	43.97	16.63
	连云港	503	4.8	4.70	1.78
	盐　城	38	42.1	0.36	0.13
	嘉　兴	222	13.6	2.08	0.79
	宁波—舟山	3108	8.2	29.05	10.99
	台　州	55	9.4	0.51	0.19
	温　州	104	2.4	0.97	0.37
内河	南　京	311	2.9	2.91	1.10
	镇　江	44	16.9	0.41	0.16
	苏　州	811	29.0	7.58	2.87
	南　通	203	6.1	1.90	0.72
	常　州	36	1.2	0.34	0.13
	江　阴	61	19.6	0.57	0.22
	扬　州	61	16.7	0.57	0.22
	泰　州	32	-1.8	0.30	0.11
	徐　州	11	74.2	0.10	0.04
	无　锡	5	1.1	0.05	0.02
	宿　迁	14	18.5	0.13	0.05
	淮　安	31	20.1	0.29	0.11

---

　　①　上海组合港管理委员会办公室。

续表

地 区		吞吐量	同比增速	占长三角主要港口的比重	占全国主要港口的比重
内河	扬州内河	2	—	0.02	0.01
	苏州内河	10	33.2	0.09	0.04
	江苏其他	7	—	0.07	0.02
	杭 州	13	31.2	0.12	0.05
	嘉兴内河	38	22.7	0.36	0.13
	湖 州	61	9.8	0.57	0.22
	绍 兴	9	−8.3	0.08	0.03
	浙江其他	1	−56.9	0.01	0.00
	马鞍山	18	−9.0	0.17	0.06
	芜 湖	115	4.4	1.08	0.41
	铜 陵	3	−2.8	0.03	0.01
	池 州	1	−27.3	0.01	0.00
	安 庆	17	4.0	0.16	0.06
	合 肥	40	7.8	0.37	0.14
	滁 州	2	215.9	0.02	0.01
	蚌 埠	7	35.3	0.07	0.02
长三角合计		10697	8.2	—	—
全 国		28272	7.0	—	—

资料来源：中国交通运输部网站。

专栏：2021 年我国港口吞吐量排名

2021 年，全国港口完成集装箱吞吐量 2.8 亿 TEU，同比增长 7%；完成货物吞吐量 155.5 亿吨，同比增长 6.8%，其中外贸货物吞吐量 47.0 亿吨，同比增长 4.5%。

2021 年，全国港口集装箱吞吐量前十名分别为上海港（第 1）、宁波—舟山港（第 2）、深圳港（第 3）、广州港（第 4）、青岛港（第 5）、天津港（第 6）、厦门港（第 7）、苏州港（内河，第 8）、北部湾港（第 9）、营口港（第 10）。与 2020 年相比，北部湾港排名从第 11 名上升至第 9 名，成功跻身前十。

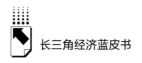

表13 2021年全国港口集装箱吞吐量前10名

单位：万 TEU，%

2021年	港　口	吞吐量	增速
1	上海港	4703	8.1
2	宁波—舟山港	3108	8.2
3	深圳港	2877	8.4
4	广州港	2447	5.6
5	青岛港	2371	7.8
6	天津港	2027	10.4
7	厦门港	1205	5.6
8	苏州港(内河)	811	29.0
9	北部湾港	601	19.0
10	营口港	521	−7.8

　　货物吞吐量排名前十的港口分别为宁波—舟山港（第1）、上海港（第2）、唐山港（第3）、广州港（第4）、青岛港（第5）、苏州港（内河，第6）、日照港（第7）、天津港（第8）、烟台港（第9）、北部湾港（第10）。与2020年相比，北部湾港排名上升5个位次，居第10位。

表14 2021年全国港口货物吞吐量前10名

单位：万吨，%

2021年	港　口	吞吐量	增速
1	宁波—舟山港	122405	4.4
2	上海港	76970	8.0
3	唐山港	72240	2.8
4	广州港	65130	6.4
5	青岛港	63029	4.3
6	苏州港(内河)	56590	2.1
7	日照港	54117	9.1
8	天津港	52954	5.3
9	烟台港	42337	6.0
10	北部湾港	35822	21.2

（二）长三角世界级港口群建设

长三角港口群作为参与全球经济合作和竞争的重要战略资源，在区域经济和社会发展中发挥着日益重要的作用。联动自贸区建设、"一带一路"和长江经济带建设等国家战略，合作开发大小洋山、发展江海联运，是推进长三角港口一体化发展的核心，也是落实和推进长三角一体化发展国家战略的重要先行内容。2021年，长三角港口集装箱吞吐量已突破1亿标准箱，标志着长三角世界级港口群建设取得重要的阶段性成果，上海国际航运中心服务能级进一步提升，港航业为长三角更高质量一体化发展提供了强有力的支撑。

针对上海国际航运中心建设，"十四五"规划提出建设智慧高效、服务完备、品质领先的国际集装箱海港枢纽、世界级航空枢纽，夯实其在长三角世界级港口群和机场群建设中的核心引领地位。2025年，集装箱年吞吐量达到4700万标准箱以上；航空旅客年吞吐量达到1.3亿人次以上，货邮年吞吐量达到410万吨以上。江苏省"水上长三角"格局持续优化。太仓港区四期工程竣工验收，四期码头月作业能力超11万标准箱；水阳江安徽段航道整治工程基本建成；长湖申线江苏段、京杭运河浙江段正在加快建设。长三角区域高等级航道网规模超4100公里，通江达海的干线航道网络逐步形成。同时，江苏加快完善港口集散网络，打造错位协同、集约高效的港口枢纽，建设世界一流港口群北翼，形成省内成网、地区协同、融合高效的港口体系。依托港口群发展，进一步优化北美、中东、欧洲航线布局，强化与国内沿海、沿江港口的航线连接，形成内河、沿海、近洋、远洋立体化、多层次航运格局。预计到2025年全省港口综合通过能力可达25亿吨。

上海港和宁波—舟山港两大港口桥头堡实现错位分工。上海港的优势在于国际集装箱运输，而宁波—舟山港的竞争力体现为大宗散货和大型油码头、煤码头、铁矿石码头等专业性码头。2021年，宁波—舟山港完成年货物吞吐量12.24亿吨，同比增长4.4%，连续13年位居全球第一；同时，全

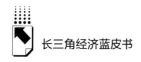

港完成集装箱吞吐量 3108 万标准箱，同比增长 8.2%，位居全球第 3。截至 2021 年底，宁波—舟山港航线数量达 287 条，创历史新高，较 2020 年新增航线 27 条，其中"一带一路"航线达 117 条；海铁联运班列增至 21 条，业务辐射全国 16 个省（自治区、直辖市）61 个地级市。2021 年，宁波—舟山港全年空箱供给超 754.8 万标准箱，同比增长 23.1%。

目前，长三角地区很多指标居世界前列，但是单一港口的综合指标很难实现世界领先。在国家"双循环"战略、长三角一体化战略下，应整合港航资源，加快上海国际航运中心建设。特别是上海国际航运中心与长三角港口群之间的关系亟待厘清。长三角港口群与上海国际航运中心之间的相互支撑关系不够明确，导致河航道网和道路、铁路建设之间尚未形成"公、铁、水、航空"整体综合立体化体系，没有形成"科学定位、合理分工"的港口群一体化运作模式，港口间同质化业务竞争多、合作少，利益共享、风险共担的高效专业化运营格局难以形成，统筹发展难度大。

三 2020 年长三角地区航空运输业运行情况

长三角地区经济发展与居民消费结构升级为其航空运输发展提供了源源不竭的动力。可以说，国家战略、区域发展与市场活力正在为长三角机场群建设带来新的机遇。目前，长三角拥有 23 个机场，其中上海 2 个、江苏 9 个、浙江 7 个、安徽 5 个。此外还有近 10 个在建或正在规划的机场。

（一）长三角机场运行情况

1. 机场旅客吞吐量

从机场旅客吞吐量来看，2021 年长三角 23 个机场旅客吞吐量为 16749.16 万人次，占全国的 18.46%，受疫情影响，较上年增长幅度有限。所有通航机场中，全国年旅客吞吐量达到 100 万人次以上的有 90 个，长三角有 18 个，18 个机场完成旅客吞吐量占长三角地区全部 23 个机场旅客吞吐量的 96% 以上；年旅客吞吐量达到 1000 万人次以上的仅有上海/虹桥、上海/浦东、杭州/萧山和南京/禄口4个机场,比疫情前少了7个千万级人次的机场,完成旅客吞吐量占长三角地区全部23个机场旅客吞吐量的69%;长三角地区主要旅客吞吐量仍然集中在上海、南京和杭州三大城市。

表15 2021年长三角地区各机场旅客吞吐量

单位:人次,%

机 场	全国名次	旅客吞吐量	比上年同期增长	占长三角地区比重	占全国比重
全 国	—	907482935	5.9	—	100.00
长三角	—	167491554	3.9	100.00	18.46
上海/虹桥	5	33207337	6.6	19.83	3.66
上海/浦东	8	32206814	5.7	19.23	3.55
杭州/萧山	10	28163820	-0.2	16.82	3.10
南京/禄口	15	17606886	-11.6	10.51	1.94
宁波/栎社	32	9462501	5.5	5.65	1.04
温州/龙湾	33	9231409	5.1	5.51	1.02
合肥/新桥	36	8795391	2.3	5.25	0.97
无锡/硕放	38	7126411	18.9	4.25	0.79
常州/奔牛	51	2923644	29.6	1.75	0.32
徐州/观音	52	2614503	18.8	1.56	0.29
南通/兴东	53	2525426	0.4	1.51	0.28
扬州/泰州	56	2223755	-6.2	1.33	0.25
盐城/南洋	67	1754272	3.7	1.05	0.19
义乌	70	1677265	22.8	1.00	0.18
舟山/普陀山	75	1483700	30.0	0.89	0.16
淮安/涟水	80	1404683	5.9	0.84	0.15
台州/路桥	81	1338960	23.2	0.80	0.15
连云港/花果山	88	1233272	27.8	0.74	0.14
阜阳	101	853063	33.5	0.51	0.09
安庆/天柱山	121	596482	38.2	0.36	0.07
衢州	131	470235	21.8	0.28	0.05
黄山/屯溪	138	435005	-2.1	0.26	0.05
池州/九华山	196	156720	-28.7	0.09	0.02

资料来源:中国民用航空局网站。

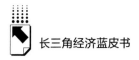

2. 机场货邮吞吐量

从机场货邮吞吐量来看，2021 年长三角 23 个机场货邮吞吐量为 624.42 万吨，占全国总吞吐量的 35.02%，占比较上年略有下降。2021 年全国各机场中年货邮吞吐量达到 10000 吨以上的有 61 个，其中长三角地区有 15 个，且这 15 个机场完成货邮吞吐量占长三角地区 23 个机场货邮吞吐量的 98%；上海/浦东和上海/虹桥两大机场完成货邮吞吐量 4366021.9 吨，占长三角地区全部机场货邮吞吐量的 69.9%，占据绝对优势地位。

表16　2021年长三角地区各机场货邮吞吐量

单位：吨，%

机　场	全国名次	货邮吞吐量	比上年同期增长	占长三角地区比重	占全国比重
全　国	—	17827978.10	10.9	—	100.00
长三角	—	6244217.40	9.7	100.00	35.02
上海/浦东	1	3982616.40	8.0	63.78	22.34
杭州/萧山	5	914063.00	14.0	14.64	5.13
上海/虹桥	10	383405.50	13.2	6.14	2.15
南京/禄口	12	359138.50	-7.8	5.75	2.01
无锡/硕放	22	163395.20	3.9	2.62	0.92
宁波/栎社	29	112685.60	-5.4	1.80	0.63
合肥/新桥	33	93721.00	7.1	1.50	0.53
温州/龙湾	35	73241.40	-0.4	1.17	0.41
南通/兴东	39	53021.70	-1.8	0.85	0.30
常州/奔牛	48	20116.00	6.4	0.32	0.11
淮安/涟水	50	19637.40	59.1	0.31	0.11
义乌	53	14249.30	13.2	0.23	0.08
扬州/泰州	58	10687.70	-15.0	0.17	0.06
台州/路桥	60	10150.90	-2.7	0.16	0.06
盐城/南洋	61	10087.90	-26.0	0.16	0.06
连云港/花果山	63	8415.60	334.4	0.13	0.05
徐州/观音	66	8155.70	-28.1	0.13	0.05
安庆/天柱山	87	2899.40	3.1	0.05	0.02
阜阳	107	1309.20	99.9	0.02	0.01

机　场	全国名次	货邮吞吐量	比上年同期增长	占长三角地区比重	占全国比重
衢州	120	1003.50	43.5	0.02	0.01
黄山/屯溪	121	958.80	-29.0	0.02	0.01
池州/九华山	137	632.00	19.9	0.01	0.00
舟山/普陀山	138	625.70	-30.0	0.01	0.00

资料来源：中国民用航空局网站。

3. 机场起降架次

从机场起降架次来看，2021年长三角23个机场起降架次158.2万次，较上年增长3.6%，占全国的16.18%，较上年占比略有下降。上海/浦东、杭州/萧山、上海/虹桥和南京/禄口4个机场全年起降架次超过10万次，并且这4个机场完成起降980950架次，占长三角地区全部机场起降架次的62%；上海浦东和虹桥两大机场起降架次占长三角地区全部机场起降架次的36.7%，占据主导地位。

表17　2021年长三角地区各机场起降架次

单位：架次，%

机　场	全国名次	起降架次	比上年增长	占长三角地区比重	占全国比重
全　国	—	9777362	8.0	—	100.00
长三角	—	1581943	3.6	100.00	16.18
上海/浦东	2	349524	7.3	22.09	3.57
杭州/萧山	9	238269	0.4	15.06	2.44
上海/虹桥	10	231261	5.4	14.62	2.37
南京/禄口	16	161896	-10.9	10.23	1.66
温州/龙湾	42	80592	9.3	5.09	0.82
宁波/栎社	43	77705	3.1	4.91	0.79
合肥/新桥	44	77547	3.6	4.90	0.79
无锡/硕放	47	65650	19.0	4.15	0.67
常州/奔牛	58	50739	32.4	3.21	0.52

机　　场	全国名次	起降架次	比上年增长	占长三角地区比重	占全国比重
扬州/泰州	67	36507	-13.4	2.31	0.37
淮安/涟水	74	31194	-8.6	1.97	0.32
徐州/观音	76	29775	-13.9	1.88	0.30
南通/兴东	79	27294	-4.1	1.73	0.28
舟山/普陀山	83	23045	13.8	1.46	0.24
盐城/南洋	90	19057	1.4	1.20	0.19
阜阳	99	16596	21.1	1.05	0.17
义乌	100	16506	20.7	1.04	0.17
连云港/花果山	105	15116	27.8	0.96	0.15
台州/路桥	120	12081	27.2	0.76	0.12
衢州	147	6308	32.8	0.40	0.06
黄山/屯溪	157	5595	1.2	0.35	0.06
池州/九华山	198	2460	-23.6	0.16	0.03

资料来源：中国民用航空局网站。

（二）长三角机场群建设进展

2019 年，中共中央、国务院印发的《长江三角洲区域一体化发展规划纲要》指出，要提升长三角地区基础设施互联互通水平，协同建设一体化综合交通体系，合力打造世界级机场群。2021 年，推动长三角一体化发展领导小组办公室印发《长江三角洲地区民航协同发展战略规划》，提出加快长三角区域民航协同发展，打造长三角世界级机场群，到 2025 年，长三角世界级机场群体系基本建成，基本形成跨界融合、层次清晰、区域一体的民航高质量发展体系；到 2035 年，长三角世界级机场群运营规模、运营效率、服务质量和竞争力国际一流。

"十四五"规划开启了长三角机场群建设的新一轮高峰。根据 2021 年上海市重大建设项目清单，在城市基础设施类中，浦东国际机场三期扩建工程和机场联络线都处于在建状态。同时，预备项目包括浦东国际机场二期后续工程以及四期扩建及配套项目、浦东综合交通枢纽。未来上海两大机场的规模将进一步扩大，保障更多起降架次，实现旅客吞吐量进一步增加。

根据浙江"十四五"规划纲要，未来会进一步提升杭州机场在长三角核心枢纽机场中的地位，培育杭州机场国际枢纽功能，到2025年，完成年旅客吞吐量5500万人次。同时，浙江将着力推动宁波、温州机场发挥长三角世界级机场群区域航空枢纽功能，加快推进金华义乌国际机场前期研究，争取到2025年，机场旅客吞吐能力达到1.2亿人次，为打造长三角世界级机场群的"金南翼"锦上添花。

根据江苏公布的"十四五"民航发展规划，其重要任务是加快运输机场设施建设，2023年开工建设南通新机场，2024年开工建设禄口机场三期，2025年完成常州奔牛、徐州观音、扬州泰州、淮安涟水、盐城南洋等机场改扩建项目。到2025年，江苏机场旅客吞吐量将达到8500万~9500万人次。

根据安徽"十四五"规划纲要，加快实施合肥新桥、阜阳等机场改扩建，开工建设亳州、蚌埠等机场，加速构建"一枢十支"运输机场体系。加快通用机场建设，形成皖中、沿江、皖北、皖西、皖南通用机场群。到2025年，力争通航运输机场7个以上，建设一批A2级及以上通用机场。

四　2022年交通运输业发展展望

"十四五"发展规划对长三角发展提出了更高的使命要求，围绕服务国家现代化建设大局，服务长江三角洲区域一体化发展，从战略高度推进交通运输现代化发展，构建面向全球、辐射亚太、引领全国的现代化综合交通运输体系，努力建设交通强国引领示范区、交通高质量发展先行区、人民满意交通样板区，这对长三角来说既是新的使命，也是新的挑战。

疫情下的交通变革包括：一是出行方式变革。传统公共交通出行方式面临的交叉感染隐患风险大，传统通勤、出行行为减少，无人驾驶等具有未来感、个性化、健康式等特征的出行方式有望兴起。二是快递物流模式变革。

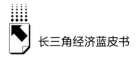

居家办公所需的即时配送、冷链配送促使"无人化""零接触"快递网络有望实现突破性发展。三是健康交通装备产业变革。面对公共卫生突发事件的韧性交通基础设施网络、应急供应链体系将加速迭代升级。基于热感应监测、防控风险自动预警、全息影像、电子隔离等先进技术的地铁、公交、枢纽交通智能装备将应运而生。四是交通大数据深度应用变革。大数据、物联网、人工智能技术在进行人、车、物溯源追踪、应急预警和安全防控等方面的优势进一步凸显,市场潜力巨大。

当前,国内交通运输正处于逐步恢复正常运转阶段。可以预见进入后疫情时代,加快基础设施建设是提振经济的重要手段。到"十四五"期末,长三角铁路营业里程将达 1.7 万公里,高铁里程约 9500 公里,较"十三五"期末分别增加 4200 公里、3500 公里左右。长三角地区将率先建成内外互联互通、区际多路通畅、省会高效连通、地市快速通达、县域基本覆盖、枢纽衔接顺畅的现代化铁路网。

B.13
2022年长三角人工智能发展报告

顾 洁*

摘 要： 人工智能对实体经济的渗透加速，正在更大范围和更深层次对经济社会发展和区域竞争力产生影响。本报告围绕人工智能产业发展的重要方面，从制度保障、资源支撑、科技创新、产业发展和场景赋能等维度构建了人工智能竞争力指标体系，对重点区域的人工智能竞争力进行量化评估。结果表明，长三角人工智能发展水平在全国重要区域中位列第一。根据评估结果，对长三角人工智能竞争力和均衡发展水平进行分析，提出进一步推动长三角人工智能发展的政策建议。

关键词： 人工智能 长三角地区 高质量发展

一 引言

随着人工智能与实体经济的进一步融合，人工智能的意义早已超越了单纯的技术属性，成为推动经济社会发展和区域竞争力提升的关键力量。在国家层面，党的十九大明确提出"推动互联网、大数据、人工智能和实体经济深度融合"。2022年，优化人工智能算力区域布局的"东数西算"工程开启。在区域层面，长三角地区、京津冀地区、粤港澳大湾区、川渝地区和长江中游城市群五大战略优先区域均制定推进人工智能发展的产业

---

* 顾洁，博士，上海社会科学院信息研究所副研究员，主要研究方向：科技创新。

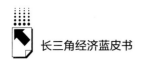

政策和具体措施。

"十四五"时期,长三角人工智能产业发展进入新阶段。2021年,上海和杭州发布人工智能产业发展"十四五"规划,江苏、安徽和浙江的其他城市也纷纷出台促进人工智能产业高质量发展的政策文件和具体计划。2022年9月22日,上海发布的《上海市促进人工智能产业发展条例》是国内首部人工智能省级地方性法规,为加快推动人工智能科技创新、战略性新兴产业发展和释放技术赋能效益提供了制度依据和法律保障。表1梳理了长三角三省一市2017~2022年出台的人工智能政策文件情况。

表1 长三角人工智能政策文件数

单位:项

年份	上海	浙江	江苏	安徽
2017	5	4	2	1
2018	5	5	2	4
2019	10	6	2	4
2020	6	5	2	9
2021	8	2	7	6
2022	3	2	4	5
合计	37	24	19	29

注:包括地方规范性文件和地方工作性文件。省域层面的统计既包括省级文件,也包括省内城市出台的人工智能政策文件。

二 区域人工智能竞争力指标设计与评估方法

为准确反映长三角人工智能发展水平,有必要采用科学测算和系统评估的方法,对国内主要省市的人工智能竞争力进行量化评估,以此明晰长三角人工智能发展的纵横坐标。为此,本报告从制度保障、资源支撑、科技创新、产业发展和场景赋能五个维度构建人工智能竞争力指标体系,对重点区域的人工智能竞争力进行量化评估。

图 1 反映了本报告所设计的人工智能竞争力指标体系的 5 个维度，表 2 给出了详细的指标测度体系。

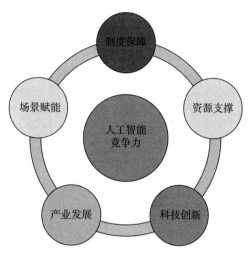

图 1 人工智能竞争力指标体系

在制度保障层面，本报告从多个方面量化测度各地区人工智能制度保障能力。第一，计算 31 个省级行政区出台的人工智能政策文件数，并对具有立法突破性的文件单独进行计算，即《上海市促进人工智能产业发展条例》《深圳经济特区人工智能产业促进条例》。第二，利用自然语言处理方法对政策文件和新闻宣传进行分析，包括是否设立专门的人工智能领导小组和伦理/治理委员会、是否对本地区的人工智能发展起到关键性的引导作用。第三，从政策工具评估的角度对政策协调性进行测算，包括本地区是否同时出台和实施了数据条例、算法创新行动计划和算法规范文件（如人脸识别、精准营销方面的算法规制）。第四，从标准规范方面计算本地区出台的信息技术相关地方标准数量。

在资源支撑层面，本报告对人工智能产业发展所必需的网络、算力、数据等资源进行了分类评估。用 5G 网络的普及和应用情况反映网络支撑能力；用国家级算力枢纽节点位置反映算力支撑能力；针对数据资源采用多个指标，包括国家级绿色数据中心、公共数据开放和以数据交易所为代表的社会数据交易体系的建设情况。

表2 人工智能竞争力指标体系

目标层	准则层	指标层	含义	熵值法权重	专家打分法权重	平均权重
	制度保障	政策法规	人工智能政策法规丰富度	0.178	0.100	0.139
		立法突破	是否有人工智能立法	0.053	0.400	0.226
		政府领导小组	是否有专门的人工智能领导小组	0.167	0.100	0.134
		伦理委员会	政府是否成立人工智能伦理/治理委员会	0.106	0.100	0.103
		政策协同—数据条例	是否出台和实施数据条例	0.148	0.100	0.124
		政策协同—算法	是否出台人工智能算法相关的政策（促进、治理）	0.161	0.100	0.130
		地方标准	人工智能相关的地方标准数量	0.187	0.100	0.144
	资源支撑	网络建设	5G终端用户数量	0.203	0.200	0.201
		算力资源	是否为国家算力枢纽节点所在的省份	0.175	0.300	0.237
		数据平台	国家级绿色数据中心	0.200	0.200	0.200
		公共数据开放	公共数据开放	0.207	0.200	0.204
		社会数据交易	是否成立数据交易所	0.216	0.100	0.158
	科技创新	高校人工智能学科	开设人工智能专业的高校数量	0.188	0.150	0.169
		人工智能新型研发机构	人工智能研究院、人工智能实验室等新型研发机构数量	0.158	0.150	0.154
		人工智能上市公司研发投入	人工智能上市公司研发投入	0.137	0.150	0.144
		人工智能基础创新能力	人工智能基础理论创新水平	0.167	0.200	0.184
		人工智能应用创新能力	人工智能应用创新水平	0.176	0.200	0.188
		人工智能高端人才	人工智能国家级人才数量	0.174	0.150	0.162

续表

目标层	准则层	指标层	含义	熵值法权重	专家打分法权重	平均权重
产业发展	产业载体	国家人工智能创新应用先导区	国家人工智能创新应用先导区数量	0.195	0.200	0.198
		国家人工智能创新发展试验区	国家级人工智能创新发展试验区数量	0.200	0.200	0.200
	金融支持	融资规模	人工智能企业融资规模	0.148	0.150	0.149
	企业发展	人工智能上市公司	人工智能上市企业数量	0.164	0.175	0.170
		人工智能独角兽企业	人工智能独角兽企业数量	0.107	0.175	0.141
		人工智能企业	人工智能企业数量	0.185	0.100	0.142
场景赋能	场景基地	国家智能社会治理实验基地	国家智能社会治理实验室数量	0.156	0.200	0.178
	场景案例	人工智能社会实验示范案例	人工智能社会实验入榜案例数量	0.100	0.200	0.150
	智能制造	智能工厂	国家级智慧工厂示范项目数	0.146	0.120	0.133
	自动驾驶	智能网联汽车封闭测试厂	智能网联汽车封闭测试厂数	0.143	0.120	0.132
		智能网联汽车开放道路测试	是否有智能网联汽车开放道路测试	0.143	0.120	0.131
	智慧金融	人工智能赋能金融发展	科技金融发展水平	0.157	0.120	0.139
	智慧城市	智慧城市	智慧城市发展水平	0.155	0.120	0.138

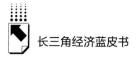
在科技创新方面，人工智能的迭代发展离不开基础科研和应用创新的支持。在对科技创新进行测算时，首先分析人工智能创新机构建设情况，统计了 439 家开设人工智能专业的高校的区域分布情况，在具体测算时考虑到高校科研水平的差异，对 "985" "211" 类高校赋权重为 2，对普通本科院校赋权重为 1；其次，统计了全国 181 家人工智能新型研发机构的区域分布情况，包括上海人工智能创新中心、之江实验室、合肥综合性国家科学中心人工智能研究院等人工智能科研探索和技术创新的新兴力量。人工智能科技创新是科研力量和市场力量综合作用的结果，因此本报告分析了人工智能上市公司 2021 年研发投入情况，以此评估人工智能市场创新力。在对人工智能创新水平进行评估时，本报告使用了 Aminer 数据平台的城市人工智能创新水平测评结果（包括基础创新能力和应用创新能力两个维度）。Aminer 数据平台对科研论文和技术创新成果的数量和质量进行了测算，因此本报告不再引入论文数量和专利数量等数据进行测算。在创新人才方面，本报告统计了国家自然科学基金中人工智能领域相关课题的负责人信息，并对负责人所依托单位的区域分布情况进行了分析。

在产业发展层面，本报告从产业载体、金融支持和企业发展三个维度展开分析。在产业载体方面，统计国家人工智能创新应用先导区和创新发展试验区数量等信息。在金融支持方面，统计人工智能公司的投融资规模等信息。在企业发展方面，统计了人工智能上市公司数量、人工智能独角兽企业数量和人工智能企业数量。由于前两项（上市企业、独角兽企业）具有较高的门槛，在计算统计量时赋权重为 2，人工智能企业赋权重为 1。

在场景赋能层面，本报告对人工智能场景基地建设情况和重要案例进行了梳理和统计，同时也覆盖了人工智能领域的重要应用场景，包括 AI+制造、AI+交通、AI+金融、AI+城市管理等四个重要场景。

本报告基于公开数据进行指标量化测算，包括政策文件、企业数据库、融资平台、第三方信息平台等。在指标赋权时，采用了熵值法计算指标的客观权重，采用专家打分法获得指标的主观权重，并对这两种方法所得权重进行平均，最终形成指标综合权重。

三 区域人工智能竞争力水平综合结果

本报告聚焦我国重要区域发展战略和长三角人工智能发展情况，将围绕长三角地区、京津冀地区、粤港澳大湾区、川渝地区和长江中游城市群五大重点区域进行介绍。

需要注意的是，由于制度体系的差异，外加香港特别行政区和澳门特别行政区的数据存在不完整或者不可获得的问题，在本报告测算时，不直接对港澳两地的相应指数进行计算。在计算粤港澳人工智能竞争力综合指数时，采用广东省和港澳地区 GDP（人民币）的比值进行膨胀系数计算。2021 年，广东省 GDP 为 124369.67 亿元。2021 年，香港地区完成的名义 GDP 达到了28616.2 亿港元，约为 26234.94 亿元人民币（汇率 0.92）。2021 年，澳门 GDP为 2394 亿澳门元，约为 2134.50 亿元人民币（汇率 0.89）。按照 GDP（人民币）比重计算膨胀系数 =（香港 GDP+澳门 GDP）/广东 GDP＝0.228。

表 3 区域人工智能竞争力综合指数

区 域	区域竞争力		区域均衡度		省级行政区	综合指数	
	指数	排名	指数	排名		指数	排名
长三角地区	1.951	1	8.749	3	上海市	0.645	3
					江苏省	0.494	4
					浙江省	0.491	5
					安徽省	0.322	6
京津冀地区	1.094	2	4.568	4	北京市	0.671	2
					天津市	0.249	9
					河北省	0.174	13
粤港澳大湾区	1.029	3	3.091	5	广东省	0.838	1
					港澳地区*	0.191	11
长江中游城市群	0.585	4	11.958	2	江西省	0.100	14
					湖北省	0.304	7
					湖南省	0.181	12
川渝地区	0.532	5	46.016	1	重庆市	0.244	10
					四川省	0.288	8

注："＊"港澳地区的相应指数由广东省相应指数乘以膨胀系数而得。

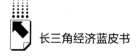

在区域层面，本报告提供两个量化指标，即区域竞争力与区域均衡度。其中，区域竞争力是由区域内各省份的综合指数加总而得。从区域竞争力的横向比较可以直观看出五大重点区域人工智能发展水平差异。区域竞争力计算方式如下：

$$区域竞争力 = \sum_{i \in D} index_i$$

式中，$index_i$ 为省级行政区 i 的综合指数结果，$i \in D$ 为区域 D 中的所有城市。

从区域一体化发展的角度，本报告计算了区域均衡度，具体方式如下：

$$区域均衡度 = \sqrt{\frac{n-1}{[index_i - E(index)]^2}}$$

简单来看，区域均衡度为区域内各省级行政区综合指数标准差的倒数。区域内指数标准差越小，则区域均衡度越大，表明区域内各地人工智能竞争力差异越小，区域一体化程度越高。

表3结果表明，在国家重点发展的五大区域中，长三角地区人工智能竞争力综合发展水平最高，其次是京津冀地区、粤港澳大湾区、长江中游城市群和川渝地区。

图2刻画了区域层面人工智能区域竞争力和区域均衡度情况，可以看出，现阶段区域人工智能发展水平和区域均衡度存在一定的倒挂现象。以长三角地区为例，人工智能区域竞争力在五大区域中排名第一，但区域均衡度仅排第3。2020年9月科技部出台的《国家新一代人工智能创新发展试验区建设工作指引》明确提出，"重点围绕……长三角区域一体化发展等重大区域发展战略进行布局……推动人工智能成为区域发展的重要引领力量"。在区域一体化和均衡发展战略的指导下，进一步提升区域人工智能一体化发展水平成为长三角加快战略性新兴产业发展的重要任务。

表3也显示了区域内省级行政区人工智能竞争力综合指数情况，排名前五位的为广东省、北京市、上海市、浙江省、江苏省，长三角区域占3席，安徽紧随其后列第6。

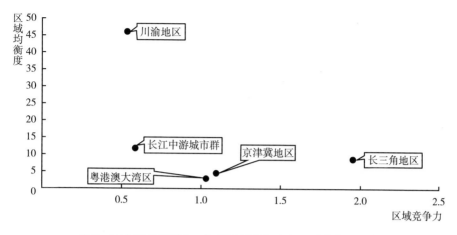

图 2　五大重点区域人工智能区域均衡度和区域竞争力比较

四　区域人工智能竞争力分级结果与长三角战略定位

从分指标结果可以更明确地看到各区域人工智能发展水平差异。在制度保障、资源支撑、科技创新、产业发展和场景赋能五个维度分级指标方面，京津冀地区、粤港澳大湾区、长江中游城市群和川渝地区的分级排名都有所变动，但长三角地区始终居榜首，表明长三角地区是我国人工智能发展最活跃、创新能力最强、实体经济融合度最高的区域。

表 4　五大区域分维度人工智能竞争力情况

区　域	制度保障		资源支撑		科技创新		产业发展		场景赋能	
	指数	排名	指数	排名	指数	排名	指数	排名	指数	排名
长三角地区	0.463	1	0.378	1	0.332	1	0.363	1	0.360	1
京津冀地区	0.157	3	0.193	2	0.182	2	0.266	2	0.253	2
粤港澳大湾区	0.274	2	0.168	4	0.181	3	0.237	3	0.153	3
长江中游城市群	0.105	4	0.123	5	0.081	5	0.095	4	0.145	4
川渝地区	0.052	5	0.170	3	0.089	4	0.083	5	0.117	5

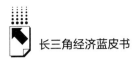
为进一步剖析长三角地区在人工智能发展中各维度的情况，下文从地区层面，对重要区域内省级行政区在相关维度上的排序进行分析。

（一）制度保障

在人工智能制度保障方面，五大重点区域内的省级行政区排名依次为广东省、上海市、江苏省、湖北省、浙江省、安徽省、北京市、天津市、港澳地区（按膨胀系数计算）、河北省、重庆市、四川省、湖南省、江西省。

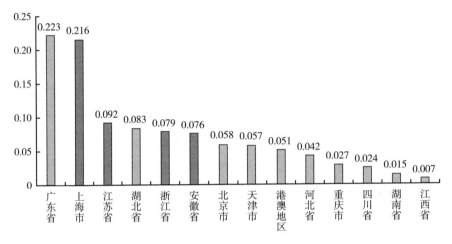

图3　五大重点区域省级行政区人工智能制度保障指数

从各省级行政区出台的人工智能政策法规数量来看，截至2022年10月，广东省共出台人工智能政策法规56项，上海为37项，安徽紧随其后为29项。考虑到省与城市在地域范围和经济体量上的差异，横向比较时可能存在一定误差，因此对四个直辖市的政策法规数量进行比较，排名依次为上海（37项）、天津（25项）、重庆（14项）、北京（13项）。可以看出，上海在人工智能政策设计和制度完善性方面都走在全国前列。从人工智能立法层面来看，目前仅有上海、深圳（广东）两所城市开展了人工智能立法，上海发布的《上海市促进人工智能产业发展条例》也是国内首部人工智能省级地方性法规，可见上海在人工智能法律保障方面也是处于领跑位置。

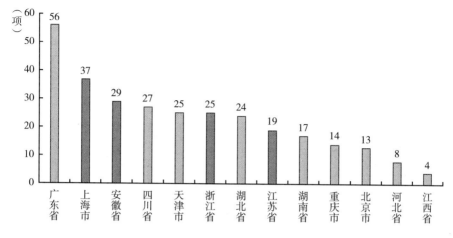

图4 五大重点区域省级行政区人工智能政策法规数

从组织机构来看，重要区域内除江西、湖南外，其他省级行政区都在文件中明确提出建立人工智能领导小组或人工智能伦理/治理委员会等。

从政策协同来看，长三角三省一市均已出台数字条例，同时也都针对人工智能算法创新和规制出台相关文件。京津冀地区、粤港澳地区、长江中游城市群和川渝地区，或尚未出台数字条例，或尚未出台算法创新和规制相关文件，在政策协同性上均弱于长三角地区。

从地方标准体系建设来看，在五大区域中，安徽在信息技术方面出台的地方标准最多，为84项，江苏位居第3，有64项。上海和浙江分别有33项和26项，在地方标准完善度上仍有提升空间。从区域层面来看，长三角应该秉承求精求优的原则，推进地方标准体系的完善并与高标准联通。

（二）资源支撑

在人工智能资源支撑方面，根据分级指标计算结果，五大重点区域内的各省级行政区排名依次为广东省、江苏省、上海市、四川省、浙江省、河北省、重庆市、安徽省、北京市、湖北省、天津市、湖南省、江西省、港澳地区（按膨胀系数计算）。

人工智能产业高质量发展离不开网络、算力和数据等信息基础设施的支

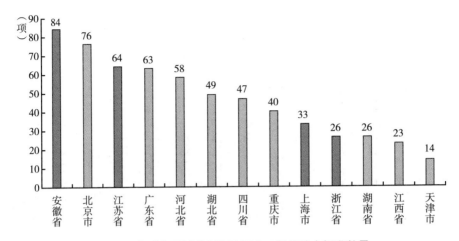

图5 五大重点区域省级行政区人工智能地方标准数量

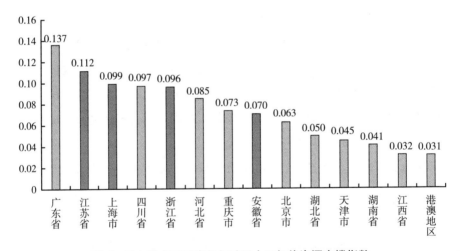

图6 五大重点区域省级行政区人工智能资源支撑指数

撑。在网络资源方面，根据工信部公布的5G终端用户数可以反映各省区市5G普及度。从5G用户规模来看，广东、江苏、浙江位居前三。考虑到省区市人口基数不同，进一步计算5G普及率，即以统计年鉴中常住人口数为基数，计算5G用户比例。图8结果显示，从5G用户普及率来看，五大区域中5G用户普及率最高的是北京（60%），其次为上海（45%）和浙江

（45%）。

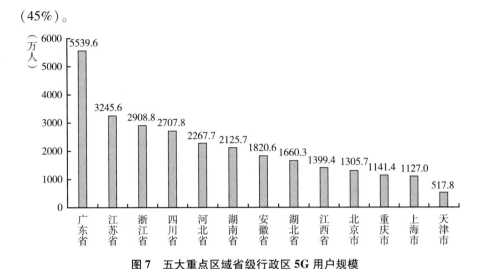

图7 五大重点区域省级行政区 5G 用户规模

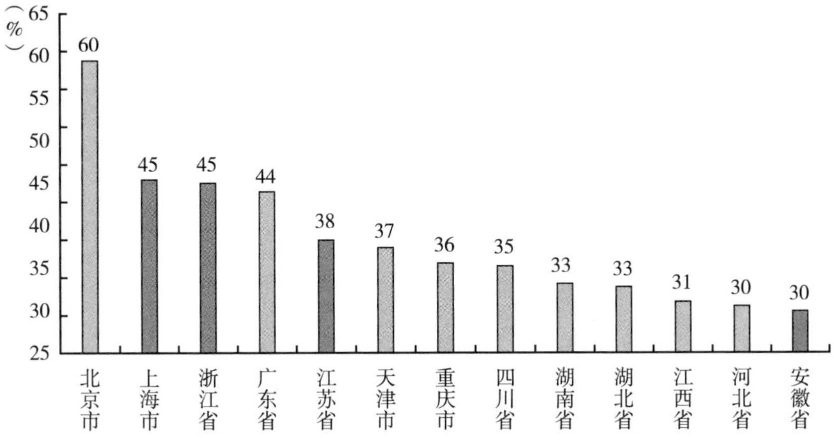

图8 五大重点区域省级行政区 5G 用户普及率

　　在新基建的大背景下，外加区域均衡发展战略的指引，2022 年我国启动了"东数西算"工程。《全国一体化大数据中心协同创新体系算力枢纽实施方案》同意京津冀地区、长三角地区、粤港澳大湾区、成渝地区、内蒙古、贵州、甘肃、宁夏启动建设 8 个国家算力枢纽，并围绕这 8 个算力枢纽，规划建设张家口、长三角生态绿色一体化发展示范区、芜湖、韶关、天府、重庆、贵安、和林格尔、庆阳、中卫 10 个数据中心集群。其中长三角生态绿色一体化发展示范区涉及上海青浦区、江苏省苏州市吴江区、浙江省嘉兴市嘉善县等区域。因此，长三角在算力资源方面走在全国前列。

在数据资源方面，本报告从数据平台、公共数据开放和社会数据交易三个维度评估五大重点区域的数据资源情况。

从 2019 年起工信部先后发布了三批共计 153 家国家级绿色数据中心名单。数据中心是人工智能产业发展中重要的新型基础设施，也是促进数字经济降碳增效的有力抓手。从区域分布来看，153 家国家级绿色数据中心分布在我国 22 个省份，其中 105 家位于五大重点区域。其中，位于长三角地区的国家级绿色数据中心最多，为 35 家，分别为江苏 13 家、上海 11 家、浙江 7 家、安徽 4 家。

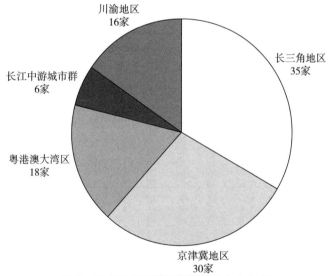

图9 五大重点区域国家级绿色中心分布

针对公共数据开放的评估，本报告采用了复旦大学国际关系与公共事务学院发布的"中国开放数林指数"。该指数的评估对象为城市，通过计算省域层面数据对省内城市开放指数进行分析，对于未提供数据的城市采用预测性填充的方法予以补充。最终获得结果中排名前五位分别为上海市、江苏

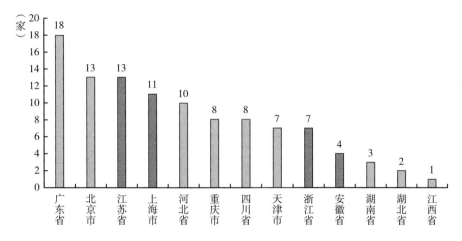

图 10　五大重点区域省级行政区国家级绿色中心数量

省、湖北省、广东省和四川省。

除了公共数据开放，数据要素市场的建设和运营也是人工智能产业发展的重要支撑。我国对数据要素市场的探索早在 2015 年就已拉开序幕，截至 2022 年 8 月全国已有 22 个省份建立超过 50 家地方大数据交易机构。地方性探索工作为建立全国统一数据要素市场提供了经验、奠定了基础。在本报告中，将是否成立数据交易所作为社会面数据要素市场建设与运营的指征性变量。上海数据交易所、深圳数据交易所、北京数据交易所等都在数据交易基础制度探索、数据跨境交易规则制定和技术创新方面做出了重要贡献。

（三）科技创新

在人工智能科技创新方面，根据分级指标计算结果，五大重点区域内的省级行政区排名依次为广东省、北京市、浙江省、江苏省、上海市、安徽省、四川省、重庆市、湖北省、天津市、港澳地区（按膨胀系数计算）、湖南省、江西省、河北省。

科技创新是人工智能产业高质量发展的主导因素。在借鉴已有科技创新测评体系的基础上，本报告提出从研究机构、研发投入、创新能力和高端人才四个方面衡量人工智能产业的科技创新情况。

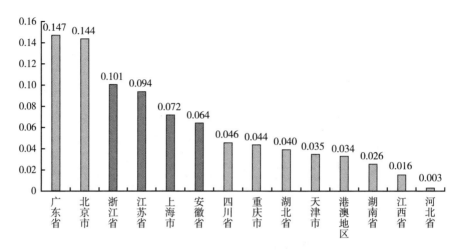

图 11　五大重点区域省级行政区人工智能科技创新指数

在研究机构方面，考虑高校、科研院所与新型研发机构等研发力量。2018 年 4 月，教育部研究制定《高等学校人工智能创新行动计划》，并研究开设人工智能专业，旨在培养人工智能领域的研究型、应用型人才，推动人工智能一级学科建设。截至 2021 年，全国共有 439 所高校开设了人工智能专业，其中 251 所高校位于五大重点区域。长三角区域范围内，共有 81 所高校开设了人工智能专业，在五大重点区域中数量最多。

在长三角区域范围内，三省一市开设人工智能专业的高校数量分别为江苏 31 所、安徽 19 所、浙江 17 所、上海 14 所。

除了高校的人才培养和科技研发外，越来越多的人工智能新型研发机构出现，为人工智能技术创新注入了新的活力。据数据整理，目前全国共设有 181 家人工智能新型研发机构，如位于上海的上海人工智能创新中心、浙江大学上海高等研究院、上海期智研究院等，位于浙江的之江实验室、哈工大机器人义乌人工智能研究院、上海交通大学宁波人工智能研究院等，位于江苏的中科南京人工智能创新研究院、南京大学人工智能生物医药技术研究院等，位于安徽的合肥综合性国家科学中心人工智能研究院、长三角信息智能创新研究院和哈工大机器人（合肥）国际创新研究院等。

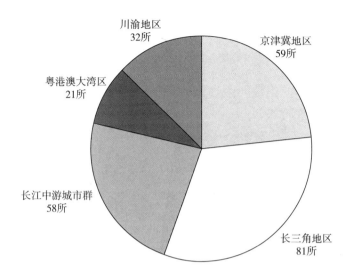

图 12　五大重点区域开设人工智能专业的高校数量

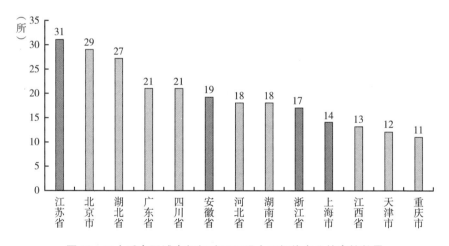

图 13　五大重点区域省级行政区开设人工智能专业的高校数量

从数量来看，有 120 家人工智能新型研发机构位于五大重点区域，其中长三角地区拥有的新型研发机构数量最多，为 51 家。

在研发投入方面，本报告统计了主板上市公司 2021 年财报中披露的研发投入相关数据。在五大区域中，粤港澳大湾区人工智能上市公司的研发投

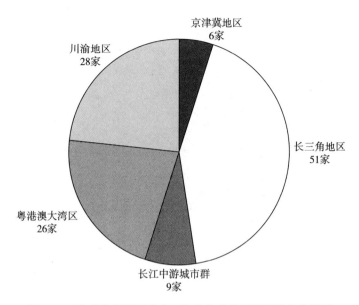

图14 五大重点区域开设人工智能专业的新型研发机构数量

入最大，高达473亿元，紧随其后的是京津冀和长三角地区，上市公司研发投入分别为421亿元和335亿元。长三角地区龙头上市公司数量相对较少，因此来自上市公司的研发投入与粤港澳、京津冀地区相比较少。

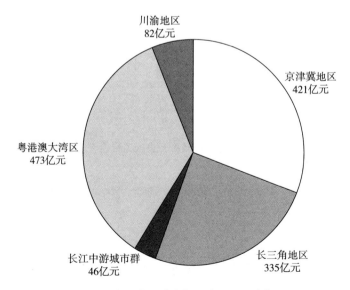

图15 五大重点区域主板上市公司研发投入

从省域数据可以明显看出，以核心企业驱动为主要发展模式的广东、北京的上市公司研发投入较大。长三角区域内，浙江依托数字经济发展优势、江苏依托智能制造产业基础，上市研发投入相对较大。

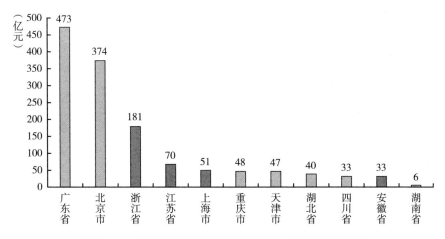

图16　五大重点区域省级行政区主板上市公司研发投入

在创新能力方面，本报告采用 Aminer 的城市创新力榜单数据①对主要城市和省份的人工智能基础创新能力和应用创新能力进行评估，可以看出，无论是基础创新能力还是应用创新能力长三角地区在五大重点区域中都居首位。根据基础创新能力和应用创新能力的区域均值，图17分为4个象限。其中，长三角地区和粤港澳大湾区位于"双高"象限，即基础创新能力和应用创新能力均较强。京津冀地区拥有较高的基础创新能力，但应用创新能力仍有提升的空间。川渝地区和长江中游城市群的基础创新能力和应用创新能力均相对较弱。

习近平总书记提出，人才是创新发展的第一资源。在高端人才方面，本报告梳理了国家自然科学基金项目中人工智能领域专家的区域分布情况。通过对国家自然科学基金项目的整理，获得3713项人工智能国家课题数据，涉及459个单位的共计3080名负责人。根据负责人所依托单位的区域分布

① https：//aiopenindex.aminer.cn/AIcity.

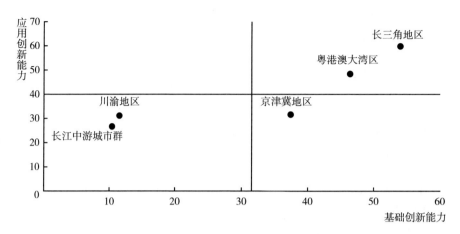

图 17　五大重点区域创新能力指数

情况，可计算得到 3080 名人工智能专家的区域分布情况。其中，来自五大重点区域的专家共有 2162 名，来自长三角地区的有 772 名，在五大区域中占比最大。

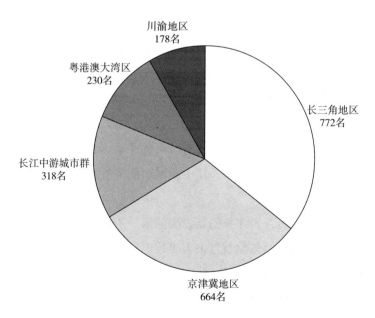

图 18　五大重点区域人工智能高端人才数量

（四）产业发展

在产业发展方面，本报告从产业载体、金融支持和企业发展三个维度予以测度。根据分级指标计算结果，五大重点区域内的省级行政区排名依次为北京市、广东省、上海市、浙江省、江苏省、四川省、湖北省、天津市、湖南省、港澳地区（按照膨胀系数计算）、重庆市、安徽省、河北省、江西省。

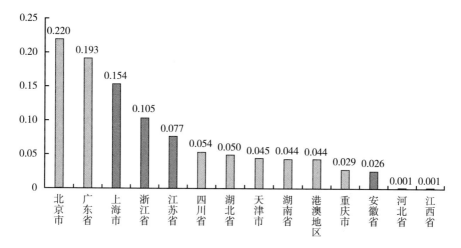

图 19　五大重点区域省级行政区人工智能产业发展指数

在产业载体方面，2019 年以来，科技部已先后批复了 17 个国家新一代人工智能创新发展试验区，分布在 15 个省级行政区，其中 12 个位于五大重点区域。其中，长三角地区有 5 席，分别是上海、合肥、杭州、苏州和浙江省德清县；工信部先后批复建设 9 个国家人工智能创新应用先导区，上海、杭州位列其中。

在金融支持方面，基于 IT 桔子的公开数据，梳理人工智能领域投融资情况。截至 2022 年 10 月，国内人工智能领域共发生 5120 起投资事件，4882 起发生在五大重点区域。其中，长三角地区人工智能投资事件有 1859 起。可以看出，长三角依托于活跃的金融市场和良好的产业基础，成为人工智能领域投融资最活跃的地区之一，为人工智能产业发展提供了重要的金融支持。

在企业发展方面，本报告采用不同的标准统计了各区域人工智能产业主体——企业的密集程度。截至 2022 年 10 月，人工智能主板上市公司共 230 家，业务集中为智能芯片、智能识别、智能终端等。位于五大重点区域的企业共 196 家。其中，长三角地区人工智能上市公司共 63 家，在五大重点区域中数量最多。三省一市中，上海拥有上市公司 17 家，浙江有 25 家，江苏有 16 家，安徽有 5 家。

表 5　五大重点区域人工智能上市公司数量

单位：家，%

区　　域	上市公司数量	占比
长三角地区	63	32
粤港澳大湾区	61	31
京津冀地区	57	29
长江中游城市群	8	4
川渝地区	7	4

考虑到人工智能领域大量技术和应用企业尚未上市，本报告还对尚未上市的人工智能独角兽企业进行了梳理。根据《2021 全球独角兽榜》，[①] 2021 年共有 19 家人工智能企业进入独角兽榜单。按照独角兽企业总部所在区域进行统计，分别为北京 7 家、上海 6 家、广州 2 家、青岛 2 家、深圳 1 家、重庆 1 家。北京强大的研发能力和上海丰富的应用场景是促进人工智能企业快速发展壮大的重要驱动力。

在企业发展方面，本报告还根据第三方公开数据，统计了各地人工智能企业数量。由于统计口径和计算方式的不同，不同标准下的人工智能企业数量存在差异，本报告采取较为严格的标准：主营业务覆盖人工智能技术和产

---

① https://www.sohu.com/a/531141583_532789.

品等的相关企业。企业所属行业为信息传输、软件和信息技术服务业或科技研发和应用推广行业。最终获得全国范围内共计 8353 家企业，位于五大重点区域的有 7123 家。其中，位于长三角地区的企业共有 2649 家，在五大区域中占比最大。

表6　五大区域人工智能企业数量及占比

单位：家，%

区　　域	人工智能企业数量	占比
长三角地区	2649	37
京津冀地区	1967	28
粤港澳大湾区	1573	22
川渝地区	512	7
长江中游城市群	422	6

（五）场景赋能

随着人工智能制度的完善、资源支撑基础的夯实及产业规模的扩大，应用场景的规模化落地成为关键。为刻画人工智能应用场景，本报告从场景基地、场景案例、智能制造、自动驾驶、智慧金融、智慧城市等维度展开分析。根据指标计算结果，五大区域内各省级行政区的排名依次为北京市、广东省、浙江省、江苏省、上海市、安徽省、重庆市、湖北省、天津市、四川省、湖南省、江西省、河北省、港澳地区（按膨胀系数计算）。

在场景基地方面，2021 年 6 月，中央网信办、国家发展改革委、教育部、民政部、生态环境部、国家卫生健康委、市场监管总局、国家体育总局8 部门联合组织开展国家智能社会治理实验基地和特色基地的申报和评选工作。国家智能社会治理实验基地和人工智能特色基地的建设是为了搭建智能社会治理的典型应用场景，总结人工智能用于社会治理的经验和规律，形成智能社会治理的标准和方案，助推国家治理体系和治理能力的现代化。2021年 9 月，首批国家智能社会治理实验基地名单公示，包括 10 个综合基地和

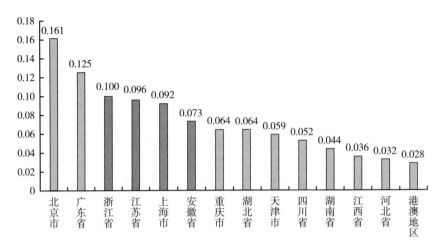

图20　五大重点区域省级行政区人工智能场景赋能指数

城市管理、教育、养老、社区治理、环境治理、卫生健康、体育多个领域的特色基地共计93个。从区域分布来看，有72个国家智能社会治理实验基地位于五大重点区域。其中位于长三角地区的有27个，在五大重点区域中数量最多。长三角三省一市中，江苏和安徽各占8席，位于浙江的实验基地有6个，上海有5个。

表7　五大区域国家智能社会治理实验基地数量及占比

单位：个，%

区　　域	基地数量	占比
长三角地区	27	38
京津冀地区	15	21
长江中游城市群	12	17
川渝地区	12	17
粤港澳大湾区	6	8

在场景案例方面，2020年10月，中央网信办信息化发展局面向人工智能社会实验特定方向开展了企业应用案例征集工作，并组织人工智能社会实

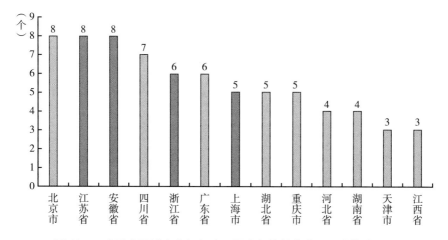

图21 五大重点区域内省级行政区国家智能社会治理实验基地数量

验专家组评审遴选出 35 个典型应用案例。除"输电无人机智能巡检应用案例"位于山东外，34 个案例位于五大重点区域。其中北京拥有的示范案例最多，共 16 个；长三角地区有 11 个，分别为上海 3 个、江苏 2 个、浙江 5 个、安徽 1 个。

本报告从 AI+制造、AI+交通、AI+金融、AI+城市四个重要场景来评估重点区域人工智能场景建设情况。

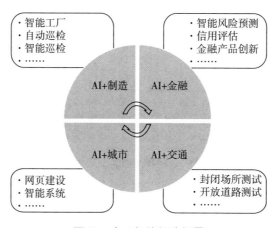

图22 人工智能细分场景

AI+制造方面，2022 年 2 月，工信部发布 2021 年度智能制造示范工厂揭榜单位和优秀场景名单，① 五大重点区域内有 64 家智能工厂进入榜单，其中长三角地区有 26 家，在五大区域中数量最多。长三角三省一市中，江苏和浙江入选案例数量并驾齐驱，均有 9 家，上海入榜 5 家智能工厂，安徽入榜 3 家。

表 8　五大区域智能工厂数量及占比

单位：家，%

区　域	智能工厂数量	占比
长三角地区	26	41
京津冀地区	12	19
粤港澳大湾区	12	19
长江中游城市群	11	17
川渝地区	3	5

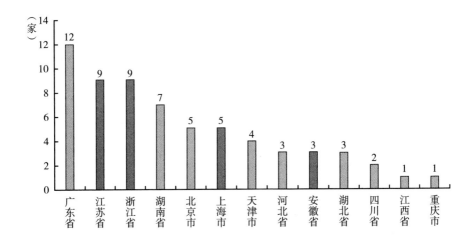

图 23　AI+制造智能工厂数量

---

① https：//www.miit.gov.cn/ztzl/rdzt/znzzxggz/xwdt/art/2022/art_ 411dd58d3e6f46ee865c61bc1 6c48d14.html.

AI+金融方面，智能金融是利用人工智能技术来实现风险评估、用户画像、智能营销和金融产品创新等功能的一种新兴金融模式，是人工智能与金融行业相结合的典型场景。本报告根据《中国金融科技燃指数报告（2022）》[①] 对重要区域科技金融发展水平进行评估，结果显示，依托自身的金融产业发展，长三角地区 AI+金融发展迅速，在五大重点区域中位列第一。在长三角省市层面，上海金融科技排名第一，其次为安徽、江苏和浙江。安徽排名较靠前，与其智能语音技术在金融行业智能服务、智能营销中的运用相关。

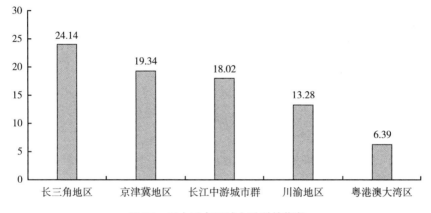

图 24　五大重点区域金融科技指数

AI+交通方面，智能网联汽车是人工智能技术在交通领域的重要应用。智能网联汽车在投入应用前，需要经过严密的产品测试，包括封闭场所测试和开放道路测试等。2021 年全国交通运输工作会发布《关于促进道路交通自动驾驶技术发展和应用的指导意见》，累计认定 7 家自动驾驶封闭场地测试基地，部分地区向公众提供自动驾驶出行体验服务。除 7 家国家级封闭测试基地外，国内还有 50 多家封闭测试厂。根据资料整理，五大重点区域内有 35 家测试基地/封闭测试场所。其中长三角地区有 13 家。除封闭测试基

[①]　https：//finance. sina. com. cn/money/bank/bank ＿ hydt/2022－06－30/doc－imizirav1329410. shtml.

地/测试场所外，上海、浙江、江苏、安徽、北京、天津等省市均已出台智能网联汽车测试和应用办法，积极探索开放道路测试和商业试运营等。

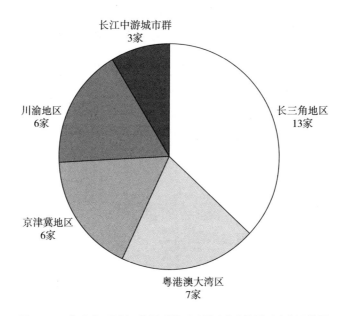

图 25　五大重点区域智能网联汽车封闭测试基地/测试厂数量

AI+城市方面，本报告根据《2021 年智慧城市发展水平调查评估报告》①获得重要区域 AI+城市治理水平，将省级行政区内城市平均值作为省域智慧城市指数，结果显示，长三角地区在五大重点区域中智慧城市发展水平最高，AI+城市治理成效显著。

五　长三角人工智能产业发展的政策建议

通过对五大重点城市人工智能竞争力进行横向比较可以看出，长三角地区人工智能产业在重点区域中的坐标：无论是综合指数还是制度保障、资源支撑、科技创新、产业发展和场景赋能 5 个分级指数，长三角地区人工智能产

---

①　中国软件评测中心：《2021 年智慧城市发展水平调查评估报告》，2021 年 7 月。

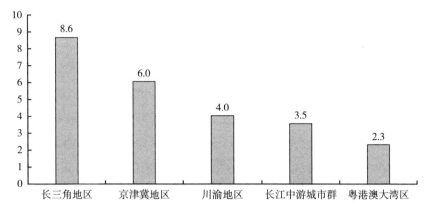

图 26　五大重点区域智慧城市指数

业竞争力指数都居五大重点区域首位。但是从省市层面的比较结果也不难看出，三省一市在综合指数和细分指数上都尚未居第一。这一结果在一定程度上是由省市在经济体量和地域范围上的差异造成的，但也显示出长三角地区在人工智能领域仍然有进一步发展的空间。特别是随着制度保障基础的夯实和资源支撑体系的完善，人工智能领域的科技创新、产业发展和场景赋能等成为关键。

从科技创新、产业发展和场景赋能等维度出发，长三角地区应当从以下几个方面来推动人工智能产业高质量发展。

（一）加快长三角人工智能关键技术研发和平台建设

围绕下一代人工智能技术，加快对小样本学习、迁移学习、算法可解释性、鲁棒性、多模态数据、群体智能、脑智理论、类脑芯片等前沿算法和理论的研究；加强 5G 基带芯片技术、中高频器件技术等研究，推动 5G 移动终端应用开发，启动对 6G、星联网等新一代网络技术的研究；加快高性能、安全隐私、高可用性及高可扩展性关键技术研发；加快对多功能北斗芯片、增强系统、北斗高精度地图等技术的研发。

围绕人工智能技术创新所依赖的数据、算力和算法，共建共享一批关键基础设施和平台，具体包括：深化数据开放共享。在公共数据领域，加快

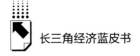

《上海市公共数据开放实施细则》的出台，着重推进医疗健康、商贸物流、交通出行、产业投资等领域的公共数据分级分类开放和应用成效评估。在数据交易方面，促进数据开放主体与数据需求主体的对接，推动上海数据集团、上海数据交易中心探索商业数据交易流通创新模式，探索"数据+产品"多种流通交易形式，推动规范合法合规的市场化应用。建设国际数据特区。依托自贸试验区临港新片区，制订新片区跨境数据流通落地实施方案，发挥上海在长三角人工智能产业发展中的龙头带动作用，积极争取国家相关政策支持，逐步建立起围绕跨境数据流动的产业集群。

依托长三角生态绿色一体化发展示范区，打造开放、高能的算力平台。依托 IPv6 网络及相关基础设施，搭建面向海量数据应用场景的大规模异构并行计算平台及分布式存储平台，服务科研院所、中小企业在技术开发、迭代优化和测试等方面的共性算力需求，促进人工智能、区块链等新兴技术落地，加快交通、金融、商贸等行业的数字化转型。

聚焦人工智能算法创新与流通，打造先进、适用的算法平台。加强基础算法研究，积极引导高校、科研院所和新型研发机构的专家学者投身人工智能基础算法研究，力争在基础算法领域有重大突破。推动关键算法的自主化，推进长三角科研机构和企业开展产学研用深度合作，实现关键算法从理论到应用的全程自主开发和掌控，降低本土企业对国外企业和开源算法的依赖度。打造开源算法平台和算法交易平台。鼓励上海的龙头企业、联盟、协会等牵头搭建人工智能开源平台，建立人工智能开源社区，提高算法模型交易效率。

（二）促进长三角人工智能产业集群式发展，提升产业规模化效率

人工智能实体产业集群方面，推进人工智能产业集群发展，以行业龙头骨干企业和重点制造业园区、数字产业园区为依托，加快智能工厂、智慧园区、工业互联网基地等载体的建设，聚焦政策、资金、创业服务等领域。积极推动人工智能企业的协同和各个环节的资源共享，快速响应终端市场需求，有效缩短产品研发生产周期，提高研发设计、生产制造的柔性，提升企

业生产效率和产品质量。

人工智能虚拟产业集群方面，以长三角制造业和服务业领域的优势企业为核心，依托网络平台和技术在更大范围内突破空间制约，及时、高效地实现跨环节、跨主体、跨区域、跨国界全方位连接，打造跨越物理边界的"虚拟产业园"和"虚拟产业集群"，促进由长三角地区企业主导的人工智能产业链向更高层级、更广范围跃升和拓展。

（三）促进长三角场景联合开发和创新，促进人工智能规模化落地

依托长三角一体化，推动跨区域的人工智能落地场景建设和开发。发挥全球人工智能大会等平台的作用，推动人工智能应用场景的开放与开发；促进长三角地区内各级政府部门、事业单位、国有企业与人工智能企业的对接，联合开展应用场景建设。重点选择基础条件好、成长性强的行业龙头企业开展试点示范，集中要素资源培育一批创新应用信息技术能力强、企业信息化水平高的龙头骨干企业，率先在局部领域实现信息技术攻坚和深度融合发展，通过典型引路、以点带面实现行业数字化发展的全面提升。

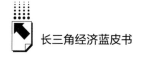

附录：指标权重计算方法

首先，需要确定各子系统及其内部指标的权重，以便了解各子系统和各指标在评价指标体系中的重要性，从而对其进行权重分配。在确定指标权重的优化模型（刘家学，1998)[①] 的指导下，本研究通过运用熵值法（EVM）和专家打分法这两种方法对各子系统进行了综合权重分析。该研究方法主要是为了尽可能地避免出现指标权重的不确定性，以保障各指标赋权的主客观一致性，同时也确保各子系统内部权重之和为 1。

由熵值法所确定的指标客观权重向量为：

$$\beta = (\beta_1, \beta_2, \cdots, \beta_m)^T$$

假设各项指标的综合权重为 $\gamma = (\gamma_1, \gamma_2, \cdots, \gamma_n)^T$，标准化后的决策矩阵为 $Z = (z_{ij})_{n \times m}$，为此建立最小二乘法优化决策模型以尽可能消除其决策结果偏差，构造拉格朗日函数，可求得综合权重：

$$W_{m1} = B_{mm}^{-1} \left[C_{m1} + \frac{1 - e_{1m}^T B_{mm}^{-1} C_{m1}}{e_{1m}^T B_{mm}^{-1} C_{m1}} \right]$$

公式中，$B_{mm} = diag \left[\sum_{i=1}^{n} z_{i1}^2, \sum_{i=1}^{n} z_{i2}^2, \cdots, \sum_{i=1}^{n} z_{im}^2 \right]$；$W_{m1} = (\gamma_1, \gamma_2, \cdots, \gamma_m)^T$；$e_{m1} = (1, 1, \cdots, 1)^T$；$C_{m1} = \left[\sum_{i=1}^{n} \frac{1}{2} (\alpha_1 + \beta_1) z_{i1}^2, \sum_{i=1}^{n} \frac{1}{2} (\alpha_2 + \beta_2) z_{i2}^2, \cdots, \sum_{i=1}^{n} \frac{1}{2} (\alpha_m + \beta_m) z_{im}^2 \right]^T$，经过计算后各子系统的权重见本报告表2。

[①] 刘家学：《对指标属性有偏好信息的一种决策方法》，《系统工程理论与实践》1999 年第 2 期。

Abstract

2022 is the fourth year that the integrated development of the Yangtze River Delta has risen to a national strategy. As one of the regions with the most active economic development, the highest degree of openness and the strongest innovation ability in China, although the Yangtze River Delta faces a severe test of anti-epidemic pressure in 2022, it still turns the crisis into an opportunity. In the process of jointly coping with the crisis, the integrated development process of the Yangtze River Delta will continue to advance to a new height.

On the one hand, at the level of the central government, various programs around the "14th Five – Year Plan" of the Yangtze River Delta Integrated Development Plan have been issued in succession. The Ministry of Finance, the National Development and Reform Commission and other departments have issued a series of related programs or guidance on taxation, multi-level rail transit, public resource transactions and others, providing a strategic direction for the Yangtze River Delta region to break administrative barriers on the whole . At the level of the local government, with the comprehensive development of the Yangtze River Delta integration, the cooperation among the three provinces and one city in the Yangtze River Delta has also been promoted from a single policy and single aspect to a systematic and holistic construction. Centering on the construction of urban agglomerations and metropolitan areas, the content of regional cooperation among the three provinces and one city is becoming increasingly comprehensive, from project cooperation to a higher level of institutional cooperation, from infrastructure docking to talent, intelligence and technology cooperation. After the 20th National Congress of the Communist Party of China, promoting the integrated development of the Yangtze River Delta is once again emphasized as an

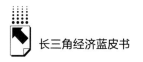

important part of accelerating the construction of a new development pattern and promoting high-quality development in the future. The hot spots and the heat of the integrated development of the Yangtze River Delta will continue to increase.

The purpose of this book is to comprehensively and systematically sort out and study the current situation of economic development in the Yangtze River Delta region every year, and conduct in-depth and detailed research on key fields and key industries, and provide relevant countermeasures and suggestions for the integrated development of the Yangtze River Delta on this basis. To this end, this book is divided into three parts : the general report, the index and macroeconomic chapter, and the industry chapter. The general report focuses on comprehensively combing and analyzing the macroeconomic development of the Yangtze River Delta in 2021, and makes judgments on the macroeconomic situation in 2022. At the same time, it analyzes and evaluates the integration policy of the Yangtze River Delta from 2021 to the beginning of 2022, and makes judgments on the future trend. The index chapter includes the report on regional science and technology innovation driving force index, industrial transformation and upgrading index, and green development index in the Yangtze River Delta, and studies important parts of the investment and foreign trade in macroeconomic development. The industry chapter analyzes the development of digital economy, industry, finance, transportation and artificial intelligence.

Keywords: Yangtze River Delta; Economic Development; Policy Evaluation; Development Index; Industrial Development

Contents

I General Report

Abstract: Affected by the Covid - 19 and the complicated international situation, China's economy suffered a major impact in the beginning of 2020. The economy of the Yangtze River Delta region also faced great challenges. As the epidemic was basically under control in China, in the second half of 2020, the economic indicators turned from negative to positive, and the economy showed a positive trend. As the 2021 Central Economic Work Conference pointed out, the year 2021 will be a milestone in the history of and the country. Our country realized a good start of the "14th five-year plan" and keep a global leader in economic development and epidemic control. National strategic scientific and technological force became stronger. The industrial chain has become more resilient. The reform and opening up policy continued to advance. The construction of ecological civilization has been continuously promoted in the past year. While fully affirming the achievements, wo must notice the triple pressure we are facing. Aggregate demand in the economy is contracting. The aggregate supply of the economy is being buffeted by a complex situation. Expectations for the economy are skewed towards weakness. Overall, the economy of the Yangtze

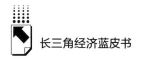
River Delta region has been growing steadily in 2021, and has been keeping leading in the whole country. The economic aggregate of the Yangtze River Delta region grew steadily and its share in the national economy remained unchanged. It has made new achievements in high-quality development and increased its economic vitality. From the perspective of driving force of economic development, Progress has also been made in the Yangtze River Delta. Investment, import and export, and consumption, the troika of economic growth in the Yangtze River Delta, all recovered steadily. After suffering from the impact caused by the sudden outbreak of COVID-19 in 2020, the economic momentum in the Yangtze River Delta returned to high speed in 2021. The investment structure in this region has been continuously optimized. The added value of export products increased further. The consumption structure has been keeping improving, and online consumption has been growing steadily.

Keywords: Yangtze River Delta; Economic Development; Industrial Development; Growth Momentum

B.2 Comprehensive evaluation of integrated development of

Yangtze River Delta (2022)

Liu Liang, Wang Zhuoxuan, Zhuang Yanfang and Xu Yuan / 021

Abstract: In order to accurately describe the development status of the integration of the Yangtze River Delta, this paper makes a comprehensive evaluation based on the objectives and requirements of the "the Outline of Yangtze River Delta Regional Integration Development Plan." Analyze the characteristics of the policies issued since 2021, interpret the overall requirements of the "Outline" and subdivide the development goals, and scientifically design relevant indicators for qualitative and quantitative evaluation of the development level. This paper combs the main measures of the Yangtze River Delta in forming a new pattern of regional coordinated development, strengthening the construction of collaborative innovation industrial system, improving the level of infrastructure interconnection, strengthening the co-protection and co-governance of ecological environment, accelerating the convenience and sharing of public services, and promoting a higher level of collaborative opening. Based on statistical data, the indicators at all levels are quantified and given reasonable weights to describe the characteristics of the integrated development of the Yangtze River Delta. This paper draws the following conclusions : The integrated development of the Yangtze River Delta shows a clear upward trend in the comprehensive index and sub-indexes, but the development trend of sub-indexes is different, among which the construction of the integrated development system of science and innovation industry and the co-protection and joint governance of ecological environment are the fastest growing.

Keywords: Yangtze River Delta ; Integration ; Evaluation Index System

B.3 Economic Development Report of Yangtze River

Delta Metropolitan Area (2022)

Liu Yubo / 054

Abstract: Mainly based on the statistical bulletin on national economic and social development of 27 cities in the Yangtze River Delta Metropolitan Area in 2021, this report compares the GDP, GDP per capita, total imports and exports, fixed asset investment, social consumption and other main indexes of economic development. The main conclusions are as follows: The GDP and GDP per capita of different Metropolitan Areas have increased rapidly, but various from each other; The proportion of added value of secondary and tertiary industries in the six metropolitan areas declined slightly; The investment in fixed assets increased significantly; The rebound of domestic demand market has a great difference in its role in stimulating the economy; The growth rate of total imports and exports rebounded, which had a significant effect on economic growth; The utilization of

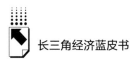
foreign capital accounts for almost half of the country's; The number of invention patents granted continued to increase; The added value of enterprises above designated size grew rapidly; There is a large difference in new employment per 1000 permanent residents in different metropolitan area; The urban-rural balance has improved; The development of green economy has achieved remarkable results compared with the same period last year. At the same time, the report establishes a comprehensive evaluation index system, and compares the development strengths and weaknesses of the six metropolitan areas in the Yangtze River Delta on a comprehensive level.

Keywords: Shanghai Metropolitan Area; Nanjing Metropolitan Area; Hangzhou Metropolitan Area; Hefei Metropolitan Area; Ningbo Metropolitan Area; Suzhou Wuxi Changzhou Metropolitan Area

II Index Reports

B.4 The Science and Technology Innovation Driving Force Index Report in Yangtze River Delta (2020)

Yang Fan / 073

Abstract: Through the construction of the science and technology (S&T) innovation driving force index evaluation system for the cities in Yangtze River Delta, and based on the AHP-EVM model to set the weight of the subjective-objective comprehensive indicators, this paper gets the S&T innovation driving force composite index, including four special indices of the S&T innovation input, the S&T innovation carrier, the S&T innovation output, the S&T innovation performance, as well as 10 secondary indicators score. The driving forces of science and technology innovation of 41 cities in the Yangtze River Delta are evaluated comprehensively and systematically, and the driving forces of science and technology innovation of urban agglomerations in the Yangtze River Delta are analyzed by stratification, and the impact of COVID-19 was examined by comparing with 2019.

Keywords: Yangtze River Delta; Urban Agglomeration; Science and Technology Innovation Driving Force; Index Evaluation System

B . 5　Industrial Transformation and Upgrading Index Report
of the Yangtze River Delta in 2021

Ma Shuang / 092

Abstract: This report systematically and comprehensively evaluates the industrial transformation and upgrading level of 41 cities in the Yangtze River Delta from the four dimensions: structural optimization, quality improvement, industrial innovation and environmental friendliness. According to the comprehensive index, the 41 cities are ranked. The results show that Shanghai, Hangzhou, Nanjing, Hefei and Suzhou rank the top five in the index of industrial transformation and upgrading in the Yangtze River Delta.

Keywords: The Yangtze River Delta; Industrial Transformation and Upgrading; Industrial Innovation; Environmental Friendliness

B . 6　Ranking Report of Green Development Index of Cities
in Yangtze River Delta Region （2022）

Hai Junjiao / 104

Abstract: This report builds a green development index indicator system. Through 3 first-level indicators of green ecology, green production, and green life, 7 second-level indicators, and 21 third-level indicators, the green development of 41 cities in the Yangtze River Delta region in 2020 is evaluated. Systematic evaluation, and one by one analysis of the characteristics and advantages of the top ten cities in each field are thus produced. The top ten cities in the Yangtze River Delta green development index are: Huzhou, Huangshan, Nanjing, Hangzhou,

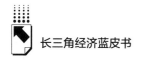
Suzhou, Ningbo, Wuxi, Lishui, Nantong, and Shanghai.

Keywords: Green Development; Index System; The Yangtze River Delta

B.7　Investment Development Report of the Yangtze
　　　　River Delta Region

Cao Yongqin / 114

Abstract: Investment is an important force driving the economic growth of the Yangtze River Delta region and the whole country. As one of the three carriages driving economic growth, investment has played a vital role in rapid economic growth, optimizing resource allocation and expanding employment. And as one of the strongest and most dynamic regions of China, investment plays a very key role in the economic development of the Yangtze River Delta. The fixed asset investment, foreign direct investment, outward foreign direct investment and venture capital in the Yangtze River Delta have shown an increasing trend year by year. In response to the challenges of the new situation at home and abroad, the Yangtze River Delta can further promote the expansion of regional investment scale and the optimization of investment structure by optimizing the investment environment, relying on major projects, focusing on high-end industries, and promoting regional integration, so as to promote the sustainable and healthy development of the regional economy.

Keywords: Fixed Asset Investment; Foreign Direct Investment; Outward Foreign Direct Investment; Yangtze River Delta Integration

B.8　The Overall Develepment of Foreign Trade
　　　　in the Yantze River Depta

Zhao Xiaotao / 140

Abstract: In 2021, the overall development level of foreign trade in the

Yangtze River Delta continued to improve, and the export scale achieved rapid growth. Export product structure, high-tech products export proportion increased. In terms of spatial distribution of export, Anhui's export growth is strong, and the regional export tends to be balanced. Looking ahead to 2022, the export of the Yangtze River Delta will be affected by the international economic cycle, and there will be challenges from adverse factors such as weakening demand and increasing exchange rate risk. It is necessary to further improve the quality and efficiency by means of export upgrading, tightening the RCEP signing window period, and enhancing "institution-based" opening up.

Keywords: Export Development; Industrial Structure; Regional Structure

Ⅲ Industry Reports

B.9 The Digital Economy in the Yangtze River Delta in 2021−2022

Xu Limei / 156

Abstract: The digital economy in the Yangtze River Delta has further developed in 2021. From the perspective of the development of the basic part of the digital economy, the electronic information industry in the four provinces of Yangtze River Delta has maintained a rapid growth rate, especially Anhui Province is growing faster than the other three regions. In 2021, the output value of the new generation of information technology industry in Anhui Province has increased by 31.2%. At the same time, the growth of the software and information service industry in the Yangtze River Delta is generally faster than that of the information manufacturing industry. In particular, the software and information technology service industries in Shanghai is highly profitable, and has achieved higher income and profits with a smaller number of companies. From the perspective of the integration development of the digital economy and industries, the industrial digitalization scale of every province in the Yangtze River Delta has exceed 1 trillion yuan, and Zhejiang, Jiangsu and Shanghai have all ranked in the top 5 of the nation based digital economy overall index. Looking forward to 2022, the

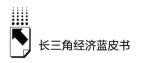

policy environment of digital economy in the Yangtze River Delta will be further optimized, the digital infrastructure will be further improved, the pace of digital transformation will be accelerated, and the digital integration of the Yangtze River Delta will continue to develop in depth.

Keywords: The Yangtze River Delta; Digital Economy; Digital Transformation; The Integration of the Yangtze Rive

B.10 Yangtze River Delta Industry Development Report (2021-2022)

Zhang Meixing / 182

Abstract: In 2021, facing the severe situation of the century's epidemic situation and the changes, the Yangtze River Delta region actively respond to various risks and challenges, and the economic operation recover steadily. The industrial economy recovered rapidly, the pace of investment growth accelerated, economic benefits diverged significantly, and industrial assets accumulated rapidly. From the perspective of the development level of key industries, the computer, communication and other electronic equipment manufacturing industries developed steadily, reversing the downward trend of the previous year, the production of industrial products such as integrated circuits increased significantly; The chemical raw materials and chemical products manufacturing industry has maintained an absolute leading edge; Electrical machinery and equipment manufacturing in all provinces and cities achieved rapid growth; The benefits of the automobile manufacturing industry recovered rapidly, and the output of new energy vehicles nearly doubled. The year 2022 is the year of the 20th National Congress of the Communist Party of China and the first year of comprehensively implementing the spirit of the 14th Provincial Party Congress. The Yangtze River Delta region will stand at a higher starting point to promote high-quality development, cultivate and strengthen advanced manufacturing clusters, and accelerate the formation of a regional trend of industrial chain.

Keywords: The Yangtze River Delta; Manufacturing Industry; Economic Efficiency

B. 11 The Development of Financial Industry in the Yangtze River
in 2021－2022

Zhang Yan / 199

Abstract: In 2021, the development level of the financial industry in the Yangtze River Delta remained stable, the amount of social financing increased slightly, and the development level of the insurance industry was stable but improved. Among them, the balance of deposits and loans of the banking sector maintained rapid growth; The amount of financing and trading volume of the securities industry decreased slightly; The growth rate of premium income decreased, and the growth rate of premium expenditure increased significantly. Looking into 2022, Yangtze River Delta Finance will enhance the high-quality and healthy development of the industry by strengthening the construction of basic institutions, optimizing the business structure, using digital technology, preventing industry risks and other measures under the tone of prudent monetary policy.

Keywords: Financial Development; Business Structure; Regional Structure; The Yangtze River

B. 12 Transport Industry in Yangtze River Delta: Development
and Prospect in 2021－2022

Wang Xiaojuan / 215

Abstract: Despite the continuous impact of the epidemic, the development of transportation in the Yangtze River Delta will still be relatively slow in 2021. However, as the first year of the "Fourteenth Five Year Plan" period, and the year

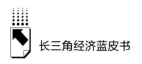
of higher quality integrated development of transportation in the Yangtze River Delta, in 2021, the Yangtze River Delta has made breakthrough in the construction of major transportation projects, port integration and airport integration. This paper starts with the general situation and structure of transportation, and first analyzes the basic characteristics and development trend of the transportation industry in the Yangtze River Delta in 2021. Secondly, using the latest statistical data, the paper analyzes the structural characteristics and development trend of the Yangtze River Delta port group and the Yangtze River Delta airport group respectively.

Keywords: Yangtze River Delta; Transportation Industry; Port Integration; Airport Integration

B. 13   Yangtze River Delta AI Report

Gu Jie / 245

Abstract: The accelerated fusion of AI and national economy is having an impact on economic and social development, and significantly improve regional competitiveness. This report focuses on the important aspects of AI industry by developing AI development index from five dimensions: institutional guarantee, resource support, scientific and technological innovation, industrial development and scene empowerment. Based on the index framework, we quantitatively evaluate the AI competitiveness of key regions. The results showed that the Yangtze River Delta ranked first in the development level of AI in important regions in China. Based on the assessment results, the level of AI competitiveness and the balanced development level of the Yangtze River Delta are analyzed, and recommendations for decision-making on the development of AI in the Yangtze River Delta are proposed.

Keywords: Artificial Intelligence; The Yangtze River Delta; High-quality Development

权威报告·连续出版·独家资源

皮书数据库
ANNUAL REPORT(YEARBOOK)
DATABASE

分析解读当下中国发展变迁的高端智库平台

所获荣誉

- 2020年，入选全国新闻出版深度融合发展创新案例
- 2019年，入选国家新闻出版署数字出版精品遴选推荐计划
- 2016年，入选"十三五"国家重点电子出版物出版规划骨干工程
- 2013年，荣获"中国出版政府奖·网络出版物奖"提名奖
- 连续多年荣获中国数字出版博览会"数字出版·优秀品牌"奖

皮书数据库

"社科数托邦"
微信公众号

成为用户

登录网址www.pishu.com.cn访问皮书数据库网站或下载皮书数据库APP，通过手机号码验证或邮箱验证即可成为皮书数据库用户。

用户福利

- 已注册用户购书后可免费获赠100元皮书数据库充值卡。刮开充值卡涂层获取充值密码，登录并进入"会员中心"—"在线充值"—"充值卡充值"，充值成功即可购买和查看数据库内容。
- 用户福利最终解释权归社会科学文献出版社所有。

数据库服务热线：400-008-6695
数据库服务QQ：2475522410
数据库服务邮箱：database@ssap.cn
图书销售热线：010-59367070/7028
图书服务QQ：1265056568
图书服务邮箱：duzhe@ssap.cn

社会科学文献出版社 皮书系列
SOCIAL SCIENCES ACADEMIC PRESS (CHINA)

卡号：472997764347
密码：

基本子库
SUB DATABASE

中国社会发展数据库（下设 12 个专题子库）

紧扣人口、政治、外交、法律、教育、医疗卫生、资源环境等 12 个社会发展领域的前沿和热点，全面整合专业著作、智库报告、学术资讯、调研数据等类型资源，帮助用户追踪中国社会发展动态、研究社会发展战略与政策、了解社会热点问题、分析社会发展趋势。

中国经济发展数据库（下设 12 专题子库）

内容涵盖宏观经济、产业经济、工业经济、农业经济、财政金融、房地产经济、城市经济、商业贸易等 12 个重点经济领域，为把握经济运行态势、洞察经济发展规律、研判经济发展趋势、进行经济调控决策提供参考和依据。

中国行业发展数据库（下设 17 个专题子库）

以中国国民经济行业分类为依据，覆盖金融业、旅游业、交通运输业、能源矿产业、制造业等 100 多个行业，跟踪分析国民经济相关行业市场运行状况和政策导向，汇集行业发展前沿资讯，为投资、从业及各种经济决策提供理论支撑和实践指导。

中国区域发展数据库（下设 4 个专题子库）

对中国特定区域内的经济、社会、文化等领域现状与发展情况进行深度分析和预测，涉及省级行政区、城市群、城市、农村等不同维度，研究层级至县及县以下行政区，为学者研究地方经济社会宏观态势、经验模式、发展案例提供支撑，为地方政府决策提供参考。

中国文化传媒数据库（下设 18 个专题子库）

内容覆盖文化产业、新闻传播、电影娱乐、文学艺术、群众文化、图书情报等 18 个重点研究领域，聚焦文化传媒领域发展前沿、热点话题、行业实践，服务用户的教学科研、文化投资、企业规划等需要。

世界经济与国际关系数据库（下设 6 个专题子库）

整合世界经济、国际政治、世界文化与科技、全球性问题、国际组织与国际法、区域研究 6 大领域研究成果，对世界经济形势、国际形势进行连续性深度分析，对年度热点问题进行专题解读，为研判全球发展趋势提供事实和数据支持。

法律声明